本书由浙大城市学院资助，
为浙大城市学院科研成果

红十字文库

池子华　徐华炳　主编

Theory and Practice of the Red Cross Movement

《红十字理论与实践》

第一辑

浙江红十字运动研究中心　编

池子华　徐华炳　主编

ZHEJIANG UNIVERSITY PRESS
浙江大学出版社
·杭州·

图书在版编目（CIP）数据

红十字理论与实践. 第一辑 / 浙江红十字运动研究
中心编；池子华，徐华炳主编. — 杭州：浙江大学出
版社，2023.11
　　（红十字文库 / 池子华，徐华炳主编）
　　ISBN 978-7-308-24372-8

　　Ⅰ．①红… Ⅱ．①浙… ②池… ③徐… Ⅲ．①红十字
会—中国—文集 Ⅳ．①D632.1-53

中国国家版本馆CIP数据核字(2023)第212770号

《红十字理论与实践》第一辑

HONGSHIZI LILUN YU SHIJIAN（DI-YI JI）

浙江红十字运动研究中心　编

池子华　徐华炳　主编

策划编辑	吴伟伟
责任编辑	陈　翩
文字编辑	刘婧雯
责任校对	丁沛岚
封面设计	项梦怡
出版发行	浙江大学出版社
	（杭州市天目山路148号　　邮政编码　310007）
	（网址：http://www.zjupress.com）
排　　版	杭州林智广告有限公司
印　　刷	杭州宏雅印刷有限公司
开　　本	710mm×1000mm　1/16
印　　张	22.25
字　　数	320千
版 印 次	2023年11月第1版　2023年11月第1次印刷
书　　号	ISBN 978-7-308-24372-8
定　　价	88.00元

总　序

　　红十字运动是造福人类的崇高事业，历史悠久，影响深远。长期以来，党和国家高度重视和支持我国红十字运动发展。2015 年 5 月 5 日，在中国红十字会第十次全国会员代表大会上，习近平总书记强调：红十字是一种精神，更是一面旗帜；我国红十字事业是中国特色社会主义事业的重要组成部分，中国红十字会是党和政府在人道领域联系群众的桥梁和纽带；中国红十字会为党、为国家、为人民做了很多好事、善事。

　　自 1911 年中国红十字会杭州分会成立以来，浙江省红十字事业已经走过了百余年辉煌历程。特别是改革开放以来，全省各级红十字组织弘扬"人道、博爱、奉献"的红十字精神，围绕中心，服务大局，践行宗旨使命，锐意改革创新，为保护人民群众生命健康、维护社会和谐稳定和促进经济社会发展作出了重要贡献。

　　为更好地记录历史、总结经验，阐发规律、引领发展，编纂"红十字文库"的想法应运而生。经精心组织，"红十字文库"终于付梓成册，这是浙江省红十字会、浙大城市学院与学界广大专家学者精诚合作的硕果，是浙江省乃至全国红十字运动理论研究的又一项重要成果，是各地红十字工作者、会员、志愿者和社会各界人士热切期盼的理论指导与行动指南。该文库选题广泛、研究深入，聚焦问题、观照现实，涉及红十字运动理论与实践的各个方面，具有很强的理论性、指导性，凝聚着各位作者的心血和汗水，也饱含着社会各界人士的关心和期盼。

　　理论是实践的先导，思想是行动的指南。在这个需要理论且能产生理论的时代，"红十字文库"的出版恰逢其时，反映出浙江学界和业界对红十字理论研究和文化传播等工作的理论自觉和行动自觉，对创建中国"红十字学"，丰富中国特色红十字事业理论体系，推动中国特色红十字事业高质量发展等不无裨益。

"红十字文库"编委会

2023 年 11 月 2 日

在浙江省红十字会和浙大城市学院的共同推动下，2022年5月20日，浙江红十字运动研究中心在浙大城市学院揭牌成立。一个是拥有110多年历史的"百年老店"，一个是致力于百强建设的"后起之秀"，创办省内首家红十字运动研究中心，是双方面向新时代新挑战的新作为，是立足浙江、面向全国、放眼世界共同奏出的人类命运共同体交响曲，是为培养具有家国情怀和全球意识的优秀人才的资源聚合。

为推动红十字运动研究的开展，浙江红十字运动研究中心编辑出版《红十字理论与实践》，为有志于研究红十字运动的海内外学者、各级红十字组织、红十字志愿者提供一个相互沟通、交流的平台，并希望通过这一载体推动浙江、中国乃至国际红十字运动研究的不断深入，为弘扬人道主义、助力共同富裕美好社会建设尽绵薄之力。

本书包括以下几个部分。

特稿：重大现实问题的理论探索。

理论园地：重在探索红十字运动发展规律、红十字会如何参与社会保障事业，以及红十字事业自身发展等重大理论问题。

工作交流：为各级红十字组织交流工作经验打造"样板"，

使工作研究与现实需要真正对接起来，做到理论与实践相互促进，相得益彰。

观察思考：追踪国内、国际红十字运动热点问题、最新动向，为理论与实践的结合提供案例。

历史研究：通过历史研究，力求再现不同时期浙江红十字运动、中国红十字运动和国际红十字运动的真实场景，为当代红十字事业的可持续发展提供有益借鉴。

百家争鸣：提倡不同观点、不同学术流派的相互切磋、论争。百花齐放，百家争鸣，有助于学术研究的繁荣。

学术评论：展示红十字运动研究的最新成果，使读者能够及时了解学术研究动态。对"过期"书刊，也将择要介绍。

他山之石：包括与红十字运动研究论域相近的慈善公益、社会保障、社会救助等方面的论文。他山之石，可以攻玉，可为红十字运动研究、红十字事业发展所借鉴。

百家争鸣

学术评论

他山之石

特稿

学习运用马克思主义立场观点方法
奋力推动中国特色红十字事业高质量发展

张孚传

摘　要：作为党领导下的群团组织中的一员，红十字工作者应把马克思主义哲学作为看家本领，学哲学、用哲学；贯彻党的实事求是的思想路线，走好新时代党的群众路线；坚持人民至上，真心服务群众；坚持自信自立，推动事业发展；坚持守正创新，奋进新时代新征程；坚持问题导向，善于破解难题；坚持系统观念，把握发展规律；坚持胸怀天下，促进世界大同，奋力推动中国特色红十字事业高质量发展。

关键词：马克思主义　红十字工作者　主题教育　中国特色

当前，全党上下正深入开展学习贯彻习近平新时代中国特色社会主义思想主题教育，"学思想、强党性、重实践、建新功"。作为党领导下的群团组织中的一员，作为奋进新征程的红十字工作者，应当在主题教育中深刻学习领会、努力掌握运用马克思主义立场观点方法，并坚持以之引领指导红十字实践工作，为奋力推动中国特色红十字事业高质量发展作贡献。

把马克思主义哲学作为看家本领，学哲学、用哲学。"思想走在行动之前，就像闪电走在雷鸣之前一样。"在主题教育中，必须坚持学习运用辩证唯物主义和历史唯物主义，正确认识红十字运动发生、发展和兴盛的历史必然性、时代适应性，科学把握中国特色红十字事业的主题主线、发展规律和未来趋势，深入分析制约事业发展的主要矛盾和矛盾的主要方面，准确判断破解矛盾的现实性和可能性，统筹解决当前问题和长远问题，螺旋式上升地推动中国特色红十字事业向更高层次、更高水平、更高质量发展。

贯彻党的实事求是的思想路线，走好新时代党的群众路线。发扬唯实求真精神，大兴调查研究之风。在主题教育中，必须深刻理解把握实事求是这一马克思主义的根本观点，充分认识"人的本质是一切社会关系的总和"，深入基层、问计群众，走深走实新时代党的群众路线。必须善于在社会关系发展的大逻辑中，深入认识和精准把握基层红十字工作的对象和主体、切入点和痛难点、方法和路径，切中肯綮、鞭辟入里，正视问题、承认差距，允许不平衡、包容不充分，以更务实的作风、更具针对性的举措和更能吸引群众参与的方式，扎实推动中国特色红十字事业高质量发展。

坚持人民至上，真心服务群众。"民惟邦本，本固邦宁。"坚持人民至上，是马克思主义唯物史观的根本要求，是中国共产党百年奋斗的一条重要经验，也是红十字人在新征程上潜心发展中国特色红十字事业的基本遵循。在主题教育中，必须进一步牢固树立人民群众的主体地位，站稳人民立场。必须秉持"赶考者"意识，坚持"答卷人"定位，深入推进"三救（应急救援、应急救护、人道救助）""三献（无偿献血、造血干细胞捐献、器官和遗体捐献）""三倡（倡导红十字青少年工作、红十字志愿服务、红十字人道传播）"核心业务，并把人民拥护不拥护、赞成不赞成、高兴不高兴、答应不答应作为衡量红十字全部工作得失的根本标准。

坚持自信自立，推动事业发展。"沧海横流，方显出，英雄本色""人间正道是沧桑"。坚持自信自立是马克思主义理论创新的逻辑原点，是开辟马克思主义中国化时代化新境界的原动力。在主题教育中，必须坚持对马克思主义的坚定信仰、对中国特色社会主义的坚定信念，从中汲取营养、智慧和力量，并转化为实践工作中对中国特色红十字事业道路、制度和文化的高度自信。必须充分认识到，坚持党的领导、实行群团工作体制，法定职责明确、组织体系完备，正是中国特色红十字事业的独特优势，也是其取得令世界瞩目的骄人成就的根本条件和重要保障。

坚持守正创新，奋进新时代新征程。守正与创新体现了继承与发展、原则性与创造性的辩证统一。守正创新是习近平新时代中国特色社会主义思想的显著标识，更是新时代的鲜明气象。在主题教育中，必须深刻领会守正创新的要义在于：守马克思主义基本原理之正，创马克思主义中国化时代化之新；守党的全面领导之正，创党的自我革命之新；守中国特色社会主义道路之正，创中国式现代化之新。作为红十字工作者还必须做到，守《日内瓦公约》及其附加议定书之正，创负责任大国人道主义之新；守国际红十字运动基本原则之正，创中国特色红十字事业之新；守改善最易受损群体境况之正，创助力满足美好生活需要之新。

坚持问题导向，善于破解难题。问题是时代的声音，回答并指导解决问题是理论的根本任务。"坚持问题导向是马克思主义的鲜明特点"，是一个及时发现问题、科学筛选问题、准确分析问题、全力解决问题的过程。在主题教育中，必须深刻学习领会"马克思主义也总是要重新为自己确立不同的问题领域和研究对象，寻求新的解决问题的方式方法"。必须既从思想上敢于正视矛盾和问题，又从行动上善于解决矛盾和问题，以高度负责任的态度和勇气，着力破解现阶段人道事业发展与人民群众日益增长的人道需求不相称的问题，积极打造"群众身边的红十字会"，努力为国奉献、为民造福。

坚持系统观念，把握发展规律。"不谋全局者，不足以谋一域；不谋万世者，不足以谋一时。"系统观念是马克思主义认识论和方法论的重要范畴，是中国共产党人重要的思想和工作方法。在主题教育中，必须深刻领会万事万物是相互联系、相互依存的，只有用普遍联系的、全面系统的、发展变化的观点观察事物，才能把握事物发展规律。在谋划中国特色红十字事业发展时，必须坚持系统观念，主动融入和服务党委、政府中心大局，为社会改革发展稳定作贡献。必须增强系统思维，敏于观大势、善于谋全局，精准用好人道政策"工具箱"。一方面，要积极助力兜牢民生底线；另一方面，还要积极助力推动共同富裕。

坚持胸怀天下，促进世界大同。海纳百川，有容乃大。坚持胸怀天下是马克思主义理论品格的内在要求，是中华优秀传统文化的创新转化，是民族复兴世界团结的必然选择。在主题教育中，必须深刻领会中国共产党是为中国人民谋幸福、为中华民族谋复兴的党，也是为人类谋进步、为世界谋大同的党。必须牢牢把握新时代中国共产党推动构建人类命运共同体的崇高使命，自觉肩负起红十字组织的担当，积极参与国际人道主义事务，为全球人道主义事业发展注入正能量，在人道领域展现中国负责任大国的形象。

（作者张孚传，浙江省红十字会党组成员、秘书长）

坚定中国特色红十字事业的四个自信

张立明

　　摘　要：中国红十字事业是中国特色社会主义事业的重要组成部分，是在中国特色社会主义道路、理论、制度和文化的统领、指引、浸润和熏陶下前进和发展的。同样，坚定对中国特色红十字事业道路、理论、制度和文化的自信，是中国红十字人保持旺盛斗志、踔厉前行、为中国特色社会主义事业和国际红十字运动不断作出贡献的基础保障和精神力量。

　　关键词：中国特色　社会主义　红十字事业　四个自信

　　党的二十大报告提出了以中国式现代化全面推进中华民族伟大复兴的奋斗目标。毫无疑问，中国式现代化是道路正确、理论科学、制度优越、文化先进的现代化，充分彰显了中国特色社会主义道路、理论、制度和文化的显著优势。中国红十字事业是中国特色社会主义事业的重要组成部分，坚定中国特色红十字事业道路、理论、制度和文化的自信，是促进中国红十字事业发展的不竭动力。

一、中国特色红十字事业的道路：大道宽广、前景壮阔

　　中国红十字会自 1904 年诞生起，就走着有自身特色的发展道路。在战争年代，不论是组织发展、机构建设，还是职责使命、重点工作等方面，都围绕战场救护这个第一要务展开，同时兼顾灾难救济、医药服务和社会福利等工作。这就是将国际红十字运动的理念、原则和使命与中国的

实际相结合。

中华人民共和国成立后，中国红十字会经过改组和分级属地化管理，可以更好地在总会指导和地方党委、政府领导下开展工作，更好地服务当地经济社会发展和民众需求。随着经济社会发展和职责任务变化，中国红十字会的性质也由"人民卫生救护团体""人民卫生和社会福利团体"转变为"从事人道主义工作的社会救助团体"，组织机构也由卫生部门代管改为独立设置。进入改革开放和社会主义现代化建设新时代后，中国共产党提出了"建设有中国特色社会主义"的指导思想。作为党和政府人道工作助手的中国红十字会，也开始探索发展中国特色红十字事业的发展道路，从而更加自觉、更加科学地将国际红十字运动的基本原则同当代中国的实际结合起来。

自1985年中国红十字会第四次全国会员代表大会提出"逐步探索具有中国特色社会主义红十字工作道路"重要命题以来，中国红十字会在为建设中国特色社会主义伟大事业服务的实践中不断总结，对中国特色红十字事业的认识逐步深化，从中国红十字会第五次全国会员代表大会到中国红十字会第十次全国会员代表大会，每次代表大会都有新的总结和概括。中国红十字会第十一次全国会员代表大会将中国特色红十字事业发展道路概括为七个必须坚持：必须坚持党的领导、必须坚持以人民为中心、必须坚持围绕中心服务大局、必须坚持依法治会、必须坚持与时俱进改革创新、必须坚持培育和践行社会主义核心价值观、必须坚持推动构建人类命运共同体。

坚持中国特色红十字事业的发展道路，中国红十字事业取得了举世瞩目的巨大成就，在为中国特色社会主义事业作出重要贡献的同时，也为国际红十字运动增加了力量和经验。实践证明，这条道路越走越宽广、前景很美好。在全面实现中国式现代化、推进构建人类命运共同体的新征程上，中国红十字会对这条道路的认识还将不断深化和丰富，也必将创造出新的业绩和经验。

二、中国特色红十字事业的理论：科学指引，行稳致远

理论是行动的先导，任何行动、运动总是在一定的意识、理念、理论指导下进行的。在中国，对红十字人道理念和中国必须建立红十字会的启蒙和宣传，经历了 20 多年，为中国红十字会成立奠定了思想和理论基础。中国红十字会成立后，在艰苦繁忙的战场救护和灾难救济活动中，理论研究和宣传发挥着积极作用。中国红十字会在《申报》《大公报》《新闻报》等报纸上发表大量的红十字募捐、救护救济等消息外，也发表不少关于红十字会性质、宗旨、职责等有一定理论指导意义的文章。中国红十字会先后创办过《人道指南》《中国红十字会杂志》《中国红十字会月刊》《中国红十字会会务通讯》《红十字月刊》等刊物，发表过许多论述人道主义和红十字会基本性质、基本原则、基本任务、服务信条的文章，对当年红十字会的救护救助、社会募捐、社会服务起到一定的理论指导作用。

中华人民共和国成立之后，中国红十字会在党和政府领导下开展工作，也有了比人道主义更高层次、更加科学的理论指导。（1）马克思列宁主义。马克思列宁主义是揭示人类社会发展历史规律的科学理论，是认识和改造世界的科学的世界观和方法论。中国共产党将马克思列宁主义基本原理与中国革命和建设的实际相结合，先后创立了毛泽东思想、邓小平理论、"三个代表"重要思想、科学发展观和习近平新时代中国特色社会主义思想的科学理论，引导中国革命和建设，特别是社会主义现代化事业不断前进。作为党和政府人道工作助手的红十字会，将学习科学理论的立场观点方法与理解贯彻党的重要路线方针政策相结合，使各个时期的红十字会工作更好地服务经济社会发展和人民群众的需要。（2）改革开放后对人道主义的重新认识。我们反对作为世界观历史观的人道主义，但是要大力实践并努力推进作为伦理原则和道德规范的人道主义。马克思主义的出发点是社会的现实的人，把一切人的自由全面发展作为人类彻底解放的目标，马克思主义中包含最高层次的人道主义。中国共产党是伦理原则和

道德规范的人道主义最真诚的倡导者和践行者，发扬人道主义精神是社会主义精神文明建设的重要内容。（3）党和国家领导人的重要论述。各个历史时期，特别是中国红十字会第五次全国会员代表大会以来，在中国红十字会全国会员代表大会或有关纪念活动、表彰大会上，党和国家领导人都发表过重要讲话，主要精神有：红十字事业是崇高伟大的事业，中国红十字事业是中国特色社会主义事业的重要组成部分，中国红十字会对国家对民族作出了不可磨灭的贡献，中国红十字会要为中华民族伟大复兴和人类和平进步事业作出更大的贡献，各级党委、政府和全社会都要关心支持红十字事业。特别是国家主席习近平在会见红十字国际委员会原主席莫雷尔时的讲话、接见中国红十字会"十大"代表时的讲话、在日内瓦"共商共筑人类命运共同体"高级别会议上的讲话，对红十字旗帜的引领作用、中国红十字会的地位和作用、红十字会的自身建设、人道主义援助应秉承的基本原则等作了精辟的概括。（4）党和政府的有关重要文件。《中共中央关于加强和改进党的群团工作的意见》对群团组织提出了坚定不移走中国特色社会主义群团发展道路，加强党委对群团工作的组织领导，推动群团组织团结动员群众围绕中心任务建功立业，推动群团组织引导群众自觉培育和践行社会主义核心价值观，支持群团组织参与创新社会治理和维护社会稳定，推动群团组织改革创新、增强活力，加强群团组织领导班子和干部队伍建设等十个方面的要求。《国务院关于促进红十字事业发展的意见》对发展红十字事业的重要意义、推进红十字事业改革创新、支持红十字会依法履行职责、加强红十字会的组织和队伍建设、优化红十字事业发展的社会环境等方面，作了高度概括的阐述并提出了具体的工作要求和保障措施。（5）中国特色红十字事业的理论。伴随着对中国特色红十字事业发展道路探索的深入和实践的发展，中国特色红十字理论也在不断丰富和深化，主要体现在红十字会历次代表大会、理事会的报告、工作规划及有关重要文件中，也体现在几任会长一系列重要讲话中。现在《中国特色红十字事业讲义》一书，已数易其稿，相信不久会正式定稿。这将是第一部系统论述中国特色红十字事业的、理论与实际相结合的教材。（6）红十字国际学院——红十字领域有关专业学科、交叉学科和现代前沿的理论指导。2019 年，红十字国际学院成立，这不仅填补了 150 余年国际红十字运动的空白，也是 110 余年中国红十字运动发展史上的首创。红十字国际学院是全球首个专门致力于红十字运动研究、人才培养、文化传播、学术交流等的教学科研机构。学院成立七大教研中心，对红十字运动及其有关领域或专业工作进行研究和人才培养；涉及历史学、管理学、法学、传播学、社会学等多学科内容，建设交叉学科，培养复合型人才。学院已组织编写了《中国特色红十字事业讲义》《中国红十字运动简史》《国际红十字运动概论》等教材，翻译了《人道伦理学》《人道经济学》《慈善筹款原理与实践》等选修教材和参考书。《中国红十字运动通史》（共 6 卷）已正式出版。学院举办各类培训班、研修班、高级研修班，培训全国红十字系统的专职干部、青年人道骨干、政府官员、高校教师以及国外红十字组织的人道工作者。学院聚焦国际人道事务的需要，推出"国际人道工作实务"微专业。实践证明，红十字国际学院为全体红十字人乃至公益慈善从业者提供了共享人道教育的资源平台，为中国特色红十字事业高质量发展提供理论指引，也为全球人道事业发展提供平台、智慧和方案，为践行人类命运共同体思想贡献力量。

三、中国特色红十字事业的制度：根本保证、坚实基础

作为主要依靠政府支持和资助、社会捐赠从事人道主义工作的社会救助团体，中国红十字会自成立之日起，就对接受捐赠活动和开展救助工作作出相应规定。在战争年代的实践中，中国红十字会的各项制度逐渐完善，保障了组织的发展和人道活动的开展。

中华人民共和国成立，特别是改革开放以后，中国红十字事业在党和政府的领导和支持下，逐步完善和形成中国特色红十字事业的制度体系。

主要体现在三个方面：（1）中国共产党对红十字事业的领导。党是中国特色社会主义事业的领导核心，作为中国特色社会主义事业重要组成部分的红十字事业，理所当然必须接受党的领导，这也是中国红十字事业最大的制度优势。一是各级党委、政府将红十字事业列入重要议事日程，研究和指导红十字事业发展的重要问题，支持红十字会独立自主开展工作。二是红十字会主动向党委、政府请示报告有关重大事项。三是党委、政府及有关部门制定支持、资助、保障红十字事业发展的政策措施。四是坚持党管干部，推荐红十字会主要领导干部人选并通过红十字会的法定程序产生。五是建立红十字会党组，切实发挥政治领导核心作用。六是在红十字会机关及事业单位中建立健全党的基层组织，切实发挥战斗堡垒作用。七是在红十字组织中建立党建工作制度并落实到位。（2）法律制度保障。国家有关社会团体管理和慈善、公益事业的法律法规是红十字会必须遵循的法律制度，国家还制定颁布了《中华人民共和国红十字会法》《中华人民共和国红十字标志使用办法》两个专门的法律法规，保障和规范红十字事业健康发展、红十字标志的正确使用，以及红十字会组织结构的建设和管理。此外，在应急救援、造血干细胞和器官捐献、卫生健康促进等相关法律法规中与红十字会有关的条款、规定也为红十字会履行职责提供了制度保障。（3）红十字会自身完善和坚实的制度建设。中国红十字会根据国际红十字运动一系列的规章制度和自身的具体情况，通过章程对中国红十字会的基本纲领、组织体系、行为准则、内部管理等作出明确的、完整的制度规定外，总会和各地红十字会还制定并完善了各个方面及有关专项工作的规章制度。主要有：一是组织体系。具体制度有上下级红十字会关系、基层组织的建立和职责、代表大会制度、学校红十字青少年组织及活动开展、会员和志愿者的发展和服务及表彰、冠名红十字单位的管理等。二是社会捐赠的规范管理和公开透明。中国红十字会1983年开始试行的《中国红十字会接受社会捐助条例》，经过多次修改和完善，1997年印发《中国红十字会募捐和接受捐赠工作条例》，对尊重捐赠者意愿、规范管理使用捐赠款物、向捐赠者报告使用情况、信息公开、主动接受监督和审计等作出制度规定。此外，对一些重大救援活动的募捐救助及灾后重建还制定专门的管理制度，确保严格管理、公开透明。三是内部监督体系。具体有监事会的产生和职责、上级红十字会对下级红十字会的工作督查和财务监督、内部财务管理控制、内部纪检监察机构履行职责、内部职工民主监督等制度。四是专项工作或项目管理。主要有应急管理、救护培训、"三献"工作、博爱家园建设、志愿服务、社区服务、参与养老服务、战略合作或定向（项）项目管理考核等制度。全方位的制度建设使红十字事业的发展和红十字会的各项工作的各个方面都有章可循。

四、中国特色红十字事业的文化：
扎根中华优秀传统文化、契合社会主义核心价值观

中国红十字运动从酝酿到诞生，一直将国际红十字运动的人道理念与中国的仁爱、慈善文化结合，呼应当时国情的迫切需要，使其成为唤醒社会、推动红十字运动发展的力量。中国红十字会创始人沈敦和在中国红十字会机关刊物《人道指南》发刊词中指出："儒家之言，曰己所不欲，勿施于人。又曰恻隐之心，人皆有之。释家曰，发慈悲度一切苦厄。……夫仁爱者，即人道主义之大纲也。"

新中国成立后特别是在建设中国特色社会主义的新时代，党和政府高度重视精神文明建设，将继承发扬中华民族传统美德作为公民思想道德建设的重要内容，根据新时代的需要提出了社会主义核心价值观。这使中国红十字事业的文化有了更深厚的文化底蕴和更加广阔的发展前景。正如《国务院关于促进红十字事业发展的意见》所指出的那样："'人道、博爱、奉献'的红十字精神，与中华优秀传统文化一脉相承，与社会主义核心价值体系高度契合，是人类社会文明进步的重要体现。弘扬红十字精神，传播红十字文化，是繁荣和发展社会主义文化、加强社会主义核心价值体系

建设的重要内容，是提高中华民族思想道德素质、推动社会主义精神文明建设的必然要求。"

中国红十字事业既扎根中华优秀传统文化，又在发展中使优秀传统文化更具时代性和世界性。虽然"红十字"是舶来品，但红十字运动的理念和精神在我国传统文化中有着丰厚的历史底蕴。儒家的"民为邦本""仁者爱人""博爱谓之仁""舍生取义"，道家的"上善若水""济世利人""慈爱和同""异骨成亲"，佛教的"慈悲为怀""诸恶莫作""众善奉行""普度众生"等理念就蕴含了"人道、博爱、奉献"的红十字精神，也正是红十字会在我国产生和发展的文化基础。我国改革开放和发展市场经济开启了新的发展时期，在人们的思想意识和价值取向日趋多元化、经济国际化和全球化的现代社会，将发扬中华民族传统美德与弘扬红十字文化相结合，倡导更有时代特色的、更加简洁鲜明的"人道、博爱、奉献"的红十字精神，不仅更易为社会大众尤其能为不同文化信仰的民众所认同和接受，而且也有利于将中华民族传统美德提升到现代文明的层次，有利于在道德建设上先进性和广泛性、历史性和时代性、世界的和中国的相互结合和相互促进，对道德风尚产生更积极的引领作用。伴随经济社会发展，红十字运动的人道主义理念、宗旨和原则也在不断发展和完善，这种与时俱进的人道主义价值观完全符合社会文明进步和人类对生命健康及美好生活愿望的需要。

既与社会主义核心价值观高度契合，又有利于促进社会主义核心价值观的体系建设和广泛践行。社会主义核心价值观对国家建设、社会治理、公民道德提出了价值准则，对红十字文化建设发挥着指导和引领作用。其基本原则是以人为本、关注人们的利益诉求和价值愿望、促进人的全面发展，涵盖了红十字文化的人道主义宗旨和原则。社会主义核心价值观是既具有广泛代表性、基础性、包容性、多元性，又具有渐进性、先进性的价值观；而红十字运动的七项基本原则和"人道、博爱、奉献"的红十字精神，既是人类应具有的基本道德良知，又是超越国界、种族、信仰，能为不同文化的人们广泛接受的人类道德高地。因此，广泛传播并组织广大红十字会会员、志愿者践行红十字文化所蕴含的价值理念、人文精神、道德追求，切实履行红十字会"三救""三献"、人道服务、国际救援等职责，有利于丰富社会主义核心价值观的体系建设，推动社会主义核心价值观转化为人民群众的情感认同和行为习惯。

建设蓬勃发展的红十字文化，营造弘扬红十字精神的浓厚氛围。多年来，中国红十字会通过报纸、杂志、广播电视等媒体及公益广告、文艺表演、征文、评选红十字好新闻、知识竞赛、红十字青少年活动、志愿者服务等多种形式宣传红十字运动知识和红十字会的人道工作，努力使更多的人知晓和了解红十字会。近年来，在繁荣社会主义先进文化、培育社会主义核心价值观的过程中，党和政府大力支持传播红十字文化的阵地建设。红十字运动展览馆（博物馆）、红十字广场、红十字墙、红十字公园、红十字生命教育（体验）馆、救护培训基地、红十字救护站（点）、遗体和器官捐献纪念林（馆）、红十字志愿服务基地等各种传播阵地和实践载体如雨后春笋般发展，大大提升了红十字文化传播的普及性、直观性和感染力。红十字国际学院是红十字文化研究、传播、业务培训的重要基地，不仅对于中国特色红十字文化的建设具有重要的推动作用，而且对于国际红十字运动文化的时代性建设也有着积极的促进作用。

总之，对中国特色红十字事业的坚定自信源于对中国红十字会光荣历史和重要贡献的了解，源于党和政府以及社会各界的支持，更源于红十字人工作实践中的感悟和体会，坚定自信是谱写中国特色红十字事业新时代精彩篇章的强大精神力量。

（作者张立明，红十字国际学院客座研究员，江苏省红十字会原党组书记、常务副会长）

理论园地

中国式现代化视域下的红十字工作：使命、技术与创新路径

杨艳东　章佳圆　刘爽

摘　要： 在中国式现代化的建设道路上，红十字工作肩负着开展人道救助、助力共同富裕、协同国家治理体系现代化的重要职责使命，各项业务面临着向现代化转型的新要求。基于整体性治理与数字治理理论的分析框架，本文从"空间—时间—内容"三个维度探讨红十字工作通向现代化创新的路径，提出建构"整体协同、系统高效、技术嵌入"的机制解决红十字工作中存在的碎片化等问题，进而助推红十字工作向着现代化高质量发展。

关键词： 中国式现代化　红十字工作　技术创新

党的二十大报告提出要以中国式现代化全面推进中华民族伟大复兴。中国式现代化的国家命题创造了人类文明新形态，并赋予了包括红十字在内的中国慈善事业以新的内涵：中国式红十字事业现代化是在人口规模巨大的背景下、以全体人民共同富裕为目标、物质文明与精神文明相协调、走和平发展道路的现代化红十字事业。新的征程中，红十字工作的形势任务、环境条件都发生了深刻变化，机遇与挑战并存，如何深入领会中国式现代化对红十字事业使命的新要求，如何通过工作方式和技术创新促进红十字工作高质量发展，从而为实现人民群众共同富裕的中国式现代化贡献红十字力量，是值得红十字工作者和理论研究者深入思考的重要命题。本文着眼于中国式现代化建设对红十字工作提出的新职责新使命，以"红十字"数字技术创新为突破口，从整体性治理的角度探讨如何推进红十字工

作走向更高质量的现代化。

一、中国式现代化进程中红十字工作的使命内涵

（一）红十字功能定位的现代化建设新要求

1. 当好党在人道领域的高水平助手

党的二十大报告指出，要深化"群团组织改革和建设，有效发挥桥梁纽带作用"。中国红十字会作为中国共产党领导下的群团组织，是从事人道主义工作的社会救助团体，是党和政府在人道领域的助手和联系群众的桥梁纽带。2013年5月13日，习近平主席在会见红十字国际委员会主席莫雷尔时表示："红十字不仅是一种精神，更是一面旗帜。"[①]在中国式现代化建设的新征程中，红十字会亟待肩负起更多的社会责任，以党的二十大精神和"人道、博爱、奉献"的红十字精神为引领，在应急救援、对口支援、助力乡村振兴、保护人民生命健康、完善社区服务、履行国际人道救援义务等领域协助党和政府更加高效、高水平地开展各项工作。

2. 成为增进共同富裕的有力帮手

共同富裕是社会主义的本质要求，是中国式现代化的重要特征，而平衡好增长与分配、效率与公平之间的关系是实现共同富裕关键所在。[②]党的二十大报告指出要"构建初次分配、再分配、第三次分配协调配套的制度体系"，红十字运动募集到的人道捐赠资源也是宝贵的慈善公益资源，红十字工作通过构建赈济救护、资源募集、志愿者行动等多种机制，对这些资源进行合理的再次分配，向有需要的社会成员提供物质帮助，能够对社会初次分配形成有益补充，是实现社会福利资源公平共享的第三次分配形式[③]，对促进社会公平和社会结构合理化、增进共同富裕大有裨益。

---

① 《习近平会见红十字国际委员会主席莫雷尔》，《光明日报》2013年5月14日。

② 郑功成、王海漪：《扎实推动共同富裕与慈善事业高质量发展》，《学术研究》2022年第9期。

③ 蓝煜昕、何立晗：《第三次分配背景下慈善资源的分配有效性：框架与机制》，《行政管理改革》2022年第5期。

3. 作为治理体系现代化的公益主体

推进国家治理体系和治理能力现代化是全面深化改革的总目标。红十字会作为在公益慈善领域极具代表性与重要性的人道主义组织，也是国家治理体系的重要组成部分。在建设中国式现代化的道路上，红十字组织是社会治理创新的重要力量，也是社会力量参与国家治理体系和治理能力现代化的中介桥梁。[①] 从"国家—社会"范式来讲，红十字工作可以促进国家与社会之间形成良性互动的格局。[②] 从社会角度来讲，红十字工作坚定以人民为中心的思想，建立畅通良好的公益服务渠道，在社会治理方面发挥了良好的作用。

（二）红十字工作内容的现代化建设新要求

现代化是整体性的制度变迁过程，对各行业各领域都提出了新的发展方向要求。红十字各项工作包括应急救护、人道动员、应急救援、生命接力工程，以及工作的方式方法等都面临着向现代化转型的新要求。

1. 应急救护现代化新要求

在守护生命、提升现场急救能力、为群众提供更多优质普惠公共服务的现代化目标要求下，红十字工作需要着力探索应急救护的新模式，持续提高全民应急救护知识普及率，争取实现每个核心家庭有一名救护员的现代化目标。同时，秉承整体性管理理念，强化质量管控，切实做好自动体外除颤器（AED）等现代应急救护设施的配置管理，推进乡镇（街道）应急救护培训基地建设，为社会公众学习应急救护技能提供更多场所。

2. 人道动员现代化新要求

随着信息技术和数字化技术的不断升级，人道慈善公益资源可以越来越便捷地通过互联网开展筹资募捐，也可以借助大数据技术实现精准分配。现代化的人道资源动员应当基于数字技术适时创新动员体系，利用网

---

① 葛忠明、张茜：《慈善事业的定位、社会基础及其未来走向》，《山东大学学报（哲学社会科学版）》2022年第2期。
② 王笛：《近代中国红十字会史研究的范式困境与未来突破》，《河北学刊》2023年第1期。

络通道，实现更加迅速、更加便捷、更加透明的资源筹集。红十字工作也要大力开发人道筹资多跨场景应用，搭建更具易用性、亲和力和影响力的红十字工作平台，在第三次分配中发挥更专业的作用。

3. 应急救援现代化新要求

提高红十字应急管理能力是提升国家治理能力的重要组成部分。[①]现代化新目标视域下，红十字更需要重视和发挥科技赋能的优势，诸如生命教育体验馆、博爱家园等高新设施在减灾工作中的作用，提高救援队技术水平，加强现代化的救援设施和专业化队伍建设，建设现代化培训管理制度，打通红十字会与外部的信息壁垒，实现各项救援数据的互联互通，让红十字会、救援队等的信息实现实时共享。

4. 生命接力工程现代化新要求

红十字生命接力工程在我国发展历经几十年，已为众多重症患者带去了生命的希望，更为传播守望相助的人道主义精神、发展社会公益慈善事业贡献了力量。在中国式现代化的精神理念指导下，未来要以弘扬新型生命文化观为目标，探索生命接力的宣传载体和宣传方式创新，完善人体器官捐献的现代化规范管理体系机制，提高宣传、动员、见证、抚慰、褒扬、助学各个环节工作水平。

（三）红十字工作现代化创新的理论支撑

1. 数字治理理论

数字治理理论是治理理论与互联网数字技术结合催生的新公共管理理论范式，其代表人物是英国学者帕特里克·敦利威，该理论主张运用信息技术和信息系统，构建公共部门扁平化的管理机制。[②]

数字治理理论包含三大主题：重新整合、关于需求的整体主义、数字化变革。重新整合旨在减轻资源的重复与浪费现象，减轻公民的负担，使

① 陈东利：《新时代慈善治理现代化发展路径探析》，《西北民族大学学报（哲学社会科学版）》2020 年第 5 期。

② Patrick Dunleavy, Helen Margetts, Simon Bastow, Jean Tinkler. "New Public Management Is Dead: Long Live Digital-Era Governance." *Journal of Public Administration Research & Theory*, 2006(3).

经过重新整合的公共服务变得更加容易获取。关于需求的整体主义是对传统协同治理的超越，目的在于创造出更为全面、流畅的管理流程。数字化变革是指以数字化、信息化为抓手，以实现数字化过程重组为主线，对组织内部文化和运作理念进行影响，并推动组织结构的改革。[①]

数字治理理论为促进红十字会工作效率提升与资源整合提供了理论支撑。红十字工作现代化创新同样以其组织内部机构的重新整合、管理资源的数字化、行政办公的自动化等为核心要义，着重以数字治理工具及技术统筹和规划红十字各项工作。

2. 整体性治理理论

"整体性治理"是由安德鲁·邓西尔和佩里·希克斯等人提出并建构的理论体系，主张以"公众需求"为主要导向，建立以"协商"与"信任"为主要治理机制的网格化结构，协调并整合跨部门的、跨功能的碎片化问题。[②]整体性治理理论为红十字工作现代化创新在技术需求和结构需求方面提供了理论支撑，因此两者之间实现了理论与实践的可匹配性。

整体性治理理论主要有四个内涵特征：一是以信息化的方式，为用户提供无缝的整体服务，更好地理解和回应公民的需求。二是重视协调与整合，协调是强调各种资源参与到网络结构中去处理复杂而棘手的公共问题，整合是强调在层级、部门、功能三方面的整合。三是协调目标与手段，实现不同层级、不同功能的政府部门之间的目标与手段达成共识。四是运用现代化技术，建立一套统一的数据库或运作平台，简化治理网络运行程序与治理步骤，利用在线治理实现高度整合。[③]

结合上述红十字工作现代化使命内涵与两种理论的核心内容，本文构建"使命要求—技术实践—创新路径"的分析框架，从"空间结构—时间

① Patrick Dunleavy, Helen Margetts, Simon Bastow, Jean Tinkler. *Digital Era Governance: IT Corporations, the State, and E-Government.* Oxford University Press, 2006.

② Perri Six. *Holistic Government.* Demos, 1997.

③ Perri Six, Leat Diana, Seltzer Kimberly, Stoker Gerry. *Towards Holistic Governance: The New Reform Agenda.* Palgrave, 2002.

效度—内容手段"三维度去着重探索技术嵌入红十字现代化工作的实践创新,进而寻找红十字工作实现高质量发展的优化路径,如图1所示。

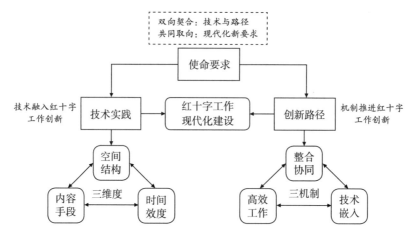

图1 红十字工作现代化建设理论分析框架

二、红十字工作现代化创新的浙江实践

近些年,浙江省红十字事业发展水平一直走在全国前列,在募集捐赠、救灾救援、人道救助、志愿服务和组织发展等方面取得了诸多成就,云计算、人工智能等数字化技术的迅猛发展和广泛应用,为推进浙江省红十字工作现代化创新提供了新机遇。这里以浙江省红十字会的经验为例,从空间、时间、内容三个维度分析研讨红十字工作现代化发展的创新路径。

(一)空间维度:"整体协同"的综合平台

整合统一的红十字运转系统是现代红十字会构建的必要前提,解决"碎片化"问题是当前红十字工作推进现代化的主要任务。因此,打造数字红十字会协同平台成为能够为发挥数字技术效能,提供无缝隙、精准化、高效力公益慈善服务的必要支撑。

"浙江省数字红会综合业务管理系统"于2021年开发完毕并正式上

线。该系统基于"浙里办""浙政钉"平台和依托"浙江省政务云"系统，协同中国红十字会总会、审计部门及浙江省各市、县（市、区）红十字会等11个部门，打通了与中华骨髓库系统、浙江省财政厅电子票据系统、中国人体器官捐献系统等15个系统的对接渠道，围绕"业务协同管理平台""人道服务统一窗口""数字平台""数据治理应用中台"四大子系统实现了浙江省红十字会在救灾救援、人道救助、救护培训、人体器官捐献和造血干细胞捐献等重点业务工作的线上办理与数字化运用。整体性数字红十字会实现了线下实体红十字会和线上虚拟红十字会相结合，红十字会结构由物理碎片化向虚拟空间整体性转变。

（二）时间维度："系统提升"的行政管理效率

数字化工作模式包括数字办公系统和综合业务平台两个主要载体，使红十字会内部行政效率以及外部业务效率都能得到极大的提升。

1. 技术嵌入办公系统提升组织内部行政管理效率

技术嵌入对于提升红十字内部行政管理效率具有重要作用，主要表现为两个方面。一是节约工作成本，提高经济效率。以物资采购与购买服务为例，在引入政府采购云平台后，浙江省红十字会机关所有的采购行为都转移到这一数字化平台上，既确保了采购商品的质量，也在极大程度上节约了人力成本，提高了经济效率。二是加快工作速度，提高时间效率。以公文管理工作为例，技术嵌入办公系统能较为全面地落实无纸化办公政策，传统的发文拟稿需经过"工作人员拟稿—部门审阅—处室会签—文件核稿—办公室主任签批—送签—分管领导审批—主要领导签发—会办单位签批—编号校对—文件印刷—归档"等多项流程，在应用数字办公系统之后，明显简化了烦琐流程，提高了发文的时间效率。

2. 技术嵌入业务平台促进组织外部业务管理效率

在数字红会建设中，浙江省红十字会研发上线了"来浙学急救"微信小程序，实现了救护培训报名、理论技能学习和考试、救护员证在线颁发等多功能为一体的培训管理模式，能让群众在家学习应急救护知识和技能。同时，小程序平台可以实时、自动、快速地整理并分析浙江省各地的报名情况，为各地红十字会开展培训工作提供数据支撑，提高了应急救护培训工作效率。数字赋能也让无偿献血工作有了质的飞跃，对献血者群体资源实现了精准定位与科学利用，进一步提升了无偿献血工作的质量。

（三）内容维度："迭代升级"的工作手段

大数据、云计算、人工智能等新兴数字技术在红十字各项具体工作中的嵌入，将传统的"人力管理"转化为"信息化管理"，由"线下"转变为"线上"。在筹资捐款工作方面，浙江省红十字会实现捐赠全流程线上操作。通过定制专属"二维码"即可一键捐款，做到"捐款一笔、实时公示一笔"，使捐赠流程简单化、捐赠信息透明化、捐赠供需精准化。在应急救护工作方面，通过信息技术实现全程数据闭环，并建立"救在身边"场景，重点解决黄金救援时间内求救者信息断链的问题。在人员动员工作方面，打造红十字会会员和志愿者的线上统一管理和服务平台，将会员注册、登记、志愿活动等功能实现线上应用，公益项目、数据线上线下一体化，从而更有效地提供"一站式"集成服务。

除了上述几方面的工作手段革新，数字技术还嵌入红十字工作应急救援、生命接力工程等全方位、全环节的具体工作内容之中，未来还将不断迭代升级。

三、红十字工作实现高质量现代化创新的路径选择

红十字工作创新是新时代要求和内在动因共同作用的结果，技术是走向现代化转型的必要支撑。在统筹思维、顶层设计、数智水平三方面，红十字工作朝着整体性、高效性、技术性方向优化升级，是实现高质量创新发展的有效路径。

（一）创新统筹思维，构建整合协同机制

在推进红十字工作体制机制现代化建设过程中，可以通过统筹思维的

创新，灵活运用现代化信息技术，建立"上下联动""左右协同"的工作思路，不断增强发展的整体性、协调性、平衡性，聚集起推动中国特色红十字事业现代化建设的强大合力。

1. 打破系统内上下级单位信息壁垒，实现协同办公，突破"条"限制

利用数字办公系统解决红十字体系办公碎片化问题，使信息时代公众对红十字工作的主要需求能够得到快速回应。一方面，要加强数字化办公系统的研发，实现跨层级行政审批、收发文等工作网上一键办理与协同办理；另一方面，也要加强对信息化建设落后的地方红十字会的扶持，包括调拨数字建设资金、派遣专业技术人才进行指导等，确保基层红十字会数据能实时进入上级系统的数据库。

2. 打破机关内各部门间信息壁垒，实现数据共享，突破"块"限制

目前红十字会机关组织架构由内设机构和直属单位构成，内设机关主要从事行政管理工作，而事业单位则主要从事业务管理工作，两者不仅工作方向有所差异，单位性质也有着根本区别。数字化整合有利于打破部门间信息壁垒，统筹各部门所有数据信息，明确划分可互通数据的界线，尽可能让更多的数据性质向可公开转变。

3. 打破红十字系统与外界各有关单位信息壁垒，实现协同联动

进一步挖掘与探索信息互通的合作伙伴，打破红十字会与其他部门系统的信息壁垒，构建红十字综合业务管理平台，实现与中华骨髓库系统、人口户籍数据库系统和财政电子票据系统等完成对接，提高整体工作效率，为红十字会会员、志愿者、造血干细胞及人体器官捐献者提供更精准的筛选对接，提高红十字工作质量与管理效率。

（二）加强顶层设计，构建高效工作机制

进一步建立格局统一、目标统一、整体合作和沟通顺畅的高效工作机制，将传统、被动和分散的工作转变为现代、主动和系统的工作，从合理顶层设计上推动红十字工作的高效运作，全面提高红十字工作现代化的能力和水平。

1. 强化组织领导建设，建立统一工作格局

从工作流程、工作职能、工作信息等要素着手统一工作格局，实现流程整合、资源整合、数据互通。将红十字现代化建设情况工作汇报列为领导年度工作汇报必须项和重要项，建立"各级红十字会一把手负责、分管领导具体抓"的组织领导机制，有效提升工作下达与落实的精准性与高效性；建立部门协调和联络员工作机制，把数字化建设纳入统一有效的工作监督机制和工作考核机制中，在统一工作格局下推动红十字现代化建设稳步发展。

2. 强化需求导向建设，找准红十字工作重心

打造多方连接互动、整体共治的模式，通过识别潜在的和未开拓的领域，研判红十字现代化建设的实际要求，了解红十字会会员、志愿者、志愿服务团队以及爱心企业等的实际需求，畅通人道救助、志愿服务系统等平台建设，构建良好的网上信息反馈渠道，形成线下与线上相结合的机制与工作模式，实现红十字工作信息的畅通交流，促进现代化建设的资源整合与供需匹配。

3. 强化科学规划建设，提高红十字工作质效

在数据资源利用基础上，提高科学规划能力，将原先职能交叉、重叠的工作重新划分与整合，均建立在现代化使命要求基础之上，提升红十字工作的规范化、科学化水平，构建长效工作机制，并立足"互联网＋红会"，强化技术引领，通过新时代人工智能、数字孪生等新理念，探索红十字工作现代化新方式，实现由传统瀑布型模式向迭代开发模式转变，提高红十字系统的科学性、稳定性、协调性，从而实现工作质效的显著提升。

（三）提升数智水平，构建技术嵌入机制

1. 强化数字设施支撑力

数字技术是构建信息数据库、系统的重要保障，因此在红十字工作现代化创新中要充分发挥数字技术优势，将大数据、云计算、人工智能等技

术嵌入其中。建立强有力的数字基础设施，从而更有效地为红十字平台建设提供支持。一是完善网络建设，加强平台可使用率，减少因网络堵塞出现的问题。二是完善平台，进行算法改善，让"云"建设更好地为数字红会提供基础支撑。三是强调信息安全，构建信息安全监控体系，对信息获取流程进行监管。

2. 打造多维度信息图层

红十字事业是多范围、多层次的事业，因此，红十字工作平台的构建也要扩大维度。现代化红十字会的构建关注系统、整体、协同，表现在技术层面即共商、共建、共享。从基本信息（包括会员信息、公益项目信息、AED 等救助信息）、发展情况（救护培训发展、公益事业发展等）、监测信息（救助工具是否可正常使用、救助员是否到达等）、辅助信息（内部应用）等多方面进行平台划分建设，根据不同信息图层对应元素提供相应信息，不断推进技术的迭代升级。

3. 充实数字人才队伍建设

数字素养对红十字工作能力现代化至关重要，而提升红十字数字素养的关键在于挖掘数字技术人才。一是增加数字技术招聘人员的录入比例，充实红十字数字人才队伍。二是鼓励尚未掌握数字素养的红十字工作人员参加学习培训，加强现代化技术学习能力。三是根据技术工具的不断改进与完善，形成一套能不断精进的培训机制，建设学习型红十字人才队伍，实现红十字工作在中国式现代化道路上的可持续创新。

（作者杨艳东，浙江工业大学公共管理学院教授；
章佳圆、刘爽，浙江工业大学公共管理学院硕士研究生）

群团组织在社会治理中的独特作用研究

江苏省南通市红十字会课题组

摘 要：中国共产党领导下的群团组织，具有政治性、先进性、群众性，服务党和国家工作大局是党的群团工作的主线，服务群众是群团组织的主责，这种服务双重性使其成为参与社会治理的特殊主体，在完善社会治理体系、推进国家治理现代化进程中发挥着独特作用。本课题以南通群团组织为研究对象，对群团组织参与社会治理的独特优势、路径选择、作用发挥等进行探讨，并以红十字会参与社会治理的具体路径作为典型案例加以阐释，揭示群团组织在社会治理中的独特作用。

关键词：社会治理 群团组织 中国红十字会 路径选择

党的二十大报告提出，完善社会治理体系。健全共建共治共享的社会治理制度，提升社会治理效能，畅通和规范群众诉求表达、利益协调、权益保障通道，建设人人有责、人人尽责、人人享有的社会治理共同体。群团组织是创新社会治理和维护社会和谐稳定的重要力量。群团组织包括人民团体和群众团体，政治性、先进性、群众性是群团组织的根本属性，服务党和国家工作大局是党的群团工作的主线，联系服务群众是群团组织的主体职责，这些特点使其成为参与社会治理的特殊主体。本文紧扣群团组织的中国特色、性质定位、独特优势，提出其在社会治理中的功能定位、路径选择，并以红十字会参与社会治理的具体路径作为典型案例加以阐释，旨在推动群团组织按照中央最新部署，在加强和创新社会治理中进一步发挥独特作用。

一、群团组织与社会治理的概念内涵

讨论群团组织参与社会治理问题，必须充分认识群团组织的中国特色，弄清群团组织的发展演变、历史贡献、性质定位，以及现行组织结构、职能配置等要素，进而更准确地理解和把握群团组织在社会治理中的特殊地位。

（一）准确把握群团组织的中国特色

1. 群团组织的历史演进

群团组织是在我国革命、建设和改革开放的不同历史阶段产生的具有显著中国特色的人民团体和群众团体，它们从各自联系服务群众的特点出发，有计划、有组织地开展一些富有特色的活动，成为党和政府的重要帮手及社会建设的重要力量。早期的工会、农会、青年团、妇女等组织都是在中国共产党直接领导和参与下建立发展起来的。上海机器工会是1920年1月在上海共产主义小组的领导下正式成立的，是中国第一个具有现代意义的工会组织。1920年8月，上海共产主义小组领导建立了社会主义青年团，成为中国共青团组织的早期组织。1922年7月，党的二大就决定设立中共中央妇女部，妇女组织和广大妇女在革命战争年代，在参与政治、参加劳动、提高文化水平等方面作出了积极贡献。中华人民共和国成立后，国务院于1950年9月改组成立新中国红十字会，周恩来总理主持并修改了《中国红十字会章程》；1952年中国红十字会恢复了在国际红十字运动中的合法席位，成为新中国成立后第一个在国际组织中恢复合法席位的团体。早在抗日战争时期，中国红十字会救护总队就顶住压力，帮助八路军、新四军和在延安的中共中央及陕甘宁边区政府进行医学知识传授和战场救护，1938年救护总队还组建了中国共产党红十字会支部。可以说，群团组织的命运是和党的命运紧密相连的，在中国共产党坚强领导下，群团组织团结带领广大人民群众共同实现着党在各个时期的历史任务。新民主主义革命时期，党领导的工会、农会、妇女、青年团等组织动员民众千千万万，汇聚起推翻"三座大山"的滚滚洪流；社会主义革命和建设时期，群团组织积极响应党的号召，组织动员广大群众发展生产，巩固人民政权；改革开放以来，群团组织贯彻党的路线方针政策，激发人民群众投身改革开放和社会主义现代化建设。

2. 群团组织的性质定位

在我国，群团组织包括人民团体和群众团体。2006 年，中共中央组织部、人事部发布《工会、共青团、妇联等人民团体和群众团体机关参照〈中华人民共和国公务员法〉管理的意见》，明确了"人民团体"和"群众团体"的概念。2015 年，中央党的群团工作会议对群团组织的性质定位做了明确的界定：是党领导下的群团组织、是党和政府联系人民群众的桥梁和纽带、是党直接领导的群众自己的组织。[①]

我国群团组织最鲜明的属性就是"三性"：政治性是核心，先进性是着力点，群众性是根本特点。习近平总书记指出："政治性是群团组织的灵魂，是第一位的"[②]，"群团组织要承担起引导群众听党话、跟党走的政治任务，为夯实党执政的阶级基础和群众基础作出贡献。这是群团组织同一般社会组织的根本区别，也是衡量群团工作做得好不好的政治标准"。[③]

群团机关则是群团组织的常设执行机构和工作机构，在组织架构、编制职能上与党政机关一样，都由机构编制部门"定机构、定职责、定编制"。

3. 群团组织的现行构成

现行群团组织构架包括全国组织（中央组织）、地方组织、基层组织等层级。基层组织一般指乡镇（街道）、村（居）民委员会层面的群团组织和机关，企事业单位，社会组织等单位内部建立的群团组织。

---

① 《中共中央关于加强和改进党的群团工作的意见》，《人民日报》2015 年 7 月 10 日。

② 习近平：《在中央党的群团工作会议上的讲话》（2015 年 7 月 6 日），中共中央文献研究室编：《习近平关于社会主义政治建设论述摘编》（九），中央文献出版社 2017 年版，第 189 页。

③ 习近平：《在中央党的群团工作会议上的讲话》（2015 年 7 月 6 日），中共中央文献研究室编：《习近平关于社会主义政治建设论述摘编》（九），中央文献出版社 2017 年版，第 191 页。

中央和省、市、县地方群团组织分层级设置群团机关作为其常设执行机构和工作机构。目前国家层面的群团机关包括中华全国总工会、中国共产主义青年团中央委员会、中华全国妇女联合会、中国文学艺术界联合会、中国作家协会、中国科学技术协会、中华全国归国华侨联合会、中国法学会、中国人民对外友好协会、中华全国新闻工作者协会、中华全国台湾同胞联谊会、中国国际贸易促进委员会、中国残疾人联合会、中国红十字会总会、中国人民外交学会、中国宋庆龄基金会、黄埔军校同学会、欧美同学会、中国思想政治工作研究会、中华职业教育社、中华全国工商业联合会、中国计划生育协会等 22 个。

在地市级设立的群团机关一般为 13 个左右，县级一般为 9 个左右。中共南通市委组织部《关于南通市参照公务员法管理的人民团体和群众团体机关的通知》明确的市级机关群团组织包括总工会、共青团、妇联、文联、科协、社科联、侨联、对外友协、台联、贸促会、残联、红十字会和工商联，县级机关群团组织包括总工会、共青团、妇联、文联、科协、侨联、残联、红十字会和工商联。

（二）准确把握社会治理的深刻内涵

1. 社会治理概念及历程

社会治理是指党委、政府及其他社会主体，为实现社会的良性运转而采取的一系列治理理念、方法、手段。党的十八大以来，党中央和习近平总书记对社会治理作出一系列重大部署。2013 年，党的十八届三中全会作出的《中共中央关于全面深化改革若干重大问题的决定》首次提出了社会治理的概念，明确"全面深化改革的总目标是完善和发展中国特色社会主义制度，推进国家治理体系和治理能力现代化"。2015 年，党的十八届五中全会提出要加强和创新社会治理，完善党委领导、政府主导、社会协同、公众参与、法治保障的社会治理体制，推进社会治理精细化，构建全民共建共享的社会治理格局。2017 年，党的十九大提出打造共建共治共享的社会治理格局。加强社会治理制度建设，完善党委领导、政府负责、社会协同、公众参与、法治保障的社会治理体制，提高社会治理社会化、法治化、智能化、专业化水平。2022 年，习近平总书记在党的二十大报告中，围绕完善社会治理体系，就健全社会治理制度、提升社会治理效能、建设社会治理共同体等作出最新部署。

2. 社会治理创新的重点

从社会治理到推进国家治理体系和治理能力现代化到健全共建共治共享的社会治理制度，加强和创新社会治理的内涵不断丰富，要求不断提高。习近平总书记明确指出："加强和创新社会治理，关键在体制创新，核心是人，只有人与人和谐相处，社会才会安定有序。"①这不仅为社会治理创新指明了方向，而且明确了创新的重点。准确理解和把握习近平总书记这一重要论述，一是思想理念创新，要有创新的思维和定力，重点是要着眼于维护最广大人民根本利益，最大限度增加和谐因素，增强社会发展活力，提高社会治理水平。二是体制机制创新，就是在党的领导、政府主导下，构建起多元主体参与的社会治理体制机制，强调政府、社会、公众要各归其位、各担其责，横向构建共治同心圆，纵向打造善治指挥链，增强推进社会治理现代化的向心力和制度执行力。三是把牢核心要素，这个核心就是"人"，社会治理必须始终坚持以人民为中心，为人民治理，靠人民治理，治理成果由人民共享，推动建设"人人有责、人人尽责、人人享有的社会治理共同体"。

（三）厘清社会治理主体的职责关系

建立完善党委领导、政府负责、群团组织助推、社会组织协同、人民群众参与的社会治理体制，构建多元主体共治的社会治理模式是党的十九大作出的部署。②党委领导体制，就是充分发挥党委总揽全局、协调各方

---

① 《习近平总书记在参加十二届全国人大二次会议上海代表团审议时的讲话》，《人民日报》2014 年 3 月 6 日。

② 陈一新：《加强和创新社会治理》，《人民日报》2021 年 1 月 22 日。

的领导作用，加强对社会治理工作的领导，及时研究解决社会治理重大问题。政府负责体制，完善基本公共服务体系，运用法治方式和现代科技加强源头治理、动态管理和应急处置，推进社会治理精细化。群团组织助推体制，群团组织在党的领导下，团结引领群众、组织动员群众、服务联系群众，使广大群众真正成为党执政的坚实依靠力量、强大支持力量、深厚社会基础。社会组织体制，加强对社会组织规范管理，培育扶持社会组织，扩大社会组织有序参与，确保社会组织按照党的路线方针政策和决策部署开展业务活动。人民群众参与体制，畅通和规范群众诉求表达、利益协调、权益保障通道，推动听民声、察民情、解民忧常态化，提升群众自我服务、自我管理能力，发展壮大群防群治力量，使社会治理深深扎根于人民群众之中。

二、群团组织在社会治理体系中的独特作用

政治性、先进性、群众性是群团组织的根本属性，组织动员、教育引领、服务联系是群团组织的基本工作方法，这些都成为群团组织在社会治理体系中不可替代的独特优势，具体包括以下五个方面功能。

（一）政治引领功能

群团组织的政治引领功能体现在参与社会治理的全过程中。一方面，群团组织具有的独特政治地位和政治身份，宣传动员、教育引导、价值传递是群团组织自带的职责使命，这就要求它必须努力嵌入国家治理的社会领域，谁能把自己联系的群众最广泛最紧密地团结在党的周围，把正方向，引对道路，谁的工作就做得好。另一方面，群团组织扎根基层群众，分别联系着不同群众，同时承担着来自党委、政府和人民群众两方面的期望，更有助于社会治理过程中各主体的协同一致，更有利于巩固党执政的群众基础，群团组织必须切实履行好政治引领功能。

（二）服务联系功能

群团组织是党委、政府联系人民群众的桥梁纽带，不同的群团组织都有自己联系的群众，有的覆盖面很广，如工会、团委、妇联、残联、红十字会等，其联系服务的对象遍及基层社区、普通百姓，各自从不同角度直接服务民生；有的则专而特，服务的是特定群体，与经济、文化、科技、对外工作等联系紧密。群团组织要坚持自觉接受党的领导、团结服务所联系的群众、依法依章程开展工作，一方面，要联系服务好本组织的成员、会员、志愿者，增强组织凝聚力、吸引力和执行力；另一方面，要依靠组织发展，更好地服务社会、服务群众，做到心系群众，规范服务、真情服务、创新服务。

（三）承接助力功能

群团组织参与社会治理，本意就在于当好党和政府的助手，协助党和政府分担和化解社会治理当中的急难社会问题。随着改革不断向纵深推进和政府职能加快转变，政府会将适合群团组织承担的一些社会治理服务职能按照法定程序转由群团组织行使，群团组织主动承接政府转移职能则是其服务改革大局的重要途径。一方面，要依法依章程担负起其在各自领域的党和政府助手的职责，从群团组织的视角，在改善就业创业、完善社会保障、深化群众性精神文明建设等方面开展相关工作；另一方面，要立足群团组织自身优势，主动承接政府改革中的转移职能，特别是一些涉及微观的公共服务领域，做好社会治理相关工作。对承担的转移职能，要建立符合公共服务特点的运行机制，确保能负责、能问责，做到党政放心、社会认可、自身有活力。

（四）枢纽聚拢功能

习近平总书记说："联系和引导相关社会组织，是群团组织发挥桥梁和纽带作用的一项重要任务。"[①]伴随着中国式现代化进程，特别是加强和

---

① 习近平：《在中央党的群团工作会议上的讲话》（2015 年 7 月 6 日），中共中央文献研究室编：《习近平关于社会主义政治建设论述摘编》（九），中央文献出版社 2017 年版，第 201 页。

创新社会治理的时代要求，社会团体、基金会、民办非企业单位等社会组织会越来越多地参与到社会治理中，但社会组织参与往往更多地从其自身价值选择或个体理性角度考虑，具有一定的自发性、分散性和盲目性，如果缺乏必要的统合引导还会造成非理性，甚至破坏性。对此，群团组织可以立足自身优势，发挥聚拢枢纽功能：一是吸纳聚拢。以群团组织的自身凝聚力吸引社会组织，将社会治理的国家逻辑、国家需求传递给社会组织，引导其朝向党委、政府需要的方向发展，使其参与行为契合社会治理的整体战略。二是培育共建。群团组织可与同领域社会组织加强合作共建，进行整合重构，盘活存量、扩大增量；同时发挥群团组织整合资源方面的优势，更多地凝聚、吸纳、整合社会力量和社会资源参与社会治理，实现优势互补、联动共治。三是枢纽联结。群团组织可以为相关领域的社会组织提供信息资源、服务内容，以发布公益项目等方式将相关领域的社会组织整合到社会治理中来，探索建立起以群团组织为枢纽，以社会组织为载体，以项目化、社会化方式运作的枢纽型服务模式，不断延伸群团组织服务链条。

（五）疏解调蓄功能

群团组织具有密切联系群众的组织优势，能够以较为直接的方式在参与社会治理过程中实现对群体利益的代表与整合，畅通和规范群众诉求表达、利益协调、权益保障通道，在化解社会矛盾时发挥"解压阀"和"节制闸"的疏解和调蓄作用。要依照新时代"枫桥经验"，切实帮助群众通过合法渠道、正常途径，合理伸张利益诉求；通过集体协商、对话协商等方式协调各方利益；通过信访代理、推动公益诉讼、依法参与调解等方式为利益受到损害或侵犯的群众提供帮助，以确保社会意见表达更加规范有序，同时也能最广泛动员组织群众投身社会治理实践，提升自我服务、自我管理能力，促进社会治理多元治理主体协同协作协调、互促互补互融。

三、案例解析：红十字会参与社会治理的路径选择

红十字会参与社会治理案例的典型意义，在于它兼具群团共性和组织个性，在参与社会治理中融合点较多、作用更具独特性，既要按照群团组织的共性要求，保持政治定力，发挥政治功能，又要从自身职能特点出发，全面依法履职，寓政治引领功能于服务引导之中，在服务民生中传递党和政府温暖、凝聚人心、团结群众，担当起党和政府在人道领域的得力助手和联系易受损群体的桥梁纽带。在此结合南通实践，提出红十字会参与社会治理的具体路径。

（一）融入政府应急体系

"开展救援、救灾的相关工作，建立红十字应急救援体系"是红十字会法定的首要职责。在参与社会治理中，要将纵向的红十字救援体系与地方政府应急管理体系融合贯通，并纳入政府应急管理总体规划，当好助手配角。近年来，南通市红十字会在阵地、队伍建设和工作机制创新上都有所突破，建成总建筑面积8950平方米的应急救灾中心，成为应急救灾物资储备、应急救护培训、应急救援队伍演练的重要阵地；全市建成红十字应急救援队10支，队员计255名；主动融入各级政府应急管理体系，与应急管理部门签订战略合作协议，每年修订完善红十字灾害应急预案并进行推演，在参与防灾减灾、疫情联防联控和服务中心工作中发挥积极作用。

（二）承担政府民生项目

红十字会作为党和政府人道工作的助手和直接联系服务易受损群体的群团组织，可以在民生保障、生命健康服务等领域更多承接政府改革转型中转移交办的职责任务。近年来，南通市红十字会在政府实施的脱贫攻坚"健康扶贫"工程、对口支援、救灾救助、"健康南通"建设等工作中积极承接与自身职能相关的项目任务，较好地发挥了助手作用。按照《"健康南通2030"规划纲要》，积极参与提升全民自救互救能力、卫生应急体系

建设、重点人群健康服务行动、全面防控重大疾病等重点任务，累计为全市 299 万名群众进行了应急救护技能培训，覆盖面超过 30%。[①]

（三）开展救助纾困工作

红十字会人道救助职责在各群团组织中属于个性化职能。红十字会通过募款、募物，把社会的财富集中起来进行"三次分配"，去救助那些易受损群体、低收入人群。红十字会的这些经济救助与生命关爱，不仅可以使社会弱势群体得以纾困，而且可降低社会风险、维护社会稳定。"十三五"期间，南通累计募集爱心款物 5256.49 万元，通过"博爱送万家""暖暖农情""健康扶贫""生命相髓""人生无毒"等品牌项目帮助易受损群体纾困解难，发放救助款物总值 7356.49 万元（含人道救助基金历年结余），累计受益人数达 8.6 万人次。

（四）参与基层社会治理

红十字组织服务对象在基层，工作力量也在基层，参与基层治理是题中应有之义，大力发展红十字基层组织，广泛动员社会组织、社会力量参与人道工作，是做好红十字工作的有效路径。南通市红十字会突出"党建带红建"推进基层组织有效覆盖，全市已建有 1460 个红十字基层组织，有个人会员 44.2 万人、团体会员单位 634 个。同时，南通市红十字会坚持人道服务与基层社会治理相结合，通过大力推进社区"博爱家园"建设，并融入当地党群服务中心、新时代文明实践中心、综合文化服务中心等基层公共服务阵地，实现共建共治。南通作为中国红十字会第一批 10 个全国城市"博爱家园"建设试点之一，积极探索推进社区红十字"博爱家园"建设，创立"365+X"工作法，打造群众身边的红十字，已建成 109 个特色鲜明的社区"博爱家园"。红十字"博爱家园"建设也受到南通市委、市政府关注重视，纳入南通市乡村振兴示范村、先进村考评体系。

---

① 孟伟鸿：《夯实中国特色红十字事业的群众基础》，《中国红十字报》2021 年 7 月 6 日。

（五）引领社会文明风尚

红十字运动从理念精神、宗旨目标到核心业务，无不体现着社会主义核心价值，以及与社会文明进步、公民道德建设、社会责任养成的密切关联。南通市红十字会主动融入南通市精神文明建设大局，在履行人道职责中助推社会文明进步，筹资募捐活动引导市民爱心责任、人道救助弘扬诚信互助友善精神、应急救护培训提升群众安全感幸福感、"三献"工作不断超越升华人间大爱、红十字青少年工作有效拓展学生德育、红十字文化成为社会主义核心价值的重要构成。发现培育全国博爱典型"磨刀老人"吴锦泉，并设立"磨刀老人"微公益基金，倡导力所能及的爱心奉献、举手之劳的文明行动；发挥社会志愿服务的排头兵作用，各类红十字志愿服务队达82支。

（六）参与国际人道合作

《中华人民共和国红十字会法》第六条指出，中国红十字会根据独立、平等、互相尊重的原则，发展同各国红十字会和红新月会的友好合作关系。参与国际人道援助，促进民心相通，在推动构建人类命运共同体中发挥独特作用，这是国家赋予红十字会的特殊任务，也是红十字会参与社会治理独特作用的重要体现。南通市红十字会在这方面所做的工作包括：一是开展国际合作交流。通过与国外红十字组织合作交流，引入理念经验、资金项目，同时从红十字视角传播中国文化、分享中国智慧。二是参与国际人道援助。以红十字组织的特殊身份打通国际人道救援双向通道，打造红十字责任共同体。如2020年，在新冠疫情肆虐、境外捐赠物资难以通关的特殊时期，南通市红十字会发挥独特优势，快速办理38单物资通关，有力支持了疫情防控。三是助力构建人类命运共同体。以习近平主席在联合国总部关于《共同构建人类命运共同体》的主旨演讲为指引，不断加强与共建"一带一路"国家红十字组织的交流合作，在全球抗疫等特殊任务中继续发挥民间外交先遣作用，推进人道工作为构建人类命运共同体持续助力，贡献独特力量。

四、群团组织参与社会治理的能力建设

伴随着中国式现代化进程和社会治理现代化的推进，群团组织需要进一步深化改革、创新机制、提升能力。

（一）坚定政治方向深化群团改革

党的二十大把"深化工会、共青团、妇联等群团组织改革和建设，有效发挥桥梁纽带作用"纳入发展全过程人民民主的重要方面。群团改革是一项不断深化的长期任务，必须始终坚持强"三性"去"四化"的方向定位，坚定政治方向，保持政治定力，还要同步强化群团身份意识，在参与社会治理创新实践中不断塑造中国特色群团组织的现代功能，实现政治功能、服务功能与社会价值协调统一。曾有少数学者套用西方"第三部门"理论，将社会治理主体简单划分为政府组织、企业组织、社会组织（第三部门），主张群团组织"剥离"行政体制、"回归"社会组织，这实际上是脱离中国国情，不了解我国群团组织的发展演变、历史贡献和独特作用的观点。对此，必须保持清醒与定力，群团改革必须在强化政治功能的前提下，彰显自身的服务职能，通过政治引领、服务引导，自觉承担起团结带领广大群众听党话、跟党走的政治任务。

（二）坚持党建带群建夯实基层基础

基层组织是做好群团工作的基础和关键，习近平总书记在中央群团工作会议上强调："要巩固已有的组织基础，加快新领域新阶层组织建设，形成完善的组织体系，实现有效覆盖。工会、共青团、妇联要探索以多种方式构建纵横交织的网络化组织体系，做到哪里有群众、哪里就要有自己的组织，怎么有利于做好工作，就怎么建组织。"① 因此，坚持党建带群建，以提高吸引力、凝聚力、战斗力和扩大有效覆盖面为目标，大力发展群团基层组织，扩大组织基础、夯实群众基础、筑牢社会基础是每一个群团组

---

① 习近平：《在中央党的群团工作会议上的讲话》（2015年7月6日），中共中央文献研究室编：《习近平关于社会主义政治建设论述摘编》（九），中央文献出版社2017年版，第199页。

织重要的基础工作。要不断丰富完善南通"党建带群建"的工作机制，走好党建领航、凝心聚力、互融互通的群团组织高质量发展之路，凸显群团组织作为社会治理特殊主体的活力与魅力。

（三）推进群团组织协同共建优势互补

群团组织不仅要在参与社会治理中强化与其他治理主体的互动，而且要加强群团组织间的协同合作，把握群团组织的共性与个性，不断完善"群团共建"机制，形成群团工作的强大合力。一方面，虽然群团组织都具有政治性、先进性、群众性，但由于联系服务的群众不同，工作的侧重点和方式方法也不尽相同。不同的群团组织应侧重于结合自身职能，在联系服务群众中传递党和政府的关怀温暖，以服务引导聚拢群众、赢得民心，进而扩大党执政的群众基础。另一方面，尽管不同的群团组织服务联系的群众不一样，但从具体职能上看，又有不少交叉，可以在救助帮扶、就业创业和宣传动员等方面加强联合联动。例如，不少群团组织都有"关爱""救助""帮扶"各自目标群体的职责，对此就可做适当的资源整合。

（四）加强群团机关能力建设作风锤炼

群团机关的自身建设是提升群团组织参与社会治理能力的关键，只有各级群团机关自身具备了先进性，才能为各自的基层组织做表率，为各自联系的群众做引领。群团机关的自身建设，除了机关建设的共性要求外，还必须紧扣群团工作特点和参与社会治理的能力要求，着力打造一支热心群团事业、熟悉群团业务、有较强综合素质的专业化群团干部队伍，做到"四个突出"。一是更加突出政治能力的建设。这既是群团组织政治性、先进性要求使然，也是群团干部队伍的政治修养。要坚持党建引领，不断加强机关党建工作，持续提升学习和运用习近平新时代中国特色社会主义思想指导实践、推进工作、解决问题的能力。二是更加突出群众工作能力的提升。群团工作需要直接和群众打交道，要少一点机关化、行政化手段，多一些做群众工作的方法与艺术，多采取帮扶、疏导、交流、关注等方式，用"接地气"的语言行为与群众交流交心，用心用情倾听，真正了解人民群众需求是什么，并努力帮助实现。要适应科技发展进步大趋势，注重运用数字化、智能化手段提升服务群众水平，综合运用科技、法律、政策、经济、行政等手段和教育、协调、疏导等办法化解社会矛盾。三是更加突出为民情怀的锻铸。厚植为民情怀是我们党永远立于不败之地的力量源泉和胜利之本，更是群团工作的立身之本，群团干部心中必须始终装着人民，按照习近平总书记"要眼睛向下、脚步向下，经常扑下身子、沉到一线，近的远的都要去，好的差的都要看，干部群众表扬和批评都要听，真正把情况摸实摸透"①的要求，牢固确立群众观点和全心全意为人民服务的根本宗旨，把人民群众的所思、所想、所需作为群众工作的立足点和出发点，真正把群众立场、群众观点、群众路线落实在解决与群众生活密切相关的衣食住行各个方面。四是更加突出廉洁奉公、淡泊名利的坚守。群团干部更需要主动作为、不惧困难，更需要用心用情、无私奉献，更需要平和心态、淡泊名利，要守得住清廉、耐得住寂寞，始终保持清廉形象、清正气象，心无旁骛为党为人民多做事、多奉献。

伴随着国家治理体系和治理能力现代化进程，特别是党的二十大关于社会治理的最新部署，我国社会治理创新将呈现更多的新情况、新要求、新课题，群团组织必须在社会治理实践中不断探索创新、完善机制、优化功能、提升效能，把中国特色群团事业不断推向更高水平。与此同时，对群团组织参与社会治理的研究也要继续深化。

（本文是南通市红十字会承担的 2020 年市级法学研究课题，
已于 2023 年初结项并获奖。
课题组组长：钮曦，南通市红十字会常务副会长；
成员：孟纬鸿，南通市红十字会秘书长；
陶婷婷、张璐，南通市红十字会工作人员）

---

① 习近平：《习近平谈治国理政》第四卷，外文出版社 2022 年版，第 526 页。

人道传播的兴起与发展探析

吕进福

摘　要：人道传播是人道组织实施的信息传递与分享活动及其过程，有自身规律和特点。早期的人道传播是红十字运动先行者为了实现特定目的而进行的关于"人道"理念的传播。中国的人道传播具有早于红十字组织建立的特点，为红十字会在中国的诞生发挥了启蒙和推动作用。我国红十字组织成立后，人道传播开始成为组织行为和自觉行动，主要方式包括创办刊物、印制宣传手册、举办活动等。新中国成立后，我国人道传播经历了从宣传到传播再到人道传播三个发展阶段，逐步形成了传播主体更加多元、品牌传播初见成效、国际传播更加有力等特点，呈现良好发展态势。

关键词：人道传播　兴起与发展　红十字运动　中国红十字会

人类传播是一个综合系统，由各种不同类型的传播活动组成。社会实践丰富多彩，人类传播的类型也多种多样。基于对人类传播现象的理解和归纳，人们以传播主体、传播方式、传受关系等为标准，将人类传播行为划分为五大类型，即自我传播、人际传播、群体传播、组织传播和大众传播。组织传播是由组织或机构及其成员实施的信息传递和分享活动及其过程，人道传播是由人道组织及其成员实施的信息传递和分享活动及其过程。是一种特定的组织传播，有自身的特点和规律。本文就此问题进行探究，以就教于方家。

一、人道传播释义

"组织是人们为了高效率地完成分散的个人或松散的群体所不能承担的生产或社会活动而结成的协作体"，组织传播"就是以组织为主体的信息传播活动"。[①]依照国际红十字运动七项基本原则之统一性原则和《中华人民共和国红十字会法》中"中国红十字会是中华人民共和国统一的红十字组织，是从事人道主义工作的社会救助团体"之规定，本文中的人道传播专指人道组织即各级红十字会及其成员实施的，以红十字历史文化、精神宗旨、职能职责和相关业务工作为主要内容的传播活动及其过程。

2019年1月25日，习近平总书记在中共中央政治局第十二次集体学习时发表重要讲话指出，"全媒体不断发展，出现了全程媒体、全息媒体、全员媒体、全效媒体，信息无处不在、无所不及、无人不用"[②]。传播的广泛性不难想见。

早在20世纪60年代，加拿大传播学家麦克卢汉就提出了"媒介即讯息""媒介即人的延伸"等命题，后来的传播学家基于传播事业的发展，进一步提出"人即载体""人即信息""万物皆媒"等观点，昭示传播成为人类生活的基本需求，具有含义的丰富性、载体的广泛性等特点。人类的一切行为都是信息的载体，甚至行为本身就是信息。

根据上述，我们可将人道组织在工作实践中实施的传播分为狭义人道传播、广义人道传播。狭义人道传播专指人道组织通过专业媒介等特定渠道、平台或载体进行的信息传递与分享活动及其过程，主要指相关宣传、报道活动，面对面的宣讲活动等，比如通过特定媒介对工作、活动或项目进行的新闻报道。广义人道传播系指融合于红十字会或红新月会开展的一切工作、活动和项目中的传播活动及其过程，亦即人道传播与人道工作相互融合、紧密联系，与人道组织及其成员在组织活动中的言行紧密结合，

---

① 郭庆光：《传播学教程》，中国人民大学出版社1999年版，第99页。

② 习近平：《加快推动媒体融合发展 构建全媒体传播格局》，《求是》2019年第6期。

人道组织及其成员的作为本身就是信息的载体，甚至本身就是信息。比如，捐款者走进筹款办公室，工作人员进门有笑脸、出门说谢谢，捐款者就会感觉"很温暖"，这种"温暖"的感受就是工作人员通过表情和语言传递给对方的信息，在对方心里引发的情感反应；工作人员对捐款者爱答不理，甚至冷言冷语，捐款者收到的信息和感受就是"傲慢"与"冷漠"。捐款者从组织成员那里收到的任何信息，以及由此产生的感受、体会和认识，都是组织成员通过自身的言行传递给外界的信息——捐款者"眼中的红十字会"，本质上是红十字会工作人员自身行为的反射。

基于对广义人道传播的理解，笔者将国内外人道组织创造使用和当下正在使用的传播手段和方法提炼、归纳为四种类型，分别是行为传播、新闻传播、自主传播、综合传播，并依此进行人道传播相关问题的探析。

二、人道传播的兴起及早期实践

组织是一个结构严密的社会集合体。人道传播是有组织、有目的的组织活动，其伴随着红十字运动的诞生、发展、壮大而发展和进步，是红十字事业的重要组成部分。人道传播以1863年"伤兵救护国际委员会"创立为起点，在国际红十字运动160年漫长历史和中国红十字运动110余年壮阔进程中，发挥了独特而重要的作用，形成了区别于其他传播类型的特点和规律，探索积累了许多行之有效的经验方法，取得了一系列重大成绩。

考察国际红十字运动发展历史发现，早期的人道传播是为了实现特定目的的关于"人道"理念的传播，虽然未能明确提出后来才有的"人道传播"概念，但为人道传播奠定了坚实的思想基础和广泛的社会基础。"人道传播"作为一种现代传播理念和传播类型被提出，并有组织、有目的地广泛扎实开展，则是人道主义思想被绝大多数国家广泛接受之后的事情，是人们对人道传播重要性认识升华的结果。

　　人道传播的兴起以红十字组织创始为起点。1863 年 2 月，"伤兵救护国际委员会"成立前后，这个以弘扬人道为己任的国际组织及其伟大的创立者杜南等早期红十字人，通过组织会议、制定公约、协商讨论、出版刊物、撰写文章、宣讲游说等活动，广泛开展人道思想与理念的传播，为推动红十字运动在全世界范围兴起并广泛深入发展，作出了卓越贡献。

　　杜南等最初进行的宣传，是"关于人道"的宣传，而非"人道传播"或"人道宣传"。一是人道观念尚未提出，二是人道组织尚未建立。彼时作为传播者的杜南、莫瓦尼埃等五人委员会，尚不能说"代表"组织，或者说还无意"代表"组织进行相关活动。他们所做的宣传，内容上是"关于人道"的宣传，主要目的指向是成立伤兵救护委员会。直到 1863 年 9 月，萨克森王国国王答应参加五人委员会会议时表示，"我将尽我所能，因为一个不加入这项人道主义事业的民族将被欧洲的公众舆论所放逐"，"人道主义"这个词方始出现。①

　　但是，这些红十字运动创立者进行的宣传或传播活动及其所运用的方法、手段，以及其中蕴含的传播理念，则为"有组织、有目的"人道传播奠定了深厚基础，甚至有了现代"人道传播"的雏形，则是确定无疑的。梳理史料可知，这些方法、手段及其蕴含的传播理念包括：通过信件、图书、报刊等媒介进行大众传播、文化传播；通过点心会、座谈会、发表演讲、开展福音宣传等形式进行人际传播、群体传播；通过支持者——荷兰军医巴斯汀的支持进行第三方传播。人道传播的经典样本《索尔弗利诺回忆录》所作的种种描述，则鲜明体现了"用事实说话"的报道原则与方法；在为该书发行所作相关宣传中，杜南"不仅仅满足于将第一版书赠予朋友和熟识之人，还将书送交欧洲各国宫廷和他在社交生活中接触的杰出人物"。以今天的眼光看来，这种"赠书活动"相当于寄出了若干封"致世界伟人的公开信"。"公开信"既是载体，也是信息，而且"赠书活动"

---

① 张立明：《向亨利·杜南学习如何做好人道传播工作》，《中国红十字报》2017 年 6 月 21 日。

还在有意无意间做了后来才有的出版物发行工作。上述一系列游说、谈心、宣讲、出版、赠书活动，虽非有意识的自觉的传播行为，但却生动体现了传媒活动发展到成熟阶段才有的市场细分原则、精准传播原则、说服与效果原则和影响高层受众的影响力原理等，并且综合运用了"行胜于言"的行为传播、面对面的人际传播和群体传播、通过报刊书籍散发信息的新闻传播等传播方法。

160 年来，在国际红十字运动跌宕向前的历史长河中，人道传播有效发挥了融合思想、壮大组织、凝聚共识、砥砺行动、促进和平、推动进步等重要作用，取得了一系列重大成就。以《日内瓦公约》及其附加议定书为核心内容的国际人道法，既是人道传播的辉煌成就、显著成果，也是一个半世纪以来人道传播的主要内容、重要任务；各国红十字会和国际联合会的建立，既是人道传播取得的重大现实成果，也是人道传播赢得广泛国际认同的明证；"人道、公正、中立、独立、志愿服务、统一、普遍"七项基本原则，既是红十字人在人道传播过程中提炼、概括和升华的思想结晶，也是红十字文化和人道传播的核心内容。

三、人道传播在中国的发展

中国传统文化中的人道思想及其传播，表现在中国文化传承和发展的漫长历史过程中。现代意义上的"人道思想"和"人道传播"，则是红十字运动"西学东渐"，在中华大地生根、发芽之后的事情。

（一）中国红十字会早期的人道传播

在"上海万国红十字会"成立之前，受西方所创人道组织及其思想、理念影响，中国有识之士和红十字运动先驱已然自发开展人道传播。孙中山先生最早翻译了伦敦红十字会总医员柯士宾所著《红十字会救伤第一法》①，对红十字会在中国的诞生发挥了启蒙和推动作用，对近代中国红十字会事业的发展具有重要意义和深远影响。随着书中救护知识的宣传和普及，红十字会及其思想理念为越来越多国人所知。1927年，宋庆龄创办北伐伤兵救护大会看护训练班，所用教材即孙中山所译《红十字会救伤第一法》。孙淦通过裕庚代为上奏清政府《大阪华商孙淦呈请裕钦使转咨总署奏设红十字会禀》，提出创立红十字会"四利说"，并在《申报》发表《红十字说》，详细介绍红十字会的发轫、继起、定帜等内容；后又出版《博爱》一书，遍赠好友，以广宣传，为创设红十字会奔走呼号。陆树藩大力宣传"红十字会之利"，提出创设中国红十字会的"设想"，并结合当时实际制定实现"红十字之梦"的三个步骤。一大批有识之士认识到红十字之于战争救护、灾难救助、社会救济的重要性，通过翻译著作、创办刊物、出版书籍、发表文章、张贴标语、公开演讲，以及投身战场救护、赈济灾民等实际行动，积极开展人道思想传播。这一时期的人道传播，是"思想上的模仿在前，物质上的模仿在后"②，基本是个人自发行为，侧重知识介绍，意在思想启蒙等。

我国红十字组织成立后，人道传播开始成为组织行为和红十字人的自觉行动。中国红十字会先后创办了《人道指南》《中国红十字会杂志》《中国红十字会月刊》《中国红十字会会务通讯》《救护通讯》《红十字月刊》等刊物，并印制《工作简报》《征信录》《会员录》和相关宣传手册，广泛开展人道传播活动。

在红十字工作和传播实践中，红十字工作者作为组织成员亦纷纷撰文，以不同方式、从不同角度推介和宣传红十字知识、思想和理念。其中，较具代表性的有：朱瑞五发表《人道说》，蒋梦麟发表《红十字会服务信条》《本会筹募事业基金之意义》《中国红十字会改隶之意义》，汤蠡舟

---

① 中国红十字年鉴编辑部主编：《中国红十字会通志（1904—2015）》，中华工商联合出版社2016年版，第31页。

② 梁萍：《传播学原来很有趣：16位大师的精华课》，清华大学出版社2021年版，第205页。

发表《红十字会的基本原则》，江晦鸣发表《红十字会的基本任务》《为何举办红十字周？如何举办红十字周？》，胡兰生发表《红十字会的性质与任务》，这些文章积极全面介绍了红十字会及其所从事的人道工作，深刻阐述其意义，对红十字工作的开展产生了广泛深远的影响。

宣传方法上，有召开记者招待会、出版报刊书籍、编印散发宣传材料、发表广播讲话、开设专栏专题、邀请国家领导人和社会名流题词、举办融募款与宣传于一体的活动等。据《中国红十字会通志（1904—2015）》记载，1940年，毛泽东在延安曾三次为中央医院护士题词："尊重护士、爱护护士""护士工作有很大的政治重要性""救死扶伤，实行革命的人道主义"，[①]显示了对红十字会工作的关怀和支持。

较具代表性、影响力的是设定并实施"年度宣传主题"。历史上中国红十字会举办过七届"红十字周"，目的是"宣传该会的工作，并扩大征求会员和进行募捐"。

第一届中国红十字周于1941年1月1日至1月10日举行。[②]以后几届，分别改在10月1日至10日，只有1944年延续了一个月。所以这里的"周"，仅表示一个时间段，并非严格意义上的"七天"。"各界红十字周活动期间，重庆、昆明、贵阳、成都等地方分会组织活动时，地方报纸均及时给予报道。"[③]

1941年元旦，中国红十字会在重庆民权路新运总会礼堂举行了第一届红十字周开幕式，参加者百余人。开幕式后举办了一个展览，展出了救护工作照片、模型、图表等。红十字周期间，中国红十字会利用广播、报纸等进行宣传。1月3日，理事许世英到当时的中央广播电台以《为什么举

---

① 中国红十字年鉴编辑部主编：《中国红十字会通志（1904—2015）》，中华工商联合出版社2016年版，第51页。

② 中国红十字年鉴编辑部主编：《中国红十字会通志（1904—2015）》，中华工商联合出版社2016年版，第45页。

③ 中国红十字年鉴编辑部主编：《中国红十字会通志（1904—2015）》，中华工商联合出版社2016年版，第45页。

行红十字周》为题进行广播，刘鸿生副会长在国际电台用英语进行广播。此外，还举办记者招待会，"邀请《大公报》等新闻单位记者30余人到会"[①]，向他们介绍红十字会的工作情况及红十字周的意义。多家大报发行红十字周特刊，大量刊载介绍红十字工作的文章以及各界名人的题词等，广造声势。

抗战胜利进入"复员"时期后，为使红十字周正规化，1946年8月召开的总会第一次常务理事会上，关颂声理事提出的"请明定十月一日至十日为中国红十字宣传周案"获得通过，红十字周成为"复员"期间中国红十字会法定宣传周、征募周。

第五届红十字周是抗战胜利后举办的第一届，传播方式更加活泼多样。以南京分会为例，活动内容丰富，如：第一天为新闻日，由总会在《和平日报》发行特刊，并在《中央日报》《大公报》发表专稿。第二天为广播日，由总会蒋梦麟会长和分会沈慧莲会长分别在中央和益世两大电台进行广播。第三天为教师联谊日，分会在南京玄武湖服务站招待各中小学校校长，宣传红十字事业，广泛征求学生会员。第四天为康乐活动日，组织红十字青年会员到玄武湖服务站举办露营活动。第五天为征募日，宣布各队征募成绩。第六天为音乐日，晚上在公余联欢社中正堂举行郎毓英独唱音乐会。可以看出，相关活动有直接的新闻传播，有间接的行为传播，无论间接传播，还是直接宣传，"传播"是一条贯穿始终的红线，以当时条件而论，称其为"多媒体"传播亦不为过。

七届红十字周活动各有特色，但有诸多共性：报告会务开展状况，是历届红十字周开幕时的重要事项；注重与媒体合作，通过举办记者会、发表广播稿等方式，以丰富的内容、多样的形式吸引公众注意；聘请各界名人担任征募队长，扩大影响，提高红十字会知名度；每届有统一主题，但每天的内容丰富多彩、新颖独特，尽量与社会各界都有所联系，以广支

---

① 中国红十字年鉴编辑部主编：《中国红十字会通志（1904—2015）》，中华工商联合出版社2016年版，第45页。

持。相关活动的提出与实施，隐约体现了新闻学和传播学中的重要原理和方法——议程设置原理和新闻策划方法。

七届红十字周都营造了一定的声势，通过这一平台和方式，民众对红十字会组织及其从事的人道救助事业增进了了解，举办红十字周的目的得到不同程度实现。[①]

通过扎实做好工作所进行的行为传播，尤其令人印象深刻。集中体现在积极参加战争和自然灾害救助、救援行动，赢得广泛社会赞誉。1912 年 2 月 23 日，孙中山致黎元洪电，对中国红十字会在辛亥革命中救伤葬亡功德给予首肯："查民国军兴以来，各战地将士赴义捐躯，伤亡不鲜，均赖红十字会救护、掩埋，善功所及，非特鄂省一役而已，文实德之。兹接电示，以该会前在武汉设立临时医院，救伤掩亡，厥功尤伟。"[②]1945 年 9 月，全民族抗战胜利之后，中国红十字会"除广设医院和诊疗所为灾民医药救护外"，还"积极开展受天灾袭击的平民赈济工作"，"红十字旗帜经常出现在贫病交加的灾民之间，人们把红十字会称作'灾民之友''灾难的救星'"，可谓上下广誉。[③]

（二）新中国成立后的人道传播

新中国成立后，中国红十字会第一任会长李德全发表《新中国红十字会的工作方向与发展步骤》，使理论和实践结合，指导了全国红十字会的组织建设和工作开展。党的十一届三中全会后，随着思想解放和改革开放的推进和发展，新时期的红十字工作呼唤着新的理论指导。1985 年 5 月，中国红十字会第四次全国会员代表大会召开，钱信忠会长做工作报告，在"今后任务"中提出"随着红十字会组织建设的发展和业务的开展，宣传

---

① 吕志茹、马红英：《中国历史上的红十字周》，《中国红十字报》2009 年 6 月 9 日。

② 中国红十字年鉴编辑部主编：《中国红十字会通志（1904—2015）》，中华工商联合出版社 2016 年版，第 17 页。

③ 中国红十字年鉴编辑部主编：《中国红十字会通志（1904—2015）》，中华工商联合出版社 2016 年版，第 61 页。

工作必须进一步加强"①。大会通过的章程规定，"中国红十字会以实行人道主义为宗旨"，人道主义前面取消了"革命"这个限定词，拓宽了红十字会人道工作的领域和内容。中国红十字会总会宣传部原部长熊世琦1988年11月5日在《中国红十字报》发表《红十字人道主义思想的起源及其在我国的发展》，第一次提出"红十字人道主义"概念，并进行了阐述，具有重要的理论意义。从中国红十字会第四次全国会员代表大会提出"办成具有中国特色的社会主义的红十字会"，到中国红十字会第五次全国会员代表大会提出"建设具有中国特色的红十字会"，既是理论探索的初步成果，又为理论研究和工作实践提出了新的重大命题。从某种意义上说，1993年10月31日《中华人民共和国红十字会法》的颁布实施，是改革开放以来红十字会工作实践和理论研究成果在立法上的体现。

进入新时期后，中国红十字会从2006年开始在每年5月8日"世界红十字日"举办"红十字博爱周"主题活动。截至2023年，累计开展了17年主题活动。每年的"红十字博爱周"根据当时形势、社会需求、中心工作等情况，经调研、分析，确定本年度主题。"世界红十字日"和"红十字博爱周"期间的宣传活动，既有直接的新闻传播，又有间接的行为传播，以及其他类型、方式的传播，内容丰富，方法多样，进一步提高了信息覆盖面和传播效果。

（三）人道传播思想的演变

传播、人道传播，以及与之相近的宣传、人道宣传等概念，是新中国成立之后才有的"新事物"，并伴随我国人道事业的发展不断丰富、提高和完善。

1. 有人道"思想"，没有人道"传播"阶段

1950年8月，中国红十字会完成协商改组，揭开了中国红十字事业新的历史篇章。1950年8月2日，中国红十字会协商改组会议暨第一次

---

①中国红十字年鉴编辑部主编：《中国红十字会通志（1904—2015）》，中华工商联合出版社2016年版，第436页。

全国会员代表大会召开，标志着红十字会的性质有了根本变化，人道传播有了新的遵循和方向。中国红十字会会长李德全讲话指出，"要建立起新的革命的人道主义思想"；中共中国红十字会总会党组书记伍云甫在讲话中要求，红十字会"应成为政府与人民结合的桥梁"，其工作"应是依靠人民，又为人民服务"①，指明了我国人道工作及人道传播工作的根本遵循和努力方向。

2. 以"宣传"代"传播"阶段

1961年10月，中国红十字会第二次全国会员代表大会报告在总结过去工作时指出，"开展卫生宣传，普及卫生知识，是我会的一项经常工作"，包括"发动红十字卫生员和会员，以多种多样的方式，向周围群众进行宣传活动""各地红十字会还利用电台广播，放映卫生电影，印刷卫生标语和招贴画，出版卫生小册子和各种宣传品，组织卫生报告会等，来普及群众卫生知识"，表示今后要做好吸收发展会员工作，建立和壮大基层组织，为人道传播打下了更加坚实的工作基础和组织基础。②中国红十字会第三次全国会员代表大会报告提出，"红十字会的干部要到群众中去，和群众打成一片，有事同群众商量"③，指明了人道传播的对象、路径和意义。

我国社会发展进入改革开放时期后，人道传播的任务和方向更加清晰明确。中国红十字会第四次全国会员代表大会报告首次提出"加强宣传工作"，并将其列为"今后任务"中的第五项，要求"必须进一步加强"，"宣传"的地位、作用得到空前提高和重视。内容上，"要宣传红十字会的性质、任务和作用，介绍各地开展红十字会活动的经验，宣传卫生救护、输血等卫生常识，也要宣传救死扶伤、扶危济困、敬老助残、助人为乐等

---

① 中国红十字年鉴编辑部主编：《中国红十字会通志（1904—2015）》，中华工商联合出版社2016年版，第71—72页。

② 中国红十字年鉴编辑部主编：《中国红十字会通志（1904—2015）》，中华工商联合出版社2016年版，第408—412页。

③ 中国红十字年鉴编辑部主编：《中国红十字会通志（1904—2015）》，中华工商联合出版社2016年版，第428页。

方面出现的好人好事";执行主体,"除各级红十字会专职人员做,还要发动会员做,特别是注意积极取得新闻界、文艺界的支持"①,点明了人道传播的客体对象、依靠的力量、最终目的等,进一步深化了对人道传播的认识。中国红十字会第五次全国会员代表大会报告提出,"宣传工作要面向基层,面向群众,面向社会;要拓展阵地,坚持经常,注重质量,提高效果"②的要求,"三个面向"使传播对象更加精准和富有针对性,"十六字方针"分别提出了对阵地、频率、质量和效果的要求,对宣传的重视程度再予提高。

由于"五届理事会十分重视宣传工作,认为宣传工作是让社会理解红十字会,扩大红十字会社会影响主要手段"③,中国红十字会第六次全国会员代表大会把学习宣传、贯彻落实《中华人民共和国红十字会法》和贯彻《中国红十字会九十年代工作纲要》《北京宣言》列为人道传播主要内容,法治建设成为红十字会重要工作,也成为人道传播重要内容之一。

中国红十字会第七次全国会员代表大会开始把"加强理论建设"作为主要任务之一,提出"要认真组织红十字会内外的专家学者和研究人员,加强红十字理论的研究,把红十字运动的理论纳入社会科学的范畴,以指导全国红十字工作,提高广大红十字工作者的理论水平,使红十字会人员的行动更具自觉性,增大社会宣传的力度"④,首次从理论建设层面阐述人道传播,强调理论在传播工作中的重要性。中国红十字会第八次全国会员代表大会提出,深入持久地宣传红十字会法,加强红十字运动理论研究,增强工作的自觉性、创造性和系统性,人道传播的内容日渐丰富、完善、

① 中国红十字年鉴编辑部主编:《中国红十字会通志(1904—2015)》,中华工商联合出版社2016年版,第436页。

② 中国红十字年鉴编辑部主编:《中国红十字会通志(1904—2015)》,中华工商联合出版社2016年版,第459页。

③ 中国红十字年鉴编辑部主编:《中国红十字会通志(1904—2015)》,中华工商联合出版社2016年版,第478页。

④ 中国红十字年鉴编辑部主编:《中国红十字会通志(1904—2015)》,中华工商联合出版社2016年版,第493页。

系统。

尽管中国红十字会第四次全国会员代表大会之后"宣传"的地位持续提高，但大会所强调和使用的概念仍然是主观性、目的性较强的"宣传"，而不是更具客观性和中立性的"传播"。

3. 从"传播"到"人道传播"的提升阶段

中国红十字会第九次全国会员代表大会工作报告提出"弘扬红十字精神，开展'红十字传播行动'"，并将其列入七大行动之一。① "传播"首次取代"宣传"，传播工作被首次写入全国会员代表大会工作报告。同时，"报告"提出传播方面的另一个重要概念——创建"以传播红十字精神为主要内容"的"红十字大宣传格局"，虽然仍以"宣传"名之，但"以传播红十字精神"为限定词，标志着红十字会对人道传播认识的深化与提高，人道传播地位得到进一步提升。

中国红十字会第十次全国会员代表大会报告正式提出"人道传播"概念，"人道传播平台建设不断加强，红十字宣传队伍专业素质不断提升"②，再次提出"加强理论研究，加大红十字文化传播力度"。

中国红十字会第十一次全国会员代表大会报告出现了两个过去没有的"亮点"：一是探索建立基地传播，先后建立上海、辽宁营口、贵州图云关、陕西延安四个文化传播基地；二是探索建立文化传播和人才培养长效机制，联合苏州大学设立国际红十字运动发展史上第一个红十字国际学院，可看作对人道传播思想认识的落实。今后的任务中，"着力传播人道文化，在培育和践行社会主义核心价值观中引领新风尚"，"把聚焦主责主业开展宣传传播作为动员社会力量的关键举措，与重点工作统筹谋划、同步推进、持续用力"，"充分利用各类媒体，精心策划主题宣传、专题宣传，大力宣传红十字运动知识、特色工作、先进典型、感人故事。创新传播方式方

---

① 中国红十字年鉴编辑部主编：《中国红十字会通志（1904—2015）》，中华工商联合出版社2016年版，第533页。

② 中国红十字年鉴编辑部主编：《中国红十字会通志（1904—2015）》，中华工商联合出版社2016年版，第565页。

法，积极运用新技术、新模式，增强红十字文化传播力"等论述，标志着对传播的功能作用、题材内容、方式方法、阵地建设、人才培养等有了更加深刻的认识，标志着中国特色红十字事业特有的人道传播工作，进入科学化、专业化发展阶段。

四、我国人道传播现状及成绩

人类社会进入信息时代后，在"百年未有之大变局"和新媒体变革深刻影响下，人道传播和其他人道工作一样，面临着许多新情况、新问题、新挑战，亟待改进、提高和完善。

改革开放以来，广大红十字工作者紧紧围绕"保护人的生命和健康，维护人的尊严，发扬人道主义精神，促进和平进步事业"的宗旨核心，坚持以人为本理念，朝着"打造公开透明的红十字会"的目标，通过建立新闻发言人制度，建立"两微一端"信息发布平台，入驻相关新媒体平台，制定实行"两公开两透明"制度等措施，为提升红十字会社会影响力、感召力、公信力，做了大量扎实有效的工作，我国人道传播工作总体呈现良好发展态势，取得了较大进步，主要表现在四个方面。

（一）传播主体更加多元

随着我国红十字事业不断深入发展，其"独特、显著、不可替代"的功能作用，日渐被党和政府、社会各界、广大公众所认识和接纳，人道传播形成多方参与、共同发力局面，党委、政府、企业、媒体、公众纷纷支持或参与人道传播工作，打破了人道传播主体单一甚至唯一的局面，更多传播主体通过多种形式和渠道，将丰富多样的内容传递给更广泛的人群。

第一，党和政府的支持。党和政府对我国人道传播提出明确要求，在法规、政策等方面给予坚定支持。1993年《中华人民共和国红十字会法》、1996年《中华人民共和国红十字标志使用办法》相继颁布实施，标志着中国红十字会走上了依法建会、依法治会的法治轨道，有力促进和规范了中国红十字事业的发展，"通过立法，明确中国红十字会的性质、地位及其与政府关系等，可以使其更好地配合协助党和政府在人道领域开展工作，使中国红十字事业沿着规范化轨道健康发展"①。

2017年2月24日，第十二届全国人大常委会第二十六次会议通过了新修订的《中华人民共和国红十字会法》，"充分体现了党和国家对红十字事业的高度重视和大力支持"，"是新形势下推动红十字会改革发展的重要里程碑，它对于充分发挥红十字会在人道工作领域的重要作用，促进中国特色红十字事业的健康发展，具有重大现实和历史意义"。②

2007年，由中国红十字会总会牵头，外交部、司法部、教育部、国家文物局等多方参加的中国国际人道法国家委员会获批成立。在"局部武装冲突频繁发生，人道主义灾难加剧"形势下，"中国国际人道法国家委员会的成立，进一步表明了中国对推动国际人道法传播和发展的积极态度"③，对中国红十字会积极开展国际人道法领域的国际交流合作，促进国际人道法在中国的传播和实施具有重要意义。

2012年，《国务院关于促进红十字事业发展的意见》出台，明确要求：新闻宣传部门要加大对红十字事业的宣传力度，支持红十字会建立人道传播平台。大力宣传红十字事业发展进程中涌现出的先进人物和感人事迹。表彰为人道主义事业作出突出贡献的单位和个人。深入开展红十字理论研究，大力宣传红十字文化在引领社会道德风尚、提升精神文明程度和推动文化大发展大繁荣中的积极作用。"意见"对改革开放以来，中国红十字事业发展过程中取得的宝贵经验的归纳和总结，体现了中国特色社会主义理论的很多重要观点，也体现了理论上的创新，内容弥足珍贵。④

---

① 张鸣起：《完善职责 强化监督 明确责任》，《中国红十字报》2017年5月5日
② 新华社：《提升红十字会治理和监督水平重大举措——中国红十字会副会长王汝鹏就新版红十字会法答记者问》，https://www.chinanews.com.cn/gn/2017/02-25/8159468.shtml。
③ 中国新闻网：《中国国际人道法国家委员会成立》，https://www.chinanews.com.cn/gn/news/2007/12-01/1092664.shtml。
④ 王达：《中国红十字会举行宣传贯彻〈意见〉座谈会》，《中国红十字报》2012年8月13日。

2015 年 7 月，《中共中央关于加强和改进党的群团工作的意见》发布，中国红十字会成为"党领导的群团组织"之一，进一步明确了中国红十字会"中国政府在人道领域的助手"地位，中国红十字事业是中国特色社会主义事业的重要组成部分，对切实保持和增强中国红十字会的政治性、先进性、群众性，坚定不移走中国特色红十字事业发展道路具有重要意义，对新形势下更好地将国际红十字运动与中国红十字事业发展相结合，突出中国特色社会主义性质和时代特点，坚定不移地走中国特色红十字事业发展道路具有重要指导意义。

中国红十字事业进入新时期后，1994 年，第六届全国会员代表大会开始聘请国家主席担任名誉会长，江泽民、胡锦涛同志先后受聘担任中国红十字会名誉会长各两届。"国家主席出任中国红十字会名誉会长，体现了国家对红十字事业的重视和支持，有利于推动我国红十字事业健康发展，有利于促进世界和平与发展的崇高事业。"[①]

党和国家领导人关于红十字事业的重要讲话，体现了他们对红十字事业的深刻关怀和殷切希望，是对红十字人的鼓舞和鞭策，本身就是一种激励力量。

党的十八大后，习近平多次在不同场合为红十字"点赞"，表达对红十字事业的深切关怀。2013 年 5 月 13 日，习近平在会见时任红十字国际委员会主席莫雷尔时表示，"红十字不仅是一种精神，更是一面旗帜"；2014 年 7 月 4 日，在韩国国立首尔大学发表演讲时，为向韩国患者捐献造血干细胞的红十字志愿者张宝"点赞"；2015 年 5 月 5 日，在接见中国红十字会"十大"代表时强调，"我国红十字事业是中国特色社会主义事业的重要组成部分"，中国红十字会是党和政府"在人道领域联系群众的桥梁和纽带"，"党和国家高度重视这支力量"；2017 年 1 月 17 日和 18 日，在瑞士达沃斯国际会议中心发表《共担时代责任 共促全球发展》、在

---

① 《中国红十字会第八次全国会员代表大会闭幕》，《人民日报》2004 年 10 月 30 日。

日内瓦联合国总部发表《共同构建人类命运共同体》主旨演讲时，引用国际红十字运动创始人杜南的名言指出，"经过 150 多年发展，红十字成为一种精神、一面旗帜。面对频发的人道主义危机，我们应该弘扬'人道、博爱、奉献'的精神，为身陷困境的无辜百姓送去关爱，送去希望；应该秉承中立、公正、独立的基本原则，避免人道主义问题政治化，坚持人道主义援助非军事化"。[①]

习近平总书记关于红十字会的多次重要讲话和指示批示，不仅深刻系统阐述了红十字会的特殊性质、重要地位和作用，更对新形势下红十字会工作提出了根本要求、任务目标和方法路径，进一步升华了红十字事业的宗旨使命，赋予红十字工作新的时代内涵，为我国红十字事业发展指明了方向，成为各级红十字组织做好人道传播工作的基本遵循。

第二，社会各界的支持和参与。从中央到地方各级政府部门、社会团体、企事业单位等社会各界，以联合发文、联合召开会议、联合开展"新闻采风活动"、联合评选红十字好新闻、将"支持红十字事业发展"写入"五年规划"等方式，积极参与、大力支持红十字事业和人道传播工作。2011 年 3 月 7 日，中宣部、中央文明办、教育部、中国红十字会总会等 9 家单位联合召开视讯会议，部署"讲文明树新风"志愿服务活动，"为爱而来——汶川地震重建三周年红十字新闻采风活动"，被列为活动之一。

在上级部门重视、支持下，全国各地大中小学校也积极参与人道传播工作，包括举办红十字运动基本知识和国际人道法传播讲座、在大中学生中举办国际人道法知识竞赛、开展红十字历史文化理论研究、推动红十字知识进教材等活动。

第三，媒体和媒体人的参与支持。媒体的人道传播也称为公益传播，"公益传播是指具有公益成分、以谋求社会公众利益为出发点，关注、理解、支持、参与和推动公益事业、公益行动，推动文化事业发展和社会进

---

① 《习近平多次"点赞"红十字》，《中国红十字报》2017 年 1 月 20 日。

步的非营利性传播活动"①，如公益广告、公益新闻等。从传播主体看，媒体的公益传播，有媒体机构的传播和媒体人的传播两种类型。媒体的公益传播基本以三种方式进行，一是开设专版、专栏，对公益组织及其活动、项目进行积极报道；二是单独或与公益组织联合推出公益项目、举办公益活动等；三是对公益组织相关活动、项目、工作等进行倾斜性、扶植性报道。

第四，社会力量参与。社会力量参与指上述人群、力量之外的其他社会人士的参与和支持，既有机构，也有个人，主要方式是支持人道组织相关项目。2020年新冠疫情发生后，北京字节跳动网络技术有限公司捐资2亿元，联合中国红十字基金会发起设立"字节跳动医务工作者人道救助基金"，之后又多次追加资金，为抗疫一线不幸感染或殉职的医务人员提供人道救助，以实际行动体现了企业对红十字事业的支持，在全社会弘扬传播了人道精神。

（二）符号传播深入人心

随着人道传播在我国广泛深入开展，"红十字"作为人道的标志和象征，已被广大社会民众视为向危难中的人们提供帮助、保护和救济的象征，代表着和平、友善、温暖、普遍与平等的爱。同时，广大红十字工作者紧跟时代步伐，勇于创新，积极适应移动互联网时代信息传播特点和需要，创造性推出了一批可与"红十字"配合使用、富有时代特征和中国传统文化特点的人道工作专用卡通形象和表情符号，丰富了人道传播"武器库"和"工具包"，体现了人道传播的进步性和时代性，丰富了红十字视觉传播系统品类，取得了良好的传播效果。

（三）品牌传播初见成效

在长期工作实践中，各地红十字会致力于依托品牌项目和活动开展人道传播，取得了较好传播效果。中国红十字会总会在全国红十字系统推行的"博爱送万家""博爱家园"、中国红十字基金会的"天使计划"等品

---

① 吕进福：《新媒体环境下红十字舆论传播研究》，合肥工业大学出版社2020年版，第44页。

牌项目和活动，赢得了党委、政府的肯定，社会各界的支持和广大民众的赞誉。山东省青岛市红十字会倾力打造"微尘"品牌，使之转化为一种文化，从而建立起筹资、救助的长效机制，并深深地融入城市精神中，成为品牌传播的典范。广东省中山市红十字会作为主办方发起的"慈善万人行"，历经30余载丰富发展，成为最受中山市民欢迎、公众参与度最高的人道传播活动及享誉国内外的红十字文化和慈善文化品牌。其他知名的人道传播品牌或爆款产品还有新闻报道"一个人的球队""一个人的乐队""磨刀老人""小熊救人"等，公益广告"妈妈的心跳"，以及获得中国慈善奖的诸多项目。

（四）红十字"大宣传格局"初见成效

2006年1月7日，中国红十字会在海南召开全国红十字会宣传工作会议，首次提出"全国红十字大宣传格局"理念，即在全国"形成一个以弘扬红十字精神为主线，以重大活动、品牌宣传、对外宣传、突发公共事件救助等宣传为重点，全国红十字系统和社会力量联合，全方位、多层次、多种类、立体化宣传的大的宣传格局"①。

相关会议文件和领导讲话对"大宣传格局"的基本理解是："弘扬红十字精神"是大宣传的最终目的和诉求，其他措施和方法是实现该目的的手段和途径；"以重大活动、品牌宣传、对外宣传、突发公共事件救助等宣传为重点"，框定了大宣传的内容范围；"全国红十字系统和社会力量联合"，指出了大宣传所要依靠和团结的力量，是大宣传的实施主体；"全方位、多层次、多种类、立体化"的"十二字方针"，是具体工作原则和操作方法，是构建大宣传格局的核心。"大宣传格局追求的是各级红十字会统一主题，上下联动，通过新闻报道、公益广告的投放、宣传品的开发制作、大型宣传推广活动的举办等多种宣传方式，利用电视、报纸、杂志、广播、网络、手机、地铁、公交、楼宇、户外等不同形态媒体资源的立体

---

① 张立光：《构建全国红十字大宣传格局》，《中国红十字报》2009年9月22日。

化组合，实现红十字精神、理念、价值、文化及各项业务工作在全国范围内的全方位覆盖"①，揭示了建立大宣传格局的行动原则、形式和渠道、目的和追求。

同年 5 月 8 日，"红十字博爱周"活动开始实施，中国红十字会总会确定本年度主题是"健康援助进农家——红十字在行动"，全国各级红十字会广泛开展为农民送医送药送健康活动。"红十字博爱周"期间，中国红十字会总会还举办了首届博爱论坛、中国造血干细胞捐献者资料库开放日、《同一首歌》大型公益晚会等活动。"红十字博爱周"一系列活动标志着"红十字大宣传"从理念变成了行动。此后，每年的"红十字博爱周"，中国红十字会总会都会确定一个主题，指导全国各级红十字会统一时间、统一主题、统一行动。《中国红十字报》报道称，红十字博爱周活动"基本改变了原来'各自为战'的宣传局面，全国形成了合力，集中了声势，已逐步显现出红十字大宣传格局的成效和特点"②。

（五）国际传播更加有力

近年来，中国红十字会在实施国际人道救援中积极开展国际人道传播，在推进双边多边合作交流中有力拓展国际人道传播，在参与国际红十字运动事务中巧妙融合国际人道传播，在面向世界讲好中国人道故事中大力提升国际人道传播，在服务"一带一路"倡议中不断深化国际人道传播，生动展现了中国特色红十字事业发展成就，牢固树立了中国负责任大国人道形象。

2017 年 5 月 7 日，中国红十字会援建的"中巴博爱医疗急救中心"在中巴经济走廊最南端的瓜达尔港落成，截至 2019 年 2 月，已有三批医疗队入驻该站，为当地群众提供应急救护和医疗服务。2020 年 3 月，在本国疫情尚未完全稳定的情况下，中国红十字会联合国家卫生健康委员会

---

① 吕进福：《新媒体环境下红十字舆论传播研究》，合肥工业大学出版社 2020 年版，第 85—86 页。
② 张立光：《构建全国红十字大宣传格局》，《中国红十字报》2009 年 9 月 22 日。

向意大利派出抗疫医疗专家组，支援意大利抗疫工作。截至 2020 年 5 月 6 日，应邀向 19 个国家派出 21 批医疗专家组。^①外派医疗团队时刻牢记自己代表祖国的形象和任务职责，以实际行动践行"人道、博爱、奉献"的红十字精神。这些"跨越国界、宗族、信仰"的人道援助行动，是在国际上实施的、以行为体现的人道传播。

五、中国特色的人道传播

人道传播是遍及全球的普遍性传播活动。我国的人道传播，特别是改革开放以来的人道传播，在指导思想、价值追求、表现形式、手段方法等方面皆有独特之处，可称为中国特色的人道传播，主要体现在两个方面。

第一，中国特色的人道传播植根中国大地，源自中国传统文化，契合当今国情，体现为"五个结合"：与宣传贯彻习近平新时代中国特色社会主义思想结合，与贯彻落实党的理论和路线方针政策结合，与弘扬民族精神文化结合，与传播践行社会主义核心价值观结合，与中国特色红十字事业结合。

第二，中国特色人道传播是开放包容的，坚持"四个面向"：坚持面向群众，以所有人为传播对象，力求凝聚更广泛的人道力量；坚持面向世界，坚持"人类命运共同体"意识，既在人道领域讲好中国故事，发出中国声音，为中国走近世界舞台中央作出独特贡献，又不断学习、吸收其他国家、民族和红十字会创造的先进经验，为构筑与世界各国的"民心相通"工程作出独特贡献；坚持面向未来，着眼于人的长远发展，更加注重内化和传承；坚持面向现代化，在新技术新情况新问题新挑战面前，紧跟世界潮流，不断与时俱进。

（作者吕进福，《中国红十字报》原总编）

---

① 中国经济网：《一表尽览！中国向 19 国派出 21 批抗疫医疗专家组详情》，http://intl.ce.cn/qqss/202005/06/t20200506_34846911.shtml。

文化传播学视域下的红十字宣传与传播

——以纪念"五·八"世界红十字日活动为中心

戴少刚

摘　要：作为一种文化传播活动，红十字宣传与传播是推动红十字运动发展的重要力量和促进红十字文化建设的重要内容。运用文化传播学的理论范式分析改革开放后中国红十字会开展的纪念"五·八"世界红十字日活动，可知该活动由探索走向深入，不仅提升了红十字宣传与传播的水平和成效，传播了红十字文化，而且协助党和政府加强了精神文明建设和社会治理，在精神文化和制度文化等方面促进了当代中国社会变迁。

关键词：文化传播学　红十字文化　宣传与传播　世界红十字日

自 1863 年国际红十字运动诞生以来，作为一种特殊的文化传播活动，红十字宣传与传播成为推动红十字运动发展的重要力量，并推动红十字运动和红十字文化传遍全球，持续健康发展。媒介化社会下，人类传播行为的文化属性和文化功能日益受到学界的关注，并使作为文化学和传播学交叉学科的文化传播学成为热门的研究人类文化传播现象及其规律的理论和范式。但是，学界对红十字文化传播的研究"门庭冷落"，仅有池子华、郭进萍等人探讨了红十字文化在华传播的背景、历程、策略、方式等。[①]

---

① 池子华、郭进萍、邓通、李攀：《红十字：文化传播、危机管理与能力建设》，合肥工业大学出版社 2014 年版；池子华：《构建红十字文化传播的"多媒体"》，《中国红十字报》2014 年 5 月 30 日；郭进萍：《红十字文化在华传播研究（1874—1949）》，苏州大学 2013 年硕士学位论文；郭进萍：《红十字文化传播之我见》，严晓凤、池子华、郝如一主编：《红十字运动研究》（2013 年卷），合肥工业大学出版社 2013 年版；池子华总主编，郭进萍：《中国红十字运动通史（1904—2014）》第 5 卷《中国红十字文化》，合肥工业大学出版社 2018 年版；郭进萍：《从冲突走向融会：近代红十字文化的本土化演进》，《地域文化研究》2020 年第 1 期。

这与有着 160 年历史的国际红十字运动和近 120 年历史的中国红十字运动在世界和中国历史上的地位和作用是不相符的。本文结合文化传播学的理论与范式，以中国红十字会开展的纪念"五·八"世界红十字日活动（以下简称"五·八"纪念活动）为中心，考察红十字文化宣传与传播的内涵、意义和路径，以及对社会变迁的作用。

一、红十字宣传与传播的内涵与意义

宣传是指传播者为了实现某一目的，通过传播媒介公开地传播信息符号，对广大人群进行态度影响与意见控制的过程。① 传播就是社会信息的传递或社会信息系统的运行，其实质是一种社会互动行为。② 宣传与传播既有联系，也有区别。宣传是传播的一种具体形式和特殊形态，而且两者都是一种向目标对象提供信息的信息传递行为。不过，传播不能简单等同于宣传。两者在目的、范畴、报道与说服方式以及内容客观性等方面存在差异，特别是"宣传"的功利性、说服性较强，其词性在西方社会较为负面，被视为欺骗行为，在第二次世界大战后很少被使用，逐渐被"传播"等词语所取代。

在我国，宣传是为国家和人民群众的利益服务的，不存在欺骗的动机，而且宣传在促进经济社会发展中发挥了重要作用，并得到了国家的重视和支持。在我国，将宣传与传播并称，不仅符合中国的国情和传播的规律，而且突出了宣传与传播的联系及两者的共同特征，还在一定程度上揭示了两者在当前语境下的区别，这有利于强调、尊重宣传与传播规律，在传播活动中或者以传播的方式，实现宣传的目的。③

红十字会作为非政府组织，不是政策制定者和发布者，其发布的信息并不具备约束性，而是更多地体现引导性。因此，红十字宣传以传播为

① 史振伟、高熠：《实用新闻宣传学》，中国传媒大学出版社 2011 年版，第 249 页。
② 成振珂：《传播学十二讲》，新世界出版社 2016 年版，第 16 页。
③ 张昆：《重视国家形象的对外宣传与传播》，《今传媒》2005 年第 9 期。

主。从我国红十字会宣传工作现实情况和发展趋势看，不仅其开展的宣传工作以传播为主，而且宣传工作传播化的特征越来越明显，比重也越来越大。因此，本文将中国红十字会的宣传与传播并称，并借鉴文化传播学的相关理论和分析框架对其展开探讨。

文化传播学认为，文化与传播是互动的和一体的，"传播的本质是文化的传播"①。这有利于我们把握红十字宣传与传播的内涵。笔者认为，从文化传播学视角看，红十字宣传与传播是红十字会为传播以"人道、博爱、奉献"的红十字精神为核心的红十字文化及推展会务和业务，通过各种媒体向公众传播红十字知识、性质、宗旨，争取公众理解、支持的人道传播活动和过程。根据传播学者拉斯韦尔提出的"5W"模式，在红十字会开展的人道宣传与传播活动中，红十字组织及其工作人员、会员等是人道信息和红十字文化的传播者；其受传者主要是政府部门、其他社会组织和广大群众，以及海内外组织和个人等；其开展人道传播的基本内容包括发布人道信息、宣传人道精神、传播红十字文化、鼓励人道行为和监督人道事业等；其传播媒介主要是传单、报刊、书籍、广播、电视、互联网等，并随着社会科技进步而与时俱进；其对受传者产生了积极广泛的影响，引导更多的组织和个人在思想上重视、在行动上支持红十字运动，取得了较好的传播效果。总之，红十字宣传与传播和人道活动相伴而生，是与人道相关的一切传播活动，是扶危济困、发展红十字运动的重要手段。

传播行为具有守望环境、协调社会各部分以回应环境、使社会遗产代代相传三项功能。②除此之外，红十字宣传与传播还具有唤起爱心、建立信任、满足需要、普及理念、传承文化等功能。开展宣传与传播活动是红十字会内部建设的重要组成部分和先导，贯穿于红十字工作的全过程，对其适应社会环境的变化、统一红十字组织内部思想认识、推动红十字会内部建设发展、传播红十字运动知识和红十字文化、加深社会各界对红十字

① 庄晓东：《文化的传播与传播的文化》，《云南艺术学院学报》2002年第1期。
② [美]哈罗德·拉斯韦尔：《社会传播的结构与功能》，中国传媒大学出版社2013年版，第37页。

运动的了解、获取社会支持、维护社会稳定和促进红十字运动健康发展等具有重要意义。

首先，开展红十字宣传与传播是红十字会自身建设和发展的需要。从国内外红十字运动发展史看，红十字组织的诞生和日常运作、人道活动的发起与展开，都伴随着人道宣传与传播。在一定程度上，红十字运动发展史就是人道传播发展史，红十字运动离不开传播。同时，红十字会是开展红十字运动的主体，其在开展会务和业务时，需要根据社会环境的变化，通过开展宣传与传播活动，加强对会内干部、会员和志愿者的宣传教育，统一他们的思想认识，提高他们的业务能力，并通过营造良好舆论氛围，加强政府、社会组织和民众对红十字运动的了解、认可，争取外部给予的人、财、物支持，从而实现自身的健康可持续发展。长期以来，我国红十字会的宣传与传播声音比较小、社会影响弱，公众对红十字会的性质、宗旨、作用以及发展状况的认识还不够全面和充分。为此，更需要中国红十字会加大工作力度，以宣传与传播开路，不断增强自身实力和社会影响力。

其次，开展红十字宣传与传播是传播红十字文化、弘扬人道主义精神的需要。红十字运动是人类文明进步的重要标志和人类社会发展的必然产物，其本质是保护人的生命和健康，维护人类尊严，促进人们相互间的了解、友谊和合作，实现人类的持久和平与永续发展。由"红十字组织在人道救援实践中所创造的以价值观为核心的观念体系和行为规范"组成的红十字文化[①]，需要被各地红十字会广泛宣传与传播，从而从精神文化层面共同呵护世界上不同文化中道德观念的结晶，促进人们发扬博爱、互助精神，实现共同发展进步。在我国，开展红十字宣传与传播可以更好地将红十字文化与中华优秀传统文化、共产主义精神、集体主义精神、和谐社会理念等相结合，促进社会主义精神文明建设，培育人民群众共同的社会主

---

① 池子华、郭进萍：《培育中国特色的红十字文化》，浙江省红十字会网站，https://www.zjredcross.org.cn/info/1026/4555.htm。

义核心价值观，树立全民族文化自信。

再次，开展红十字宣传与传播是倡导社会公平、维护社会稳定的需要。非政府组织作为与政府、企业并列的第三部门，在推动经济社会发展进步和人的全面发展方面发挥了重要作用。红十字组织倡导和坚持人道、公正等原则，不因国籍、种族、宗教信仰、阶级和政治见解等而歧视所救之人，而是根据需要，努力扶危济困，并对困难最紧迫的人优先实施救济①，这对维护人们共同倡导和坚持的公平正义的价值观、维护社会稳定具有重要的保障和促进作用。在我国，作为沟通政府与民众的"桥梁"和"纽带"，中国红十字会通过开展宣传与传播，凝聚民心，表达民意，倡导社会公平正义，可以成为政府职能的有益补充、政府在人道领域的助手和社会稳定的"稳压器"。

最后，开展红十字宣传与传播是扩大国际影响力、加强国际合作与交流的需要。红十字运动不仅具有悠久的历史和广泛的国际影响力，而且倡导各成员之间加强交流学习，取长补短，相互支援，共襄善举。这就需要各国红十字组织开展对外宣传与传播，向世界介绍本国红十字运动发展的成效、经验和存在的困难，扩大本国红十字运动的国际影响力，争取得到其他国家红十字组织乃至政府、其他社会组织和民众的关注、了解和支持，为开展国际合作与交流营造良好的舆论氛围。改革开放以来，我国对外开放、交流与合作的力度、广度和深度不断加大，成效不断显现。新时期做好对外开放工作，更需要发挥中国红十字会国际性、民间性的特点，通过红十字运动的渠道，进一步扩大对外交往与合作，构建人类命运共同体。

---

① 《国际红十字与红新月运动的基本原则》，中国红十字会网站，https://www.redcross.org.cn/html/2019-05/59994.html。

二、"五·八"纪念活动与红十字文化宣传与传播

在中国红十字会开展的宣传与传播活动中，"五·八"纪念活动持续时间长、影响范围广，较能反映该会宣传与传播活动的特征和成效。

"五·八"纪念活动起源于第一次世界大战后捷克斯洛伐克红十字会发起的"红十字休战日"活动。1921 年，第 10 届国际红十字大会向各国红十字组织推荐这一做法。到 1946 年，该做法在世界各国推广开来。1948年，国际红十字协会（1991 年更名为红十字会与红新月会国际联合会）正式确认将国际红十字运动创始人杜南的生日（1828 年 5 月 8 日）作为"世界红十字日"，并得到世界各国红十字组织的积极响应和支持。1984年，"世界红十字日"更名为"世界红十字与红新月日"。[①]至今，每年"世界红十字日"，国际红十字组织和各国红十字组织都会围绕一定主题开展相关活动，并在世界范围内产生了广泛而深远的影响。

中华人民共和国成立后，中国红十字会在党和政府的关心支持下于1950 年完成改组，成为人民卫生救护团体。不过，受意识形态、社会环境等因素的影响，中国红十字会在社会主义革命和建设时期一直没有开展相关活动。改革开放后，随着拨乱反正和思想解放的深入，中国红十字会积极探索开展"五·八"纪念活动。

1985 年，中国红十字会探索开展了与"世界红十字日"相关的活动。尤其是，从 1987 年开始，中国红十字会先后开展了"为了儿童健康"主题活动、"发展"主题活动、"认识红会、理解红会、支持红会"主题活动，相关工作从探索不断走向深入；各地举办的活动一年比一年丰富多彩，一年比一年声势浩大，对推动全国红十字会的工作，起到了不可低估的作用。[②]活动期间，总会和各地分会开展宣传红十字性质宗旨、慰问老弱病残、健康体检、免费医疗等活动，以及配合政府开展爱国卫生运动、献

① 《卫生日介绍（10）：世界红十字日》，《中国学校卫生》2007 年第 12 期。
② 《各地"五·八"活动情况简报》，湖北省红十字会档案室档案，档号：1989—D—004。

血和计划生育等工作，取得了良好成效。例如，1989 年 11 月，总会下发
《各地"五·八"活动情况简报》，对各省（市）红十字活动周开展情况进
行了通报（详见表 1）。

表1　1989年中国红十字会红十字活动周统计（节录）

省（市）	出动会员/人	报道/次	印发宣传材料/份	培训急救员/人	献血/人	义诊、健康咨询和体检/人次	新建基层组织/个	发展会员/人	便民服务/次
北京	100000			1430		162943	40	13259	3050
上海	120							29	
江苏	16200		10000			380000	45	20000	
安徽	2542	2	200			3498			
湖北	1586	3	2250		14	45178			
湖南	5350	118	55850				59	3162	

资料来源：中国红十字会总会编：《红十字国内工作简报》，湖北省红十字会档案室档案，档号：
1989—D—004。

由表 1 可知，1989 年，各地红十字会开展了丰富多彩的具有红十字特
色的活动。不过，这一时期中国红十字会的"五·八"纪念活动处于探索
阶段，各地红会开展的纪念活动发展不够均衡，水平和质量也有待提升和
完善。

20 世纪 90 年代后，中国红十字会先后围绕"保护人类生命和尊
严""人道的力量""生命教育，人道伴行"等主题，聚人心，共善举，开
展相关活动。同时，中国红十字会总会和各地红十字会还结合学雷锋运
动、精神文明建设和贯彻《中华人民共和国红十字会法》，开展了形式多
样、内容丰富的宣传教育和社会服务活动，取得了显著成效，受到党和政
府的重视以及社会各界的广泛支持。例如，2001 年，湖北省"五·八"纪
念活动期间，参加活动的各类工作人员有 2 万多人，开展义诊和卫生咨询
20 多万人次，自愿捐献骨髓报名者有 100 多人，发放各类宣传资料 80 多

万份，各种宣传展牌和横幅 5000 多块（条），义卖和募捐 70 多万元。[①]另据统计，1987—2000 年，通过开展"五·八"纪念活动等方式，中国红十字会共募集到总价值 21 亿多元的救灾款物，对 1 亿多受灾群众进行了救助；建设了 6 个区域性备灾救灾中心、10 余个省级备灾救灾中心。[②]此外，2022 年"5·8 人道公益日"活动期间，全国各地参与者达 322 万余人次，收到爱心捐款 1.01 亿元。[③]这些款物为中国红十字会开展人道活动奠定了良好的物质基础。

由上可知，中国红十字会一般围绕国际红十字组织确定的主题，结合我国的实际情况，举办综合性的、内容丰富的"五·八"纪念活动，并发挥自身优势，为群众义诊、咨询、体检，协助开展献血、计划生育、精神文明建设等工作，以彰显红十字精神，传播红十字文化，推动文明社会建设，并体现出如下特征。

首先，活动主题突出、内容丰富。1987 年，中国红十字会总会围绕"为了儿童健康"这一主题，与中国邮票博物馆联合举办首次"国际红十字邮票展览"，在北京人民大会堂举办纪念义演[④]；湖北省将 5 月 1 日至 6 月 1 日定为"为了儿童健康"活动月，将纪念活动延长至 1 个月，并与庆祝六一儿童节结合起来，丰富了活动内容，升华了活动主题。1994 年，中国红十字会以"关心儿童"为主题，结合宣传《中华人民共和国红十字会法》和中国红十字会第六次全国会员代表大会精神，开展纪念活动。北京市红十字会举办"人间第一情——红十字会法知识竞赛"，全市有 10 万人参加；上海市开展"人道主义在我心中"摄影、书画、征文比赛。[⑤]2006 年，中国红十字会举办的"红十字博爱周"，以"健康援助进农家——红

---

① 《湖北省纪念"五·八"世界红十字活动情况通报》，湖北省红十字会档案室档案，档号：WS·2001—Y—Wb—0008。

② 《首都纪念世界红十字日》，《光明日报》2000 年 5 月 9 日。

③ 《中国红十字会首次"5·8 人道公益日"圆满收官：322 万余人次线上参与》，《中国红十字报》2022 年 5 月 27 日。

④ 谭云鹤：《中国红十字会第四届三次理事会工作报告》，《中国红十字报》1988 年 3 月 5 日。

⑤ 孙柏秋主编，池子华、杨国堂等：《百年红十字》，安徽人民出版社 2003 年版，第 634 页。

十字在行动"为主题,旨在使全社会更多地"关爱农民,关注健康"。[①]
2022 年,中国红十字会"5·8 人道公益日"正式启动,并通过开展互联网公益项目众筹、人物故事和红十字知识科普视频推广等形式,汇聚爱心,连接善举。[②]这些活动将"五·八"纪念活动与红十字运动周年纪念、儿童节、新农村建设等活动结合起来,丰富了活动内涵,加深了社会各界对红十字运动的认识和了解,提升了纪念活动的成效。

其次,以纪念活动为依托,配合党和政府开展精神文明建设。1990年,中国红十字会要求各地红十字会将"保护人类健康与尊严"的主题与"学雷锋"结合起来,开展纪念、宣传、志愿服务等活动。此举将国际性的"五·八"纪念活动与本土的纪念雷锋运动结合起来开展,突出了红十字精神和雷锋精神中共同具有的博爱、奉献内核,扩大了纪念活动乃至社会主义人道主义的社会影响,并将红十字文化建设和社会主义精神文明建设引向深入。2001 年,各地红十字会结合当地实际,以"捐献骨髓、关爱生命、展示人道力量"为主题,广泛宣传红十字会法、红十字精神和宗旨。5 月 6 日,身患血癌的解放军某部少校隋继国专程从郑州赶到武汉,宣传捐献骨髓的意义,中央电视台《东方时空》栏目组对其进行了跟踪采访。[③]

最后,以纪念活动为"桥梁",密切与各界的关系。通过"五·八"纪念活动这一平台,主动宣传与传播红十字运动的性质、宗旨和价值,展现红十字事业取得的成绩,开展各项社会服务,争取政府部门、社会团体和人民群众的理解、认可和支持,并与社会各界加强交流沟通与团结互助。尤其是,各地政府领导和群众对纪念活动的重视、支持和参与,进一步加深了这种双向互助关系。例如,2001 年"五·八"纪念活动期间,时任全

---

① 王淑军:《北京 2006"红十字博爱周"启动》,《人民日报》2006 年 5 月 9 日。
② 《中国红十字会"5·8 人道公益日"互联网众筹项目正式启动》,《中国红十字报》2022 年5 月 10 日。
③ 《湖北省纪念"五·八"世界红十字活动情况通报》,湖北省红十字会档案室档案,档号:WS·2001—Y—Wb—0008。

国人大常委会副委员长、中国红十字会会长彭珮云与北京市政府、北京市红十字会有关领导参加了中国红十字会总会和北京市红十字会组织的纪念活动①；时任浙江省副省长、浙江省红十字会会长鲁松庭等领导与数千名红十字会会员、志愿者、群众等参加了浙江省红十字会举办的活动。②2022年"5·8人道公益日"活动期间，全国各地参与者达322万余人次③，仅广东省红十字系统就发起452个"一起捐"项目，并动员10万余人次参与活动。④由此，仪式化的"五·八"纪念活动不仅成为纪念杜南诞辰这一重要事件的方式，而且成为中国红十字会强化与社会各界关系的纽带。

可以说，20世纪80年代以来，在"五·八"纪念活动中，总会和各地红会积极开展此项活动，并将之与组织建设、红十字文化传播、业务推广等相结合，不断丰富其内容和形式，主题鲜明突出、内容丰富多彩，为经济社会发展作出了重要贡献，并成为中国红十字运动的一张亮丽"名片"和一种具有广泛社会影响的文化互动现象。

仪式是"社会群体定期重新巩固自身的手段"⑤，而纪念活动是"依照一定的程序和规则，对人或事进行追思、怀念的一种仪式"⑥。纪念活动能够"增进对传统知识的学习"⑦，对参与者产生价值观教化作用，并有助于记忆留存、文化延续。有文化传播学者认为，传播是"一种以共同体的身份把人们吸引到一起的神圣典礼"⑧。作为一种仪式化的社会纪念活动，中

---

① 孙柏秋主编，池子华、杨国堂等：《百年红十字》，安徽人民出版社2003年版，第634页。

② 浙江省红十字会志编纂委员会编：《浙江省红十字会志》，浙江古籍出版社2016年版，第231页。

③ 《中国红十字会首次"5·8人道公益日"圆满收官：322万余人次线上参与》，《中国红十字报》2022年5月27日。

④ 《广东红会召开"5·8人道公益日"活动情况通报会》，《中国红十字报》2022年5月24日。

⑤ [法]爱弥尔·涂尔干：《宗教生活的基本形式》，渠东、汲喆译，上海人民出版社2006年版，第367页。

⑥ 朱斌：《纪念活动：马克思主义大众化的仪式维度——以新中国成立初期党的重大纪念活动为考察对象》，《广西社会科学》2014年第8期。

⑦ [美]威廉·A.哈维兰：《文化人类学》，瞿铁鹏、张钰译，上海社会科学院出版社2006年版，第417页。

⑧ [美]詹姆斯·W.凯瑞：《作为文化的传播："媒介与社会"论文集》，丁未译，华夏出版社2005年版，第7页。

国红十字会开展的"五·八"纪念活动对红十字文化传播发挥了重要作用。

第一，中国红十字会组织的"五·八"纪念活动的价值得到党和政府的认可和重视，成为社会主义文化建设的重要内容，在传播先进文化、完善社会治理等方面作出了贡献。文化传播学认为，在文化传播过程中，文化呈现出精英文化、大众文化和主导文化三种形态。"五·八"纪念活动所承载和传递的红十字文化是以"精英文化"形态传入中国，由崇尚人道、平等的知识分子、进步商人"移花接木"向社会各界传播，并与中国传统文化相结合，在官民互动中被民众接受和认可，成为"大众文化"，在近代中国广泛传播。中华人民共和国成立后，尤其是改革开放后，红十字文化得到党和政府的认可以及群众的支持，在精英和大众中得到广泛宣传与传播，其倡导的"人道、博爱、奉献"精神也逐步被党和政府纳入社会主义核心价值体系，对社会主义精神文明建设和社会治理发挥积极的促进作用。红十字文化虽然没有成为主导文化，但其与中国特色社会主义文化这一社会的主导文化是契合融洽的，并在党和政府的重视和支持下获得了发展空间，在党领导下的公益慈善事业中发挥重要作用。

第二，"五·八"纪念活动等红十字文化传播活动集纪念、宣传、传播和实践于一体，是红十字组织在公共空间中定期开展的制度化行为和在特定场域中的文化运作过程，并具有"激励与凝聚、熏陶与潜移默化、自律与自省的社会文化功能"①。各地举办的活动，不仅以纪念红十字运动之父——杜南为外在的符号表征和载体，表达对他的追思和怀念，而且以彰显"人道、博爱、奉献"的红十字精神为内核，向红十字会工作者、会员、志愿者以及社会大众宣示和传播红十字会赖以生存与发展的价值理念，从而增强他们对杜南的情感认同、对红十字精神文化的认同和对人道主义、社会主义的价值认同，并进而增强红十字组织的凝聚力和号召力，巩固和壮大组织，提升自身实力。此项活动既有纪念杜南、推广会务与业

---

① 刘小林等：《桂林抗战文化与中华民族精神》，广西师范大学出版社 2018 年版，第 42 页。

务、争取社会支持之"形"，也有统一思想认识、加强红十字文化建设、彰显红十字精神之"神"，构建起了强大的"文化场"，促进了符号互动和文化认同，可谓形神兼备、相得益彰。

三、"五·八"纪念活动与社会变迁

社会变迁是社会系统与社会结构的改变，是社会成员心理态度、行为模式及社会制度与社会组织的嬗变，是一种质的飞跃。[①]中国红十字会开展的"五·八"纪念活动等文化传播活动具有明显的仪式特征和功能，并在精神文化和制度文化两个层面，潜移默化地影响着社会转型时期政府与民众、政府与红十字会的关系以及红十字会工作者、会员、志愿者和群众的价值观念、生活方式等，调适人民群众自身及与社会的关系，并推动着社会变迁。

第一，在精神文化层面。"五·八"纪念活动等红十字宣传与传播活动借助对杜南的纪念和对崇高的人道主义精神的信仰与实践，使红十字会工作者、会员、志愿者感受到"红十字之父"杜南的博爱情怀，接受了人道主义精神洗礼，重温了人道主义初心和红十字运动知识，增强了他们对红十字文化的认同，弘扬和践行了人道主义宗旨，为社会上需要帮助的人奉献了爱心，满足了他们自我实现的需要，并促进自身的内在和谐与自我发展。同时，通过"五·八"纪念活动这一载体和平台，红十字文化得以在社会成员中广泛传播，并改变了他们的文化认知、文化身份、社会角色归属、社会规范秩序以及社会价值观念。各地群众，尤其是接受了帮助的老、弱、病、残等易受损害的弱势群体，则在纪念活动期间受到了人道主义教育，获得了物质援助和心理慰藉，调适了个体自身以及个人与自然界、他人、社会的关系，较好地满足了自身对生存、安全和尊重等的需要，感受到了社会主义社会的温暖和优越性。

---

① 庄晓东：《文化的传播与传播的文化》，《云南艺术学院学报》2002 年第 1 期。

第二，在制度文化层面。"五·八"纪念仪式等红十字宣传与传播活动为各地民众树立了一种道德规范和行为准则，使他们受到共同体的规训和教化，帮助他们调适与外界的关系，共同维护仁民爱物、乐善好施的社会共同价值和传统观念，并将"人道、博爱、奉献"的红十字精神作为自身的价值追求和生活方式，向善而行，互帮互助；为政府提供了加强与社会团体、人民群众沟通联系的桥梁，改善了与他们之间的关系，并协助政府宣传了国家政策法规，开展了社会主义精神文明建设，完善了社会服务和社会保障，维护了社会安定和谐；为中国红十字会提供了展示红十字形象、巩固和壮大红十字组织、提升自身实力和影响力的舞台，让社会各界认识红十字会、理解红十字会、支持红十字会，并将相关纪念活动本土化、制度化和长期化，更好地发挥红十字会在人道领域的政府助手作用，推动中国特色社会主义红十字会建设和发展。

当然，正如有学者指出的，文化传播不是"万能的"和"至上的"，不能片面地夸大文化传播在社会发展和社会变迁中的作用[1]，而是要实事求是地对此作出分析。比如，红十字文化传播过程中受经济发展水平、国家政策、民众思想认识、技术条件等因素的制约，影响了传播内容的传递、传播效果的达成。此外，如何深化对红十字宣传与传播的理论研究、增强此项工作对红十字会会务和业务推展的促进作用以及进一步提升红十字会公信力、覆盖面和社会影响力等问题，也是需要学界和业界重视并着力解决的问题。

（作者戴少刚，安徽工业大学马克思主义学院讲师）

---

[1] 庄晓东：《文化的传播与传播的文化》，《云南艺术学院学报》2002 年第 1 期。

工作交流

为中国式现代化建设新征程贡献红十字力量

——以安徽省合肥市红十字会为例

刘波

摘　要：在全面建设社会主义现代化国家的新征程中，安徽省合肥市红十字会聚焦政治性，把坚持党的领导落到实处；聚焦正能量，让红十字精神深植庐州大地；聚焦大募捐，以增进民生福祉为努力方向；聚焦好形象，为现代化建设贡献人道力量，把党的二十大确定的新思路、新战略、新举措不折不扣地落实到工作各方面、各环节，努力为国奉献、为民造福，在奋进新时代征程中开创红十字事业发展新局面。

关键词：党的二十大报告　红十字事业　中国式现代化　人道力量

党的二十大报告指出，从现在起，中国共产党的中心任务就是团结带领全国各族人民全面建成社会主义现代化强国、实现第二个百年奋斗目标，以中国式现代化全面推进中华民族伟大复兴。[①]中国红十字事业是中国特色社会主义事业的重要组成部分，在全面建设社会主义现代化国家的新征程中，红十字人有信心、也有能力在当好党和政府人道领域助手、发挥桥梁纽带作用上实现更高目标、贡献更强力量，努力为国奉献、为民造福。

---

① 《党的二十大报告学习辅导百问》编写组：《党的二十大报告学习辅导百问》，党建读物出版社、学习出版社 2022 年版，第 16 页。

一、聚焦政治性，把坚持党的领导落到实处

中国共产党领导是中国特色社会主义最本质的特征，是中国特色社会主义制度的最大优势①，也是发展新时代中国特色红十字事业最根本的保证。

必须切实捍卫"两个确立"。党的十八大以来，我们党确立习近平同志党中央的核心、全党的核心地位，确立习近平新时代中国特色社会主义思想的指导地位，开创了中国特色社会主义新时代，推动中华民族伟大复兴进入不可逆转的历史进程。红十字系统必须深刻领悟"两个确立"的决定性意义，增强"四个意识"、坚定"四个自信"，衷心拥护"两个确立"、忠诚践行"两个维护"，以高度的思想自觉、政治自觉、行动自觉践行对党忠诚。

必须始终坚持党的全面领导。红十字会是党领导下的群团组织，坚持党的领导是红十字事业沿着正确轨道向前发展的根本保障，必须把党的领导落实到红十字工作的各方面全过程。近年来，合肥市红十字系统认真贯彻落实习近平总书记关于坚持和加强党的全面领导的要求，始终把党的政治建设摆在首位，自觉接受并紧紧依靠党的领导，加强各级红十字会党组织建设，认真履行政治责任，不断夯实党的执政基础和群众基础，保证了红十字会的正确发展方向，战胜了发展中遇到的困难和挑战。始终牢记初心使命，坚定不移听党话、跟党走，奋力实现新发展，再创新辉煌。

必须严格落实全面从严治党。全面从严治党永远在路上，党的自我革命永远在路上，决不能有松劲歇脚、疲劳厌战的情绪，必须持之以恒推进全面从严治党，深入推进新时代党的建设新的伟大工程，以党的自我革命引领社会革命。②要落实新时代党的建设总要求，大力加强红十字会党的

① 习近平：《论把握新发展阶段、贯彻新发展理念、构建新发展格局》，中央文献出版社2021年版，第289页。
② 习近平：《高举中国特色社会主义伟大旗帜，为全面建设社会主义现代化国家而团结奋斗》（2022年10月16日），《求是》2022年第21期。

建设，认真落实全面从严治党"两个责任"，以党的政治建设为统领，全面加强党的思想、组织、作风、纪律建设，把制度建设贯穿其中，不断提高合肥市红十字系统党的建设质量。要始终心怀"国之大者"，深入贯彻习近平总书记关于群团工作重要论述和红十字事业重要指示精神，不断提高政治判断力、政治领悟力、政治执行力，有效发挥桥梁纽带作用，把所联系群众最广泛最紧密地团结在党的周围。

二、聚焦正能量，让红十字精神深植庐州大地

习近平总书记指出，全面建设社会主义现代化国家，要推进文化自信自强，铸就社会主义文化新辉煌。①合肥市红十字系统积极践行"人道、博爱、奉献"精神，让红十字正能量无限量、红十字好声音成强音。

要广泛践行社会主义核心价值观。社会主义核心价值观是凝聚人心、汇聚民力的强大力量。坚持依法治国和以德治国相结合，要把社会主义核心价值观融入法治建设、融入社会发展、融入日常生活。②红十字精神与中华优秀传统文化一脉相承，与社会主义核心价值观高度契合。③《合肥市献血条例》《合肥市无偿献血者奖励措施》先后出台，合肥市多次获评"全国无偿献血先进市"；合肥市造血干细胞入库志愿者 2.8 万名，成功挽救 105 名血液病患者生命；合肥市登记遗体器官角膜捐献志愿者 5.7 万余名，累计实现捐献近千例。这些奉献大爱的义举，都是践行社会主义核心价值观的生动体现。红十字会以保护人的生命和健康、维护人的尊严为宗旨，培育和践行社会主义核心价值观要进一步融入红十字工作的方方面面，围绕举旗帜、聚民心、育新人、兴文化、展形象，为建设社会主义文

---

① 《党的二十大报告学习辅导百问》编写组：《党的二十大报告学习辅导百问》，党建读物出版社、学习出版社 2022 年版，第 32 页。

② 习近平：《高举中国特色社会主义伟大旗帜，为全面建设社会主义现代化国家而团结奋斗》（2022 年 10 月 16 日），《求是》2022 年第 21 期。

③ 李全太：《坚定中国式现代化道路 推进山东省红十字事业高质量发展》，《中国红十字报》2022 年 11 月 22 日。

化强国贡献力量。

要助力提高全社会文明程度。党的二十大报告指出，要在全社会弘扬劳动精神、奋斗精神、奉献精神、创造精神、勤俭节约精神，培育时代新风新貌，不断增强实现中华民族伟大复兴的精神力量。[①]合肥市在安徽省率先建设城市社区红十字博爱家园，把服务送到群众家门口，累计建成博爱家园 15 个；完善志愿服务制度和工作体系，组织红十字志愿者开展服务 11.1 万余小时，服务群众 50.2 万余名，志愿者程明月、倪兵荣获全国红十字志愿服务先进典型；抓好红十字青少年工作，合肥学院、安徽中医药大学荣膺"全国红十字模范单位"；大力普及应急救护知识，累计培养救护员 7 万余名，普及群众 26 万人次……[②]合肥市红十字事业进一步融入生命安全教育、大病救助、健康合肥、乡村振兴、基层社会治理、青少年发展等中心任务，成为社会文明进步不可忽视的力量，助力合肥文明城市创建。

要不断增强社会主义文明传播力。习近平总书记要求，要讲好中国故事、传播好中国声音，展示真实、立体、全面的中国。[③]合肥市红十字系统广泛汇聚爱心力量，深入践行人道宗旨，为促进合肥经济社会发展和人民生命健康做了大量富有成效的工作，特别是在助力脱贫攻坚、参与改善民生、开展灾害救援和志愿服务中，做了大量雪中送炭、急人之困的好事善举。红十字好形象时常"看得到"，红十字好声音时常"听得到"，红十字温暖困难群众时常"感受得到"。目前，冯春余、周松等 40 余位红十字志愿者荣获中国好人、安徽好人等优秀称号；邮电新村 100 余位老人志愿捐献遗体，成为全国闻名的捐献公益品牌。在促进红十字事业发展的同

[①] 《党的二十大报告学习辅导百问》编写组：《党的二十大报告学习辅导百问》，党建读物出版社、学习出版社 2022 年版，第 34 页。

[②] 宗合、孟祥齐：《合肥市红十字会第八次会员代表大会召开 打造好人好报德者有得的"大爱合肥"》，《合肥日报》2022 年 6 月 25 日。

[③] 《党的二十大报告学习辅导百问》编写组：《党的二十大报告学习辅导百问》，党建读物出版社、学习出版社 2022 年版，第 35 页。

时，要进一步树立好人好报、德者有得的价值导向，对奉献爱心的人，实打实地给予更多关心，让"大爱合肥"人人有情有义、处处守望相助。①

三、聚焦大募捐，以增进民生福祉为努力方向

"江山就是人民，人民就是江山。"②人民至上是党治国理政最鲜明的价值理念，是做好一切工作的根本出发点。新时代新征程，要求我们必须始终坚持以人民为中心的工作导向，架好党和政府与群众之间的连心桥。

要始终努力满足人民群众的急难愁盼需求。实现第二个百年奋斗目标，要实现好、维护好、发展好最广大人民根本利益，紧紧抓住人民最关心最直接最现实的利益问题，深入群众、深入基层，采取更多惠民生、暖民心举措，着力解决好人民群众急难愁盼问题。③近年来，合肥市红十字会胸怀人民、服务群众，"博爱送温暖"活动累计筹集款物总价值约454.7万元，受益群众3.7万余名；"博爱庐州"项目累计筹集资金386万元，救助白血病儿童59名、困难学生560余名；帮助343名白血病患儿、17名先心病患儿成功申请中国红十字会总会"天使"系列基金，累计救助金额1190万元。红十字工作要始终把人民放在心中最高位置，按照党政所需、群众所盼、职责所在，把满足人民群众的人道需求作为一切工作的出发点和落脚点，以更有爱、更有温度、更有情怀的工作，努力改善最易受损群体的生活境况，真心实意地为困难群众排忧解难。

要坚持不懈保护人民群众生命和健康。中国红十字会的宗旨与我们党以人民为中心的发展思想，以及"人民至上，生命至上"的理念高度一致，体现了人民对美好健康生活的向往与追求。在健康中国、疫情防控体

---

① 宗合、孟祥齐：《合肥市红十字会第八次会员代表大会召开 打造好人好报德者有得的"大爱合肥"》，《合肥日报》2022年6月25日。

② 《在庆祝中国共产党成立一百周年大会上的讲话》（2021年7月1日），《习近平谈治国理政》第四卷，外文出版社2022年版，第9页。

③ 《党的二十大报告学习辅导百问》编写组：《党的二十大报告学习辅导百问》，党建读物出版社、学习出版社2022年版，第35页。

系和应急能力等建设过程中，红十字会正发挥着越来越重要的作用。第一时间参与疫情防控、抢险救灾，2020 年以来合肥市红十字系统累计募集社会捐赠款物总价值约 2.3 亿元，荣获"中国红十字会新冠肺炎疫情防控工作先进集体""安徽省红十字系统抗击新冠肺炎疫情、防汛救灾先进集体"，向巢湖防汛一线官兵捐赠 50 台烘干机广受好评。在安徽省率先设置公共场所"救命神器"AED 急救设备 1643 套，实现地铁站点、市属学校、城市社区"三个全覆盖"，已成功挽救五人生命。红十字会始终出现在群众最紧急、最危难、最需要的时刻，坚持不懈关爱群众生命健康。

要着力汇聚人道力量增强救助实力。构建初次分配、再分配、第三次分配协调配套的制度体系，引导、支持有意愿有能力的企业、社会组织和个人积极参与公益慈善事业①，有助于增进民生福祉，提高人民生活品质。红十字会作为从事人道主义工作的社会救助团体，要把面向社会募捐、汇聚社会爱心摆在红十字工作突出位置，要强化筹资意识、创新筹资方式、拓宽筹资领域，探索建立稳定增长的筹资机制，不断增强人道救助实力，助力实现"全体人民共同富裕"。近年来，合肥市红十字会探索互联网筹资新模式，累计联动筹款 684 万元用于合肥市公益事业。要进一步动员社会各界支持参与人道事业，扩大红十字会会员、志愿者、捐赠人、捐献者等队伍，不断夯实红十字事业发展的群众基础。要主动融入合肥市发展大局，搭建人道公益平台，精心设计人道服务项目，努力提高精准实施人道救助的能力水平。

四、聚焦好形象，为现代化建设贡献人道力量

现代化建设新征程前途光明、任重道远。红十字会是汇聚善意、传递爱心的使者，要进一步加强自身建设，珍惜群众信任，自觉接受监督，不

---

① 《党的二十大报告学习辅导百问》编写组：《党的二十大报告学习辅导百问》，党建读物出版社、学习出版社 2022 年版，第 35—36 页。

断提升群众获得感、提高社会公信力。

要坚持依法治会提升公信力。全面依法治国是国家治理的一场深刻革命，关系党执政兴国，关系人民幸福安康，关系党和国家长治久安。必须更好地发挥法治固根本、稳预期、利长远的保障作用，在法治轨道上全面建设社会主义现代化国家。[①]近年来，合肥市红十字会始终坚持依法建会、依法治会、依法兴会，严格遵守宪法法律和红十字会法及章程，完善社会捐赠、人道救助、信息公开等制度，所有捐赠坚持三个"百分百"，多次接受纪检监察、民政、审计部门监督检查，实现零差错。合肥市红十字系统要进一步提高运用法治思维推动发展、破解难题、应对风险的能力；加强"网上红十字会"建设，为群众提供方便快捷的人道服务，推动红十字工作高效运转、公开透明，进一步提升公信力；健全组织体系，依法形成理事会决策、执委会执行、监事会监督的治理结构，进一步提升红十字工作法治化、制度化、规范化水平。

要深化改革创新扩大影响力。近年来，合肥市红十字会以全面深化群团改革为契机，紧紧围绕"强三性""去四化"要求，坚定不移走中国特色社会主义群团发展道路，推进改革创新，真心关爱群众，服务能力和水平进一步提升。2022 年 4 月，《合肥市红十字会深化改革方案》出台，着力解决治理结构不完善、管理体制理顺不彻底、基层组织薄弱、服务能力不强等问题，为红十字事业改革发展注入了强大力量。合肥市各级红十字会要始终坚持改革创新，进一步强化问题导向，聚焦红十字会组织结构、人事制度、运行机制和工作方式等关键环节，围绕党政所需、群众所急、红十字会所能，以更大力度、更实举措推进改革创新，直面突出问题，持续精准发力，巩固和深化红十字会改革成果。以强烈的责任担当和自我革新勇气，把红十字会建设得更加充满活力、更加坚强有力，扩大红十字会的影响力。

---

① 习近平：《高举中国特色社会主义伟大旗帜，为全面建设社会主义现代化国家而团结奋斗》（2022 年 10 月 16 日），《求是》2022 年第 21 期。

　　要建设过硬队伍增强凝聚力。红十字会要切实加强自身建设，不断增强发展动力，在工作推进中注重结合形势任务发展变化的新要求，加强前瞻性思考、全局性谋划、整体性推进①，在建功新时代中展现新作为。目前，合肥市累计建成红十字基层组织 705 个，红十字救护站、博爱家园等阵地服务功能不断增强，要进一步树立强基导向，健全各级组织体系和阵地建设。2022 年，合肥市红十字会召开第八次会员代表大会，合肥市红十字工作者进一步紧密团结、凝心聚力，以加强政治建设为引领，持续抓好红十字会队伍建设，增强依法履职能力、学习研究能力、措施落实能力、群众工作能力和风险处置能力，不断提升履行新时代职责使命的能力水平，让政治坚定、本领过硬、敬业奉献、担当作为、清正廉洁成为红十字会党员干部的鲜明特色，为合肥市现代化建设新征程贡献人道力量。

（作者刘波，安徽省合肥市红十字会专职副会长）

---

① 王晓宇，《从百年党史中汲取智慧和力量——学习党的十九届六中全会精神有感》，《中国红十字报》2021 年 11 月 7 日。

红十字会发挥桥梁和纽带作用的调研报告

——以河南省周口市红十字会为中心

袁玉峰

摘　要：红十字会要发挥好桥梁和纽带作用，首先要坚持党的领导，这是发挥好桥梁和纽带作用的根本保证。而围绕中心，服务大局，是发挥好桥梁和纽带作用的本质要求；加强自身建设，是发挥桥梁和纽带作用的根本基础；扩大宣传，是发挥好桥梁和纽带作用的有效途径；开展社会资源动员，是发挥好桥梁和纽带作用的有效载体。

关键词：红十字会　桥梁和纽带　群团组织　主责主业　调查研究

根据《河南省红十字会关于开展红十字会发挥桥梁和纽带作用情况书面调研的通知》精神，2021年12月7日至8日，周口市红十字会调研组分别赴西华县、淮阳区等县（市、区）红十字会，通过召开座谈会、走访调查、听取汇报、实地查看、查阅资料等方式，对县（市、区）红十字会发挥桥梁和纽带作用情况进行了调研，在此基础上形成这一调研报告，不妥之处，敬请方家指正。

一、基本情况

周口市红十字会成立于1987年；1997年经中共周口地委编制委员会批准，设置为卫生局直属机构；2008年机构改革后独立设置，规格为副处级，编制7人，由市政府领导联系。根据《中共周口市委机构编制委员会办公室关于周口市红十字会机构编制事宜的通知》精神，周口市红十字会常务副会长由正处级干部担任，其他机构编制管理事项维持不变。2020年，根据《中共周口市委机构编制委员会关于市红十字会机构编制事宜调整的批复》精神，周口市红十字会核定参公事业编制 8 名，设常务副会长1 名（正处级干部担任），副会长 1 名，副监事长 1 名，正科级领导职数 3名。截至 2021 年，周口市本级红十字会管理体制已理顺，周口市县级红十字会已有 8 个县（市、区）理顺管理体制，还有 2 个县（市、区）未理顺管理体制。从工作开展情况看，理顺管理体制的县（市、区）红十字会桥梁和纽带作用发挥较好，各项工作成效显著。如，西华县红十字会在疫情防控和 2021 年"7·20"抗洪救灾工作中充分发挥志愿者作用，主动融入大局，较好完成任务，受到省、市的表彰。又如，扶沟、沈丘、淮阳、太康县红十字会加强红会党组织建设，在红十字蓝天应急救援队和红十字志愿服务队伍中建立党组织，坚持党对应急救援队伍的领导，主动融入县委、县政府工作大局，积极开展"红十字救在身边进校园"和"红会送医下乡"活动，较好地发挥红十字应急救援队和红十字志愿服务队的作用。川汇区红十字会紧紧围绕区委、区政府中心工作，聚焦主责主业，积极开展"红十字五进活动"，充分发挥桥梁和纽带作用。市本级红十字会坚持以改革为动力，不断深化理顺管理体制改革工作，有效助推各级红十字会桥梁和纽带作用的发挥。

近年来，周口市红十字会先后荣获河南省"红会送医计划"优秀组织奖，"99 公益日"互联网动员筹资工作连续三年位居河南省省辖市第一名。同时，涌现出一大批先进人物，荣获省级荣誉"魔豆妈妈"称号的赵丹、袁亮，省、市级优秀工作者赵红霞、朱立杰，周口市"十大最美公益人物"蒋红彦、张钱磊，省、市级先进志愿者李东海、高玉霞、张彩霞、李娟、李奋翔、尚艳青等成为弘扬"人道、博爱、奉献"的红十字精神的最好诠释。时任西华县红十字会秘书长赵红霞被推荐为河南省唯一县级基层红十字会专职代表，参加了 2019 年 9 月召开的中国红十字会第十一次全国会员代表大会，并受到习近平总书记的亲切会见。

二、发挥作用的"桥梁和纽带"

红十字如何发挥好桥梁和纽带作用？换句话说，发挥作用的"桥梁和纽带"（体制机制）是什么？通过调研，可以发现，以下诸方面是主要的。

（一）坚持党的领导，是发挥好桥梁和纽带作用的根本保证

红十字会作为中国共产党领导下的群团组织，政治性是其灵魂，是第一位的，必须旗帜鲜明讲政治。始终坚持把加强思想政治建设放在首位。把学习习近平新时代中国特色社会主义思想和习近平总书记最新重要讲话精神作为首要政治任务，严格遵守政治纪律和政治规矩，严肃党内政治生活，严格执行民主集中制，严格执行重大事项请示报告制度，定期向党委、政府报告工作。扎实开展党史学习教育，教育引导党员干部不断增强"四个意识"、坚定"四个自信"、做到"两个维护"，在思想上政治上行动上同以习近平同志为核心的党中央保持高度一致。坚持以市委巡察整改为契机，强化政治建设。把巡察整改与党史学习教育相结合，与打造以案促改示范市相结合，与优化营商环境相结合，精心制定工作方案，坚持问题导向，建立整改台账，制定整改措施，责任具体到人，明确整改时限，将整改情况向社会公布，主动接受社会监督。在疫情防控和防洪救灾等专项应急工作中，周口市红十字会始终强化组织领导，成立以党支部书记为组长的工作领导小组，并坚持"三重一大"和请示报告的办事原则，主动向派驻纪检监察组报告情况，对救灾资金调配使用问题能够及时向市委、市政府请示报告，得到市委、市政府的大力支持，积极稳妥处理好捐赠款物的接收和使用工作。坚持将弘扬"人道、博爱、奉献"的红十字精神与宣传社会主义核心价值观相结合，筑牢意识形态底线。教育引导党员干部，对各种错误思潮和言论敢于斗争、敢于发声，旗帜鲜明地给予批评和反驳；自觉遵守有关互联网使用的法律法规，管好自媒体，引导正能量，在全市范围内营造清朗网络空间。坚持党的群众路线，把广大人民群众团结在党中央周围。始终把人民放在心中最高位置，把满足人民群众的人道需

求作为红十字工作的出发点和落脚点，开展"博爱进万家""红十字救在身边"等活动，扎实做好防汛救灾、救援，积极开展人道服务等工作，有效改善了最易受损害群体的生活境况，把所联系的群众最广泛、最紧密地团结在了党的周围，听党话，跟党走，进一步巩固了党的执政基础。

实践经验告诉我们，只有坚持党的领导，红十字会工作才能有目标有方向，才能发挥更大优势服务群众，红十字事业才能健康可持续发展。同时，红十字会只有充分发挥好在人道领域的桥梁和纽带作用，才能更好树立党和政府在人民群众中的良好形象，才能更加巩固党的执政基础。

（二）围绕中心，服务大局，是发挥好桥梁和纽带作用的本质要求

中国红十字会是中国共产党领导下的群团组织，是党和政府在人道领域的助手和联系群众的桥梁纽带。这一属性决定了各级红十字会在开展工作时要围绕中心，服务大局，尽职尽责发挥好桥梁和纽带作用。

一是积极开展防汛救灾救援工作。2021 年 7 月 20 日，周口市红十字会闻"汛"而动，在党支部书记、常务副会长郭宇的亲自指挥下，迅速组织周口蓝天救援队、周口神鹰救援队、扶沟蓝天救援队、项城市冬泳协会水上义务救援队、项城应急蓝天救援队、周口川汇蓝天救援队六支救援队伍紧急集结奔赴郑州防汛一线，开展防汛救援和人道救助工作。灾情期间合计接收捐款 9847.37 万元，接收救灾物资 45 批次，第一时间组织志愿者救援队深入灾区救援。

二是扎实做好"99 公益日"暨互联网动员筹资工作。为此，成立了以周口市红十字会党支部书记、常务副会长为组长的"99 公益日"暨互联网筹资工作领导小组，印发了《周口市"99 公益日"红十字会系统筹资助力乡村振兴工作实施方案》，并召开了周口市红十字会系统"99 公益日"暨互联网筹资助力乡村振兴业务培训暨动员会议。周口市各级红十字会，通过 QQ 群、微信群、钉钉群、抖音、微博、网络直播及报纸、电视和现场动员等形式，深入宣传动员社会资源参与筹资活动，在全市各级红十字会

的共同努力下，总计筹款 460 余万元，再次取得河南省辖市第一名的好成绩，较好地服务了周口市大局工作，助力了脱贫攻坚和乡村振兴工作。

三是积极开展无偿献血宣传活动。2021 年 6 月 14 日，世界献血日来临之际，周口市红十字会、周口市卫生健康委员会、周口市中心血站、周口市中心医院联合在周口市中心医院广场组织志愿者开展主题为"献血，让世界继续跳动"的宣传活动。当天，周口市红十字会展出版面 10 余幅，红十字志愿者 30 余人参加活动，发放宣传彩页 800 余份，参与无偿献血志愿者 150 余名。

四是有效开展造血干细胞采集配捐工作。2021 年，登记采集血样的志愿者 308 名，实际入库 299 名。当年有 3 名志愿者成功捐献了造血干细胞，弘扬了"人道、博爱、奉献"的红十字精神。

五是积极开展人道救助工作。推进"博爱进万家""金秋助学"系列救助活动，筹集救助资金和物资价值 400 余万元，受益群众 7500 人次，援助大学生 110 人次。爱心人士方凯积极参与河南援藏活动，连续 4 年定向捐赠防寒服和书包，价值达 1100 万元。另有，蒋红彦、李军士、张钱磊、赵丹、袁亮等一大批爱心人士经常为特困家庭和贫困户学生捐款捐物。2021 年，周口市红十字会做客监督热线，收到来自商水县、鹿邑县、项城市等 4 位听众救助热线请求，经市、县红十字会联合调查，4 位困难群众均符合相关救助条件，给予 4 人救助 500 元以及米面油等生活物资，积极为困难群众排忧解难。开展先天性心脏病和白血病患儿的救助工作，截至 2021 年 11 月 10 日，完成"小天使基金"审核上报 83 人，发放告知书 61 人，回访 83 人，拨款 180 万元；完成"天使阳光基金"项目申请 6 人，发放告知书 6 人，回访 6 人，拨款金额 16 万元。积极实施"医路有爱"项目，截至 2021 年 11 月 12 日，共审核上报救助周口籍贫困肿瘤患者 25 人次，合计拨付救助资金 20 余万元。

六是依法依规开展人体（器官）捐献动员和应急救护培训工作。积极参加河南省红十字会组织的人体器官捐献工作培训会议，建立协调员机制，及时与河南省人民医院联合对周口市红十字会系统和卫健系统相关工作人员进行人体器官捐献知识讲座，动员有意愿的爱心人士积极参与此项工作。截至 2021 年，周口市成功捐献人体（器官）累计 12 例。扎实开展应急救护培训工作。2021 年，周口市应急救护培训工作广泛开展，成绩显著。应周口市川汇区应急管理局邀请，为该局救援大队、周口川汇蓝天救援队共计 50 余人开展红十字救护员培训工作；4 月 10 日，为河南省水利水电学校开展春季新生的防溺水安全知识讲座，听课师生 300 多人；4 月 15 日，为淮阳区临蔡镇刘老家中心小学开展春季新生的防溺水安全知识讲座，听课师生 200 多人，此次活动被周口市电视台《牵手》栏目进行了报道；4 月 24—25 日，为沈丘县神唐救援队培训红十字救护员，受训人员 40 余人；6 月 10—11 日，为项城市罗尔服饰有限公司培训红十字救护员 30 余人；7 月 5—6 日，为商水县盛泰服饰有限公司培训红十字救护员 25 人；9 月 11 日世界急救日当天，在周口市天立学校举行主题为"做学校社区的急救英雄"专场红十字救护员培训，周口蓝天救援队等 120 多人接受了培训；10 月 8 日，组织志愿者走进周口市龙水高中，为该校 1200 多名师生开讲防溺水安全知识讲座；10 月 16—17 日，在周口市川汇区应急管理局为周口川汇蓝天救援队 60 余人进行了救护员培训。2021 年，周口市共有 316 名参训人员经过笔试等考核，取得了初级卫生救护合格证。

七是深入开展"红会送医计划"专项行动。根据河南省红十字会开展的"红会送医下乡专项行动计划"，2021 年，周口市红十字会从周口市直医疗单位选派医学专家志愿者，组织开展 8 批次红会送医计划，深入淮阳、西华 2 个县（市、区）8 个乡镇，开展讲座 16 期，为群众义诊 900 余人次。

八是志愿服务工作有效开展，文明创建"救在身边"。2021 年，周口市红十字会组织开展了"红十字乡村校园行""文明创建"等活动。同时，周口市红十字志愿服务队、红十字蓝天救援队以及其他志愿者，积极参与防洪救灾、疫情防控、世界红十字日、献血日、急救日等重大活动，认真做好防洪救灾、应急救护培训、造血干细胞知识宣传、防溺水公益讲座等工作，共有 2000 余人次参与志愿服务工作。服务大局，助力周口市文明城市创建工作。坚持领导带班值班制度和坚持每周中心城区环境卫生集中治理制度，组织志愿者参与创建工作。周口市红十字会立足自身岗位，积极开展医疗卫生、应急急救、救灾救助、社区文明、劝导商贩、文明出行等志愿宣传服务 160 余人次，为创建文明城市工作作出了积极贡献。

九是扎实开展驻村帮扶工作，驻村队员积极开展扶贫扶志并举。2021年，周口市红十字会驻村帮扶工作队，紧紧围绕"产业兴旺、生态宜居、乡风文明、治理有效、生活富裕"的总体思想，盯住关键、形成合力、真帮实干、夯实责任，持续巩固拓展王周庄村脱贫攻坚成果同乡村振兴有效衔接；围绕疫苗接种、人居环境提升、村容村貌整治等重点工作，大干实干、埋头苦干，全力以赴，知难而进，取得了实实在在的成绩。例如，在元旦、春节、中秋、国庆期间和七一前夕为王周庄村老党员、困难户送去了米、食用油、方便面和棉被等救助物资；重阳节来临之际，周口市红十字会、沈丘县红十字会和沈丘县医院在帮扶村开展急救演练和送温暖活动；驻村工作队组织周口市红十字会志愿者和医务志愿者为村民开展义诊4 次，受益群众 570 余人次。组织志愿者开展防溺水、防火、创伤包扎、防雷击、地震等紧急避险知识和应急救护知识培训 6 次，受益群众 750 余人次。

此外，强化宣传，扩大社会影响力和公信力。利用红十字微信公众号宣传平台在防汛救灾、"5·8"红十字博爱周、世界献血日、防灾减灾日及节日走访慰问困难群众期间，把握契机，加大"人道、博爱、奉献"的红十字精神宣传力度；组织志愿者走上街头，深入社区，利用送医下乡等有利时机，扩大宣传规模和宣传形式，全面提升了红十字会的公众知晓率和社会影响力；利用广播电视、报纸等传统媒体，做好红十字会大型活动的宣传报道工作；利用微信、抖音等新媒体，宣传红十字会工作中的亮点；利用周口市广播电台开办的《做客关注民生直播室》栏目，现场解答群众的疑惑，宣传红十字事业的宗旨目的和意义。

实践经验告诉我们，只有扎实做好各项业务工作，才能更好地服务市委、市政府中心工作；同时，只有把红十字会的工作融入市委、市政府的工作大局中谋划，红十字会才能更好地发挥桥梁和纽带作用，有为才有位。

（三）加强自身建设，是发挥桥梁和纽带作用的根本基础

周口市红十字会系统以打造"规范高效廉洁"部门为目标，以加强"内强素质，外树形象"干部队伍建设为抓手，不断加强素质能力建设，不断提升各县（市、区）级红十字会服务能力和水平。

一是加强廉政教育，提升廉洁意识。以开展党史学习教育为契机，组织大家重点学习《中华人民共和国宪法》《中国共产党章程》《中国共产党党员领导干部廉洁从政若干准则》等，并开展"学党史 我为群众办实事"实践活动，通过学习进一步统一了思想，较好地提升了干部职工的廉洁从政意识。

二是明确责任，加强组织领导。成立了以周口市红十字会党支部书记、常务副会长为组长，其他班子成员为副组长，各部室负责人为成员的周口市红十字会机关党风廉政建设领导小组。明确党支部书记是党风廉政建设第一责任人，其他班子成员和各部室负责人按照"一岗双责"要求对党风廉政建设负具体责任。同时，红十字会项目管理中的主管人、承办人、参与人做到分工明确、责任具体，实行谁主管谁负责、谁办理谁负责、谁审批谁负责的管理模式，加强对党风廉政建设的组织领导。

三是强化监督，严格纪律。通过微信工作群和微信公众号对红十字会系统党员干部进行春节、中秋节等重要节日节前廉政教育和廉政提醒，并在节后召开会议，听取每一位同志节日廉政情况汇报。

四是加强对社会捐赠款物的监督工作。合理调配资金。根据河南省红十字会关于防汛救灾捐赠资金项目计划书的通知要求，结合周口市各县

（市、区）受灾情况，做好请示、汇报工作，最终确定资金调配方案。截至 2021 年底，市本级红十字会接收防汛救灾捐款物，已全部向西华县、扶沟县、川汇区拨付到位。拨付情况第一时间通过微信公众号向社会公布，接受监督。强化资金实施监督管理。为认真贯彻落实河南省红十字会《关于做好省红十字会拨付的防汛救灾捐赠资金管理使用的通知》精神和市委、市政府要求，周口市红十字会及时下发《周口市红十字会关于做好防汛救灾款物接收使用和管理的通知》《周口市红十字会关于灾后重建资金管理的意见》，以加强对救灾资金的管理。加强公示发布制度。将接收到的救灾款和物资及时进行统计登记，并分 5 批次在《周口日报》和周口市红十字会微信公众号上公示发布，较好地提升了公信力和透明度；同时，将捐赠物资接收情况作为"三重一大"事项向派驻纪检监察组报告。

五是完善机制，健全制度。为扎实做好日常执纪监督工作，进一步贯彻落实市委关于全面从严管党治党的要求，结合工作实际，制定了《周口市红十字会关于党风廉政建设日常监督工作实施方案》《周口市红十字会党建目标管理制度》《周口市红十字会重大事项集体决策制度》《周口市红十字会重大资金支出管理规定》，修订完善了《周口市红十字会公务用车管理规定》等制度，有效地规范了党风廉政建设工作。近年来，周口市红十字会系统不断完善制度，强化自身建设，没有发生过一起违法违纪违规现象，得到市纪委监委派驻纪检监察组的肯定。

实践经验告诉我们，只有不断坚持红十字会自身建设，才能更好地发挥桥梁和纽带作用；只有充分发挥桥梁和纽带作用，才能更加促进红十字会的自身建设。

（四）扩大宣传，是发挥好桥梁和纽带作用的有效途径

充分利用红十字会微信公众号、微博、抖音等新媒体和广播、电视、报纸等传统媒体大力宣传红十字会开展的"红会送医下乡""红十字五进""红十字博爱进万家""红十字救在身边""红十字应急救护进校

园""防汛救灾红十字在行动""疫情防控红十字在行动"等专项行动。截至 2021 年，周口市红十字会撰写了《周口市红十字会学习贯彻河南省第十一次党代会精神》《周口市红十字会情暖郑州灾区人民》《周口市红十字会以防汛救灾为载体开展为群众办实事活动》等 20 余篇工作信息稿件被《周口日报》(客户端)、腾讯新闻网、搜狐新闻网、腾讯新闻网、正观新闻网、河南省红十字会官网等媒体网站刊载或转发，较好地弘扬了正能量，营造了良好舆论氛围，发挥人道领域桥梁和纽带作用。

实践经验告诉我们，只有坚持扩大宣传，才能不断提升红十字会的公信力和社会影响力；只有提升公信力和社会影响力，红十字会才能更有效地发挥桥梁和纽带作用。

(五)开展社会资源动员，是发挥好桥梁和纽带作用的有效载体

人道资源是指红十字人道救助和人道服务工作所提供的财力、物力、人力等各种资源的总称。红十字会要践行人道使命、依法履行职责，有效开展人道救助、提供人道服务，必须以一定的人道资源为基础、作保障。人道资源作为一种社会资源，需要红十字组织积极争取政府和社会的支持，广泛动员和凝聚各方面的力量才能取得。党的十九大作出了中国特色社会主义进入新时代的重大政治论断，深刻阐明了我国发展新的历史方位，指出我国社会主要矛盾已经转化为人民日益增长的美好生活需要和不平衡不充分的发展之间的矛盾。红十字会作为党和政府在人道领域的助手和联系群众的桥梁和纽带，必须顺应新时代的新变化、新要求，围绕社会主要矛盾的变化，把人民群众对美好生活的向往作为工作目标，通过开展人道救助和人道服务，助力国家脱贫攻坚，参与乡村振兴。与此相适应，人道资源动员工作应当与时俱进，进一步夯实人道服务工作的物质基础，壮大红十字会的人道救助实力。周口市在开展人道资源动员工作中充分调动基层红十字会的积极性和创造力，在得到党委和政府大力支持的同时，充分利用基层红十字组织和单位红十字组织，广泛宣传动员，特别是西华

县红十字会把人道资源动员工作做到乡村和企业，在"99 公益日"期间连续三年取得河南省筹资额第一名的好成绩。

实践经验告诉我们，只有提升社会资源动员能力，才能更好地发挥桥梁和纽带作用；只有发挥好桥梁和纽带作用，才能更好地提升社会资源动员能力，二者是相辅相成的。

三、几点建议

第一，完善乡镇级基层红十字组织建设。在调研中，有基层红十字会提出，为落实《中国红十字会组织体系建设年工作方案》的要求，为更好发挥基层红十字会在人道领域的桥梁和纽带作用，更好服务基层群众，建议在基层乡（镇）机关设置红十字组织，以便促进基层红十字会发挥联系群众的优势，进一步巩固中国共产党的执政基础。

第二，将各级红十字会纳入参照公务员法管理范围。中国红十字会是中国共产党领导下的群团组织，是中华人民共和国统一的红十字组织，是从事人道主义工作的社会救助团体，是党和政府在人道领域的助手和联系群众的桥梁和纽带，是国际红十字运动的成员。同时，根据《工会、共青团、妇联等人民团体和群众团体机关参照〈中华人民共和国公务员法〉管理的意见》，中国红十字会总会已被列为参照公务员法管理的群众团体。因此，建议在市、县红十字会改革工作中，要求当地党委依据上级有关精神，把本级红十字会纳入参照公务员法管理的范围。

第三，加强对基层红十字会理顺管理体制工作的指导帮助。河南省红十字会五届八次理事会提出加快市、县红十字会理顺管理体制工作，要求尽快出台改革方案和细化措施，大力推进县级红十字会理顺管理体制工作。根据周口市改革方案要求，周口市红十字会改革工作正在有序推进，大多数（8个）县级红十字会已经理顺管理体制，但由于各地发展不平衡，仍有少数（2个）县级红十字会没有理顺管理体制。同时，理顺管理体制的县级红十字会也需要进一步细化和完善改革措施。因此，建议上级红十字会加大对基层红十字会理顺管理体制工作的督促指导，以促进基层红十字会改革工作顺利开展。

第四，对贯彻落实《中华人民共和国红十字会法》情况进行执法检查。在调研中，基层红十字会提出，《中华人民共和国红十字会法》自颁布以来，在各级党委、政府及上级红会的推动下，得到了有效的贯彻落实。结合河南省大多市、县（市、区）没有被检查过的情况，建议对《中华人民共和国红十字会法》贯彻落实情况在全省范围内进行执法检查指导。

（作者袁玉峰，河南省周口市红十字会三级调研员）

打通"毛细血管" 激活"神经末梢"

——盐城市盐都区基层红十字会增强服务效能研究报告

王金海

摘　要：针对目前我国红十字会组织架构在衔接人道资源供求方面存在的短板，本文以江苏省盐城市盐都区红十字会为例，进行探索，揭示"三步走"实践走出基层组织建设新路子、"用基层"聚能提升人道业务工作新效能、"系统化"跟进激发红十字有效服务新动能等路径做法，对红十字会创新基层组织建设，提升人道服务水平的有效性，深化改革，推进事业发展具有借鉴价值。

关键词：红十字会　人道需求　基层组织建设　创新体系

"基础不牢，地动山摇！"强化红十字组织建设，打通"毛细血管"，激活"神经末梢"，进而提高组织系统工作效能，是推动事业持续发展的关键。本文以江苏省盐城市盐都区（以下简称盐都区）建设和运行基层红十字会增强服务效能的实践为例，对此问题进行考察。

一、盐都区红十字会概况

盐都区红十字会机构（仁济堂）于 1915 年建立，1918 年改名为中国红十字会盐城分会，1947 年后逐步停止活动，1987 年恢复建会，由卫生部门代管，2005 年在盐城市县级红十字会中首家理顺管理体制，2021 年机关设立党组。目前机关参公编制 2 个，下属单位救灾备灾中心事业编制 3 个，另经批准编外聘用 3 人。自理顺管理体制以来，盐都区红十字会根据党政部署要求,研究红十字运动规律,从实际出发,突出组织建设,发力核心业务,创成全国社区红十字服务示范区,建成全国首个县级红十字理论研究基地,报刊宣传和防灾避险知识竞赛工作连年受中国红十字会总会表彰,救护培训、养老照护和抗震救灾、抗击新冠疫情工作获评全省先进单位,基层组织潘黄街道红十字会创成全国百优街道红十字会,盐城市第二小学创成全国红十字模范校,秦南、盐渎、龙冈等镇红十字会获评江苏省优秀基层组织。综合工作四度获盐都区先进,连续 18 年在盐城市红十字会系统绩效考评中获第一,连续三届获评"全省红十字工作先进集体",相关工作多次在全国、江苏省有关会议上做交流。

在 2005 年刚理顺管理体制时,盐都区红十字会是仅有 2 个编制的副科级单位,只在教育、卫生系统和 1 个街道正常开展青少年互助、卫生救护和无偿献血等常规工作,不能真正担负起章程所规定的工作责任。对此,理事会从实际出发,聚焦干群对红十字会的要求和期盼,把服务好群众特别是弱势群体作为着力点,工作重心向基层前移,工作方式向服务转型,建立形成覆盖行政区域、相互沟通协调、反应灵敏迅捷、资源整合共享、相关节点得力的组织网络来推进事业发展的鲜明导向。随后,先通过争取区委、区政府重视支持,盐都区红十字会"咬定组织建设不放松",着力解决基层缺组织、缺经费、缺办公场所、缺工作人员的问题,循序渐进,稳扎稳打,推动力量下沉、资源下沉,工作重心下移,通过组织向下延伸、队伍向下扎根、工作向下推进,强化基层组织造血功能,深化红十字服务工作,实现组织"量"的扩大和服务"质"的提升,适应了经济社会发展和区域群众需求变化。

二、通过"三步走"实践,走出基层组织建设新路子

(一)基础第一步:建好基层组织(2006—2010 年)

首先,明确基层组织建设的规划和实施步骤。2006 年初,按照"延

伸触角、试点先行、分类指导、有序推进"的思路，盐都区红十字会定下"进乡镇、进社区、进学校、进企业、进机关、进军营"的组织建设"六进"目标，画出"先大后小、先主后从"建设路线图，优先建立乡镇（街道）红十字会，然后向村居、企业发展。

其次，明确建会的步骤，规范建会程序。以镇级红十字会为例，明确：学习《中华人民共和国红十字会法》《中国红十字会章程》；提出理事会、常务理事会人选；党委、政府联席会议讨论通过；以党政办名义向区红十字会提出申请；区红十字会批复；召开成立大会并由区红十字会授旗、牌、印、徽；聘请名誉会长；启动一次红十字特色活动等八个不可或缺步骤。企业、机关红十字会建会参照执行。

最后，明确工作要求和基本任务。以镇级红十字会为责任主体，提出六项基本要求和八项工作任务。六项基本要求即"六个有"：有固定的工作场所和必要的工作设施；有相对固定的兼职干部和工作人员；有切合实际的工作制度；有经费保障（从2009年起，由区红十字会申请和协调，镇级财政安排当地红十字会工作经费2万—5万元）；有热心的志愿者和会员队伍；有会牌、会旗、会徽、会印（区红十字会统一制作），会牌和制度上墙。八项工作任务：建立健全台账资料；传播红十字运动知识；募捐和救助；组织无偿献血和招募造血干细胞采样志愿者；开展志愿服务；普及救护培训；发展村居、企业红十字组织；创建工作特色。

通过几年的努力，盐都区先后规范建立和运行20个镇（街道）红十字会，还建立村居红十字会132个（含40个红十字示范村）及苏亚、帜和等企业红十字会87个，并结合救援工作建立消防大队红十字会，另建立学校、卫生系统红十字工作委员会，同时从扩大影响力出发，组建新闻与传播和募捐筹资工作委员会，形成覆盖城乡、渗入行业、相互协同的基层组织网络。

（二）关键第二步：优化组织形式（2010—2016 年）

首先，明确标准提升建设水平。针对基层组织业务范畴不同、工作开展不平衡实际，以乡镇和教育、卫生系统为重点，提出了阵地建设、会务管理、业务工作、基础资料 4 个大项、82 个小项的标准化建设要求，并明确之间的对应关系，制定了验收标准，使各基层组织建设有了目标和方向。

其次，加强基层组织运行管理和工作质量监控。落实"正常工作常态化、会务管理规范化、热点事项程序化、探索工作项目化、分类指导特色化"的管理和"组织建设重运行、应急反应重迅捷、志愿服务重结对、台账资料重归档、救护培训重普及、宣传活动重传播、社会筹资重透明、生命工程重阳光"的考评要求，保证基层组织运行过程中自我管理和工作质量监控要求到位。

最后，整合村居、企业红十字组织。针对村居和企业红十字会数量多且分散、工作节点不够得力的状况，按照"切合实际、发挥作用、群众认可"标准，把 132 个村居红十字会按照 40 个红十字示范村的业务工作重点和特色进行整合；把 87 个企业红十字会按照系统整合。同时，明确传播博爱文化、发展会员和志愿者、普及安全和应急救护知识、募捐筹资和救助、发挥特色五个方面的基本任务，使组织形态更加合理、定位更加准确、管理更加便利、作用发挥更加有效。

（三）特色第三步：精准发挥作用（2017 年至今）

首先，搭建平台实现组织之间互联互通。运用"互联网+"思维，按照"分类指导、提高标准、优化结构、有效运转"思路，确定基层组织建设"五化"目标，即：规范化运转、数字化协同、信息化联动、档案化管理、特色化发展。盐都区红十字会开通 QQ 和微信群，运行新浪微博，并在江苏省县级红十字会中率先建设并上线"博爱盐都"微信平台（后来江苏省红十字会也吸纳盐都做法上线微信公众号），畅通募捐筹资、应急救护、志愿服务报名参与通道，建立起应急救护网上报名、学习、训练、考试系统，与民政、教育、妇联、残联联合共建救助中心，指导和带动基层红十字会组织之间适时互动、业务衔接，并与其他部门建立横向联系。

其次，加强基层组织能力提升建设。把提高基层组织"决策、执行、协调、公关"四大能力作为核心内容进行落实。在决策能力也就是把握事业发展能力建设上，指导基层组织围绕履行好"五大员"的职责来进行，即做好把握事业发展和工作开展方向的"领航员"；做好组织区域内红十字工作开展的"指挥员"；做好训练区域内红十字会会员和志愿者带好团队的"教练员"；做好对照工作标准实施工作监督与评价的"裁判员"；做好为区域内红十字组织、会员、志愿者及其他群体开展人道服务工作提供服务和保障的"服务员"。在执行能力建设上，要求承担执行职能的组织和个人准确理解工作规划和要求、全面把握工作开展的基础、选择正确合适的工作方法，保证各项决策和工作执行到位。在协调能力建设上，要求基层组织在实际工作中要聚集四个方面的力量：一是领导与强力部门；二是秉承人道理念的志愿者；三是有助于提高红十字公信力的审计监督部门和社会监督员；四是有志于参与红十字事业发展的成功人士特别是工商企业界人士。通过这四方面人群的参与和配合，提高协调效果，打造影响力。在公关能力的建设上，从加强危机管理，做好应急公关；加强媒体宣传，做好形象公关；联系强力部门，做好法制公关；发挥组织优势，做好群体公关方面进行培训和提升。

最后，强化依法治会打造公信力。盐都区红十字会为基层组织做好坚持依法依章开展工作的示范，严格落实理事会和监事会制度，做到程序合法、环节合理；成立法律援助志愿者工作委员会，探索以法律融合公序良俗推进事业发展的途径与方法，提高红十字组织法治能力。在公信力的打造上，一是依照政务信息公开程序，通过官方规范渠道发布募捐、招募、救助等信息和标准，并在博爱盐都微信平台发布；二是建立与捐赠方沟通反馈制度，通报捐赠用途（含受益人授权的基本信息）；三是成立以民政、审计、财政、媒体为主体，红十字工作者、企业家和志愿者代表组成的监事会并积极开展监督工作；四是坚持每年请审计部门审计募捐和资金使用情况，并通过基层组织以多种形式及时向有关方面通报。

三、通过"用基层"聚能，提升人道业务工作新效能

通过有序推进基层组织建设，盐都区现有红十字会组织 340 多个，会员 6 万多人，志愿者 6000 多人。主要架构如下。

区红十字会。聘请区委书记和区长为名誉会长，理事会、常务理事会、执委会、监事会规范设立且高效运行。区红十字会机关设一室两部，即办公室、事业发展部、志愿服务部，下属事业单位备灾救灾中心 450 平方米增挂应急救护培训中心牌子。

镇（街道）红十字会。区划调整后 14 个镇（街道）全部建有红十字会，均聘请党委主要负责人为名誉会长。镇（街道）红十字会设理事 7—25 人，大镇（街道）皆由行政主要负责人担任会长，分管负责人担任常务副会长，秘书长由社会事业办公室主任（或社会事业条线助理）兼任，负责日常工作。

专业工作委员会。有学校、卫健、新闻与传播、法律援助、博爱救助金使用管理监督 5 个专业工作委员会，均有明确的工作要求和目标。

志愿服务队。完善了无偿献血、造血干细胞捐献、募捐筹资、应急救援、应急救护、养老照护等志愿服务队组织架构，落实了专业对口服务和平时在社区结对博爱家园的工作要求。

村居（社区）红十字组织。平稳运行 113 个村级红十字会，重点推进 15 个红十字示范村和半岛、东进路、野丁等 19 个博爱家园项目社区工作，落实养老照护志愿服务基地 19 个。

创新基层组织建设，盐都区红十字会更好地推进了以下工作。

第一，基层成了募捐筹资主力。博爱救助金从 2006 年年募 30 多万元

发展到近年年均 300 万元以上，70%是通过基层组织加强宣传发动、对接爱心方面推动筹集，其中"都有爱"潘黄、张庄红十字博爱公益基金就达 110 万元。近几年推进博爱光明行项目网络筹资取得突破，教育、卫健和博爱家园社区红十字会都发挥了关键作用。2008 年，支持汶川抗震救灾受捐款物 400 多万元，2020—2021 年底，接转抗疫捐赠款物 1800 余万元，也均是基层占比较大。

第二，基层保障了人道救助及时精准。盐都区常态化开展博爱送万家活动，一是按月应急救助大病患者，并与教育、卫健、民政等部门及残联联动实施助学、助医、助困、助残项目。二是根据区域群众需求，创造性运行博爱超市，实施养老照护项目，推行困境耐药肺结核患者治疗、农村居民消化道肿瘤筛查、妇女两癌筛查、肢残人员康复关爱行动，实施镇村医疗卫生机构病床单元整体更新等惠民工程。每年救助慰问主要来自村居社区的困难家庭人员超过 8000 人次。相关救灾物资、救助款、救助卡的发放，由村（居）红十字会申报，镇（街道）、部门、单位红十字会审核，区红十字会会办研究，张榜公示、程序规范，审计评价好。

第三，基层推进了应急救护培训项目的实施。注重"看家本领"的展示，依靠基层大力支持建成备灾救灾中心和备灾仓库，储备 80 万元救灾物资，与应急部门签订联动工作合作协议，在全区人员密集场所布设 80 台 AED，并在对公务员、工厂安全员、乡村医生、老师实行全员培训的基础上，实行高中生《毕业证书》和《初级救护员证书》双证合格制。同时，将小学五年级、初中一年级学生纳入救护知识普及范围，力推应急救护培训进农村、进社区、进机关、进学校、进企业工作，获得省红十字会专项表彰。80%工作都在基层组织和应急救援队配合下组织实施，潘黄卫生院护士徐静作为培训师资，不仅常态化服务培训工作，还在 2013 年成功复苏一位呼吸心跳停止市民，获评江苏省最美救护员称号。

第四，捐献服务在基层落到了实处。无偿献血工作得到教育、卫健工作委员会和潘黄、郭猛、龙冈等基层组织的大力支持，无偿献血志愿服务队也发挥了榜样和服务作用，其中教育系统组织广大教师会员连续 22 年集中参加献血，已成为盐都精神文明建设亮丽名片。造血干细胞捐献工作得到乡镇的重点支持。潘黄、秦南都加强对捐献者的褒奖，连续 14 年参与"点燃生命新希望、爱心相髓百人行"造血干细胞捐献志愿者招募、回访活动，志愿服务队队长薛银铸率先在江苏省创造出再动员、体检和捐献全程"陪护"服务工作特色，获评"全国红十字志愿服务先进典型"。至 2022 年底，盐都全区入库 4000 多人，其中 19 人 21 次（其中 2 人实施 2 次捐献）成功捐献。遗体器官捐献服务工作在基层红会支持下稳步开展，全区已有 5000 多人申请登记，7 人捐献遗体，2 人捐献器官。

第五，社区志愿服务更加富有成效。红十字业务融入社区党群服务和文明实践，基层组织积极参与社区治理、人道救助、健康安全、互助养老等工作，弘扬人道精神，助力文明创建。以常态化服务的博爱家园为例，志愿者申请注册、服务活动都是在盐都区红十字会倡导和基层组织具体操作下推进，活动根据群众实际需求，招募和培育核心志愿者，提供必要保障，落实执行人，对重点服务对象情况进行了解，开展丰富多彩的人道活动，完善志愿服务档案，打造服务精品。另外，"平时在社区、应急在战区"的应急救援队建立功能型党支部，参加大型宣教活动，并保障迎新长跑和马拉松赛事，在社区形成"有基地、有队伍、有机制、有行动、有氛围、有保障"的红十字志愿服务体系。

第六，加强博爱文化传播扩大了影响力。"文化工程"是红十字会总体建设目标之一，作为红十字运动研究中心基地之一，发挥其应有的作用，承办以新发展理念与红十字事业为主题的全国研讨会，优化新闻与传播志愿服务队，常态宣传人道工作；依托基层组织，开展"我与红十字"征文活动，出版《盐都区红十字志》和博爱之路、人道之光画册，《盐都红十字事业》入选红十字文化丛书；利用电视、报纸、广播等大众媒介和博爱盐都微信公众平台，动员基层信息员队伍参与红十字知识和活动宣传，形成开放式、透明化的宣传工作格局；加强传播阵地建设，先后在潘黄、龙冈、尚庄等地建设博爱文化廊或者广场，其中 66 亩的潘黄博爱文化主题公园和 490 米长的楼王博爱文化长廊成为江苏省样板；注重部门协同，在景区红十字救护站建设、文明集市进镇村、公民道德宣传、文明城市创建督查、养老照护服务等活动中向群众普及红十字知识，扩大了红十字的影响力。

四、通过"系统化"跟进，激发红十字有效服务新动能

围绕党政所需、群众所盼、红十字会所能，强化基层组织建设，创新工作模式，完善相关机制，在人道供给端和需求端之间推进法治化、精准化衔接和专业化、社会化服务，盐都区红十字会从部门职能和发展所需角度为地方民生改善、和谐社会构建作了积极探索，提炼出基层组织体系化建设和系统化跟进激发有效服务新动能的经验。

第一，通过五个"牢记"和"坚持"，夯实组织建设基础。牢记红十字运动的宗旨，坚持围绕"和平、文明、进步"这个主题；牢记红十字的工作方针，坚持将爱心供给侧和以"孤、弱、残、老、困"为重点的需求侧作为精准对接和服务主体；牢记博爱文化传播这个关键，坚持以人道价值认同集聚发展力量；牢记增强救助实力这个核心，坚持"金杯银杯不如群众口碑"的事业发展评价导向；牢记有效创新才能引领发展理念，坚持组织建设和运行手段与方法在正道与时俱进。

第二，做好总体规划，激发组织运行活力。严格按照红十字会法和红十字会章程的规范要求，推行基层组织建设，保证其合法性；严格程序和步骤，保证其权威性；设置好基层组织与所在系统、区域其他部门、社会组织的关系和相对应的职级，便于其开展工作；积极协调解决好工作经费，保证其正常运转；从业务工作的对应上协调好各级各类红十字组织间的关系，做到互联互通互助。

第三，密切联系实际，彰显组织地方特色。组织建设和运行做到与地

方经济、社会发展程度相适应；组织建设和运行与地方文化传承特征相适应；组织建设和运行与地方群团部门、社会组织的构成相适应；组织建设和运行主动适应并融入地方总体发展规划；组织建设和运行以为民服务、保障民生改善为落脚点，在服务群众中赢得民心、汇聚力量。

五、对深化改革推进事业发展的借鉴意义

盐都区的红十字会基层组织建设和运行的实践，可以作为通过打通"毛细血管"激活"神经末梢"活力来夯实"成事之基"工作的参考，并与时俱进进行深化和完善，这对红十字会系统深化改革推进事业发展有促进意义。

（一）强化宗旨服务意识，与时俱进创新组织设置

完善社会治理体系，健全社会治理制度，提升社会治理效能，畅通和规范群众诉求表达、利益协调、权益保障通道，建设人人有责、人人尽责、人人享有的社会治理共同体是时代潮流。顺应这一潮流，红十字会紧扣顶层设计，坚持问题导向，主动适应经济社会结构和社会群体需求变化新情况，以实施组织覆盖、活动覆盖和工作覆盖为目标，着力夯实基层基础，便于更加广泛凝聚人道力量，精准化开展特色鲜明的人道活动，持续增加最基层群众的获得感幸福感安全感，在共建共享共治中发挥独特作用。

第一，在党建引领框架内夯实基层基础。红十字会是群团组织，应以党组织健全的乡镇（街道）、社区（村）为重点，通过落实"增三性、去四化"要求，坚持重心下移，资源下沉，从城市向农村转移，从"上层"向"基层""一线"转移，将优质资源、资金、人员向最需要帮助的基层和人群延伸，采取类似盐都区的分类指导、分层推进方式，有效延伸企事业单位、学校、医疗机构，通过增加红十字组织公益性岗位编制、挂职、购买社工服务、招募志愿者等合法渠道、规范形式充实基层工作力量，并

吸收相关区域、行业、单位热衷人道事业的负责人成为真正"理事、管事"的红十字理事或监事，可以做到组织建设纵向到底，人员配备和工作也纵向到底，进而夯实工作开展和事业发展的基层基础。

第二，灵活拓展基层红十字组织。适应经济结构、产业布局、社会组织结构的变化，将非公经济组织和新的社会阶层以及外来人口、自由职业者、个体劳动者等新群体、新组织、新细胞纳入组织覆盖范围，根据产业特点、人群结构等，依托龙头企业、行业协会和统战力量灵活建立基层红十字组织，延伸工作手臂，扩大红十字的基层组织和工作覆盖，夯实群众和组织基础。

第三，积极主动推动共建共享。红十字组织是参与民间外交和基层治理的重要力量，要始终坚持党建引领，注重"兜底"思维，做好"政府所需、社会所求、群众所盼"工作，要借助党群服务中心、社区邻里中心、新时代文明实践站所、道德讲堂等阵地，并与其他群团、社会组织联系联合联动，通过平台共建、资源共享、发展共谋等方式，将红十字"博爱家园"工作站、服务站和备灾救灾、救护培训、"三献"工作有机融入，提供有形服务载体，集聚爱心力量，推动红十字工作"落地生根"，打造关爱弱势群体、守护健康安全、倡导文明新风、营造和谐氛围的特色，形成参与基层治理的经验典范。

（二）坚持夯实基层基础，与时俱进健全保障机制

第一，依据政策争取党政支持。在依法依规争取党委、政府对理顺管理体制工作的重视和支持巩固基础上，根据群团改革和城乡基层治理要求，与相关部门密切联系，加强合作，将"红十字组织参与基层治理"纳入加快推进城乡基层治理体系建设的重要范畴，依法依章程出台明确红十字基层组织架构、工作内容、服务方式、基本保障的指导性意见，消除不平衡不协调现象。

第二，确保基层组织工作有资金、服务有阵地。资金方面，积极将红

十字会基层组织对应的工作经费纳入预算或成立基金，形成制度化财力投入或合理造血增长机制，保证红十字事业可持续发展需要；阵地方面，加强党群资源统筹、功能整合，利用乡镇（街道）社会公共服务中心、村（社区）便民服务中心等场所，设置服务站点和窗口，打造群团组织集中服务阵地，实现红十字会工作覆盖。

第三，积极完善基层培训和激励机制。一是健全培训体系。充分运用红十字系统培训院校（如红十字国际学院）和平台，有计划、有步骤、分层次地开展各类涉红赋能培训，使基层红十字会专兼职人员及时掌握新形势下人道工作的新特点、新技能，并重点加大基础建设投入，稳步落实基层生命安全体验馆等"三救""三献"业务培训前沿阵地建设，力推业务学习和技能培训，组织应急演练，开展技能竞赛，强化公益意识，提升能力素质。二是完善激励机制。作为群团组织，红十字会要坚持权责利相匹配的原则，对于工作业绩突出、作用发挥较好的基层组织加大激励，畅通工作人员职业发展通道，建立优秀干部的培养选拔机制，增强工作积极性。同时，对于广大会员、志愿者主动工作和参与业务要通过购买服务等形式加强扶持，通过免费购买保险、积分奖励、定期走访慰问等形式加以关爱；完善晋级机制、实行"银行"储蓄、推行个人优惠政策，对优秀分子积极推荐并为之争取各类先进和模范，不断增加他们的成就感、荣誉感，促进人道工作的积极性、主动性，形成共建共治共享合力，真正把红十字事业做强做大、做出品牌。

（三）坚持工作方法创新，与时俱进提升工作效能

驰而不息播人道之种、栽博爱之树、搭奉献之台，在供给端和需求端之间高效作为，是红十字会特别是基层组织工作的生命线，必须坚持以人民为中心的工作导向，通过创造性工作激发活力、提升效能。

第一，要做到核心业务无可挑剔，让群众来评价效果。把红十字事业与改善民生为重点的社会建设结合起来，创新活动机制，不断丰富活动载

体和形式，努力为最困难、最需要帮助、最易受损害群体解难事、做实事、谋好事。要把群众是否满意作为检验工作和活动成效的重要手段，委托第三方机构进行民调测评，做到"以人民为中心、让群众当主角、由群众说了算"，持续提高基层红十字组织的服务质量。

第二，要创新人道工作社会动员机制。采取项目化工作方式，撬动企业、个人和社会组织的人力、资金资源，增强红十字工作的服务效能；同时主动参与社会治理与民生服务，承接政府推出的接地气的公益性、专业性公共服务项目，拓展发挥作用的空间，激发工作更大活力。

第三，要高度重视信息化工作。新冠疫情防控中，利用大数据和算法，精准"捕获"供需和适时对接各方的信息化是科技利器，也是未来工作提升效能的重要依托，信息化建设是提高红十字工作效率的重要保障。"春江水暖鸭先知"，基层组织是工作的最前沿，积极运用新技术，加快推进"互联网＋红十字会"建设，推动人道服务和互联网信息技术的深度融合，是红十字会组织传播博爱文化、推进价值认同、拓展服务渠道的创新服务方式，是做优服务项目，打造"网上""网下"相互促进、有机融合的新局面的关键路径。

第四，要在跨界的趋势下推动红十字工作精准化。社会化服务特别是民生领域跨界的趋势下，缺乏针对性、长效性的单一行政模式运行方式已不适应新形势，更形不成有效竞争力。红十字会系统的基层组织建设和管理，要向指导、管理与服务基层转变，向"大数据＋铁脚板"人网结合的网格化方向转变，向常态化、长效化的工作新机制转变，通过建设好运行好基层组织包括博爱家园、博爱卫生室、博爱超市、志愿服务站、应急救护站和生命体验馆等，有效开展核心业务，按需组织参加抢险救灾、应急救助、赛事保障、医院导医、社区义诊、健康促进、老年介护等服务活动，持续推进服务制度化、常态化建设，完善符合基层组织发展特点、充满生机与活力的工作运行机制，保证基层红十字工作的规范、高效、专业、有效，助推社会治理、提升应急能力、促进文明进步。

六、结语

"千难万难，做好基层基础就不难。"从盐都区红十字会着力基层组织建设的不间断过程来看，强化基层组织建设，创新工作模式，引入激励机制，可以推动工作上层次、上台阶，实现人道公益事业的社会化、规模化、持久化，为改善民生、构建和谐社会贡献积极力量。面对国际国内形势变化和疫情影响对人道公益事业发展带来的巨大挑战和提出的更高要求，红十字会系统坚持问题导向，致力在党委、政府和群众之间架设桥梁，通过倾听民声民意确定服务方向，通过健全组织体系增强组织活力，通过优化运行机制提升服务能力，融入"互联网＋公益"大潮、建设"网上"和群众身边的人道组织，让基层组织聚人气扬正气，尽心聚力打造出群众身边看得见、靠得住、信得过的红十字会，共同为全面建成社会主义现代化强国、推进中华民族伟大复兴、构建人类命运共同体积极贡献人道力量。

（作者王金海，江苏省盐城市盐都区红十字会秘书长）

观察思考

红十字主题文艺宣传的实践探索

——以湖北省为例

涂文涛

摘　要：湖北省红十字主题文艺宣传主要采用六种文艺形态，从中可以看到志愿者的奉献风采、人道服务的可喜成就和最美红十字人的可爱身影。从传播效果看，将红十字精神与文化厚植荆楚大地，发挥了激励人、鼓舞人、引领人的作用，实现了谱写新时代湖北省红十字人道精神谱系、擘画湖北省红十字人道服务丰富图景的预期，为社会主义核心价值观传播、中华优秀传统文化传承和文化自信自强贡献了红十字力量。

关键词：湖北省红十字会　主题文艺宣传　红十字文化　红十字精神　文化自信

红十字运动悠久的发展历程、博大的文化内涵、特殊的外部环境和所处的新时代，决定了红十字精神与文化的广泛弘扬更需多维传播。区别于新闻宣传，文艺宣传更经久、更绵长，以文化人，潜移默化，具有"润物细无声"的穿透力，能实现"四两拨千斤"的效果。近年来，湖北省红十字会聚焦红十字故事讲好、讲精彩、讲出去，深度融入荆楚文化，结合工作实际，积极摸索切入点，开辟文艺传播渠道，探索文艺宣传的有效形式，创作了一批让广大人民群众喜闻乐见的红十字主题文艺作品。在多种多样的表达、方式不一的传播中，较好传承了红十字精神，汇聚了人道力量。

著书立传致敬典型

报告文学是用文学和艺术，真实、及时地反映社会生活事件和人们活动的文学体裁，是书写新时代最美红十字人物群像的绝佳文学形式，也是进行其他文艺创作和宣传的母体。

策划出版一本报告文学集，为湖北省"最美红十字人"立传，成为湖北省红十字会构建大宣传格局的重要举措。基于此，2018年末，"最美红十字人"报告文学集创作出版项目正式立项。"征集令"一经发出便得到各级红十字会的热烈回应。在充分考虑核心业务和地域分布等因素的情况下，经反复讨论、综合衡量后，最终遴选确定30名"最美红十字人"人选，并正式面向社会公示。与此同时，组建了由作家、艺术家、资深媒体人构成的专业创作团队，正式开启采访与创作。

克服2020年新冠疫情等困难，团队与时间赛跑，捕捉最动人的故事细节，书写最质朴的博爱情怀，倾力勾勒着新时代最美红十字人物群像。历时1年8个月，数易其稿，书稿及配图正式报送出版社。2020年末，作为红十字文化丛书之一的《爱的灯火——湖北"最美红十字人"报告文学集》由合肥工业大学出版社正式出版，在翌年红十字博爱周期间举办的《红十字故事汇》电视节目现场进行了首发，并为每位"最美红十字人"发布了一段致敬辞。

学习应急救护知识徒手救人的通山老师熊金叶，用大写的"爱"撑起留守孩童的蓝天；志愿者周小会因儿子接受心脏移植受益，满怀感恩之心成为人体器官捐献事业的宣传员；准新娘向雪敏推迟婚礼为白血病患者捐献造血干细胞，让十万分之一的相遇充满爱与温暖；志愿者汪炎平十余载献血百余次，在生命的最后旅程仍惦记着帮助别人重见光明。通过厚实的文字和代表性图片及配文，"最美红十字人"人物形象跃然纸上。

湖北省文联名誉主席、著名作家刘醒龙欣然作序：用一本不算厚重的书来记录与红十字相关的善爱与仁慈，其意义不在于振聋发聩，是要使得人类文明的救死扶伤价值，通过如此社会生活，像时光深巷、岁月大道那样，浮沉向前，悠扬久长。而红十字国际学院教授、红十字文化丛书总主编池子华则认为，这是国内第一本以报告文学集形式反映新时代红十字人物的公益图书，开了先河，意义非同一般。难能可贵的是，《中国红十字报》为此专门配发评论员文章，为报告文学集出版点赞。

诗意盛会讲述故事

电视节目通过声音、图像传播作品，历来受到千家万户的喜爱。红十字走进电视，也是"飞入寻常百姓家"的优选方式。

近年来，湖北省红十字会联合湖北广电策划打造以"讲述红十字故事、弘扬红十字精神、播扬红十字文化、凝聚人道力量"为核心内容的《红十字故事汇》电视节目（以下简称故事汇），从活动主题立意、筹备策划、专业运作、资源争取等维度推进。

从人道服务中获取灵感，从丰厚实践中升华感悟，在荆楚大地的丰沃土壤中淬炼主题，自2015年以来故事汇已持续举办六届，作为正面宣传的"年度大戏"和"扛鼎之作"，故事汇不断被赋予新义，展示了核心业务的宽度，呈现了主题故事的厚度，挖掘了红十字精神的深度，彰显了主流价值观的高度，为此组建精干工作团队，建立高效协作机制，故事、诗朗诵、舞台剧、文艺节目融于一体，着眼于打造融艺术美感、人道关怀、模范力量于一体的诗意盛会。

为达成上述目标，湖北省红十字会联手专业团队，从创意到文案，从人物到故事，从文字到视频，从生活到艺术，始终遵从专业意见，注重专业包装，形成链条管理。一个个发生在社区乡村、田间地头的红十字故事，通过舞台艺术形式，既展现了红十字人的道德操守和精神风貌，又提升了红十字事业的知晓度和美誉度。

同时，广泛争取党政资源，充分整合系统资源，同时注重日常积累沉淀。党政领导、党员干部、社区群众、在校师生、知名人士、企业员工、行业代表等群体，纷纷走上故事汇讲述舞台。

通过"让身边事例开口、用身边典型说话"的宣传和讲述，同时兼顾全面性和系统性，让现场观众在欢笑、泪水和掌声中认识和了解红十字，切身感受人道力量和博爱文化。同时。通过持续举办，也擦亮了故事汇这一人道传播品牌，向社会展现了一个崭新而有温度的红十字公益品牌形象。从这个意义上讲，故事汇是人道资源的一次深度动员，是人道传播的一次主动出击，也是"互联网新媒体"时代，面对自媒体发展和融媒体浪潮的一次有益探索。

博爱之声直击人心

广播剧是指演员用声音表演的戏剧，是一种以人物对话和解说为基础的艺术形式。以声音传递博爱，可以无限拓展红十字主题，以艺术感染力直击人心。

近年来，湖北省"三献"工作迅猛发展，捐献故事层出不穷，感人故事推陈出新，包括人民日报客户端在内的各大主流媒体平台广泛关注。2020 年，湖北省文明委正式确定将"三献"纳入县域文明指数测评体系。相关市（州）也先后将"三献"志愿服务纳入文明单位考核和文明行为促进条例、见义勇为确认范围，这为开展"三献"艺术宣传提供了良机。

经过调研、讨论、研究，确定邀请多次获中宣部"五个一工程"奖的湖北广电湖北之声广播剧金牌团队担纲创作出品，由知名制片人、监制、编剧组成主创团队。他们深入红十字志愿者群体，广泛调阅他们的事迹材料，体验和感悟红十字精神，最终确定以"献血大王"汪炎平、"最美新娘"向雪敏、亚洲最小换心儿天佑为原型进行创作。数易其稿，反复打磨，2 万余字的六集广播剧《生命的礼物》剧本初稿最终出炉。经各方审稿，同时积极向总会相关部门、中华骨髓库、中国人体器官捐献管理中心等请求指导、请教咨询，进行专业把关，修改定稿后，配音制作也随之完成。

个性化、口语化的配音，加之表达准确生动，感情充沛真挚，富有特色，波澜起伏，动人心魄，辅以音乐伴奏、音响效果，完美地加强了剧中气氛，展现了较强的艺术感染力。《生命的礼物》在湖北之声FM104.6《广播剧场》首轮播出后，学习强国、云听、长江云、喜马拉雅、蜻蜓FM、懒人听书等App也同步上线、全网播出。该剧也荣获湖北广播电视节目奖广播剧一等奖和全国广播剧微剧邀请赛三等奖。

连载小说颂扬大爱

小说以刻画人物形象为中心，通过完整的故事情节和环境描写来反映社会生活，是红十字主题文艺宣传富于挑战、值得尝试的一种形式。

由于小说具有心理、动作和语言描写等诸多呈现功能，加之其丰富的类别划分和极具技巧性，决定了其创作的难度之大和传播力、影响力之深远。小说所具有的这些多样化特点，可以更立体、更多维地阐释"爱心相髓"的造血干细胞捐献文化和"爱心接力"的人体器官捐献文化，极大地丰富了人道传播形式，也有效填补了新闻宣传之外的空白地带。

将"三献"工作融进一个故事来讲述，需要文学创作技巧加持。近两年，湖北省红十字会借力专业作家和编剧，集中创作了"三献"类主题小说《生命的礼物》。接受眼角膜移植后，重见光明的方白雪登记成为一名造血干细胞入库志愿者。九年后，在婚礼前夕，她接到红十字会工作人员电话，告诉她可以进行捐献了，白雪决定推迟婚礼。这个决定掀起巨大波澜，婆婆万般阻挠。小说以第一人称徐徐展开，将一个以捐髓救人与推迟婚礼为背景、巧妙穿插无偿献血和人体器官捐献元素的故事编织得荡气回肠。

经修改打磨后，作品在《博爱》杂志五期连载刊发，开创了该杂志连载红十字主题故事的先河。随后，专业设计师依据故事内容精心手绘插画，作品以"文字+漫画+人工智能语音"的形式，于2022年12月5日"国际志愿者日"期间，在博爱荆楚强国号等自媒体平台五期连推，长江云App也同步推送。通过文声画统一，有力升华了作品主题内涵，丰富了"三献"故事的讲述形式和"三献"典型的传播模式。

以诗言志点亮灯火

诗歌是一种抒情言志的文学体裁，是承载红十字精神、阐释红十字文化的天然载体，是红十字文艺宣传别具意义的一种形式。它以高度凝练的语言表达丰富情感，生动形象地反映社会生活，其与电视结合往往会产生特殊传播效果。近年来，广大文艺工作者、志愿者、媒体人等群体，感悟火热的人道服务，创作了具有鲜明红十字元素的诗作，在六届故事汇电视节目登台亮相，或独立诗朗诵，或融入主持词，或在文艺节目中嵌入，或以诗行写成致敬辞、人物楹联。如聚焦器官捐献的《我想为你写首歌》、聚焦骨髓捐献的《远方的父亲》、聚焦人道公益精神的《生命本来没有名字》《我怎样感谢你》《爱的灯火》等，一批原创诗作先后亮相节目舞台，线下演绎、线上传播，为电视节目增添了文学元素，注入了浓浓诗意，极大地增强了艺术感染力，提升了故事汇整体品位。

由媒体人创作，高校青年志愿者表演的配乐诗《爱的灯火》，配以沙画展示，让观众在诗情画意中感受博大的红十字精神。"天堑桥断，世有渡船，天灾水患，便有善行。老弱妇孺，皆有所养，黑暗困苦，爱如灯火。"湖北知名文学期刊《长江丛刊》在显著版面刊发了该诗歌，这也是红十字主题诗歌首次亮相湖北文学期刊。

从某种程度上说，红十字主题诗歌是红十字故事另一种讲述形式。听闻中国红十字（湖北）供水救援队撤离地震灾区，四川芦山村民写下打油诗张贴在队员必经路口。"红十字会救援队，供水供电人称对，雪中送炭献大爱，救援精神最可贵。灾区人民心不灰，救援队伍很干脆。日夜兼程开汽车，千里迢迢送设备。"带着质朴感情的打油诗，传递的是灾区群众油然而生的感谢之情。

"火炮歌"是神农架林区的一种民间吹打乐。"神农架的红十字，遵循宗旨巧规划：应急救援专业化、宣传筹资长效化、救护培训常态化、公益项目品牌化……"林区红十字会每年为国内外几百万游客提供应急救护服务，在林区 8 万群众之间架起"爱心桥"。"火炮歌"以别具一格的形式传颂了红十字文化。

鄂州市退休干部赋诗成文，致敬当时湖北省年龄最小的骨髓捐献者。"十九年华多爱心，义捐骨髓瞒双亲，平凡壮举救人命，可贵精神众尽钦。"荆州市退休人士填写完成遗体捐献登记表格又奋笔抒怀"生难活难死亦难，一生形影吊孤单，百思无物留尘世，慷慨捐赠臭皮囊"，带动周边亲友加入捐献志愿者行列。

这些形式迥异的诗歌或融入电视节目，或刊于文学杂志，或穿插新闻报道中，或登上乡村舞台，虽寥寥数语，略显简洁单薄，但却来源于人道实践中，自带烟火气，为群众送去欢声笑语的同时，也把红十字精神传播到田间地头，把人道的力量传递给群众，从而引领更多人崇德向善、乐善好施。

方寸舞台演绎传奇

舞台剧是呈现于舞台的戏剧艺术，剧情可原创，也可根据小说、动漫、电视剧、电影等改编而来，采用"演唱＋舞蹈＋对白"等形式现场演出，这是红十字主题文艺宣传极富艺术感染力的一种表现形式。由专业编剧、导演和演员共同打造的红十字主题舞台剧，击中观众最柔软的地方，一次又一次让观众热泪盈眶、心潮澎湃。

话剧《"狠心"妈妈》讲述了湖北襄阳一位"80 后"母亲，在两个女儿相继病逝后，先后捐献孩子器官（组织）挽救他人生命的故事。由专业演员扮演医生现场主讲，同时主角配合讲述，配以音乐、造型、布景、灯光等设计，将氛围烘托至极致，上演了一台感人肺腑的生命接力主题话剧。诚如医生所言，面对着两个天使陨落的痛苦，做出了如此狠心的决定，为更多的人插上了重生的羽翼，也让更多人记住了她们的名字，记住了像康偲这样平凡而又伟大的"狠心"妈妈。"狠心"妈妈康偲说，总觉得只要孩子的器官还在跳动，就好像她们还活着。虽然她们已经去了天堂，但她们留下的翅膀，让更多的孩子留在了人间。话剧登上 2022 年红十字博爱周电视节目舞台，成为整个节目舞台最大的泪点。

孩童视角切入，传递人道伟力。登上 2017 年红十字博爱周电视节目的话剧《我来过，我很乖》，讲述 3 岁弃婴朵朵被一位家境贫寒的好心人收养，5 年来她们母女艰难度日，孩子刚懂事就开始分担家务，在幼儿园永远都是表现最好的那一个，直到朵朵被确诊急性白血病，危难之时当地红十字会施以援手，不幸的是孩子最终还是夭折了，而募集的 54 万元善款被分成 7 份，转赠给了 7 个正徘徊在生死线的小朋友。孩子的遗言是"妈妈，我来过，我很乖"，童真的笑容永远留在这位妈妈心中。由湖北广电知名主持人倾情朗诵，专业演员同场情景表演，现场 LED 屏不断切换场景，将一个人道救助、爱心传递的故事演绎得分外感人。

此外，讲述器官捐献故事的话剧《永恒的女儿》、歌颂"三献"志愿者的小品剧《生命的礼物》等曾先后亮相电视舞台。方寸舞台间，以艺术形态演绎红十字主题故事，叩击人心，触达灵魂，在万千人心中播下仁爱的种子。

红十字文艺宣传是一项值得持续探索的公益课题。湖北省红十字会将精耕深耕，长线规划，为正能量传播，为新时代喝彩，打造更多红十字主题文艺精品，助推全省红十字事业高质量发展。

（作者涂文涛，湖北省红十字会组织宣传部部长）

青岛市红十字会引领青岛市公益慈善事业发展研究

蔡勤禹　王付欣

摘　要: 青岛市红十字会作为青岛市公益慈善领域的头部组织，承担着青岛市公益慈善发展风向标作用。近年来，青岛市红十字会通过创新募捐方式、打造红十字品牌等，弘扬共享理念和公益精神，提升红十字会社会价值和社会影响力。不过，与"当龙头做表率开新局"目标相比，青岛市红十字会仍需要从激发内力与借助外力两大方面，提升影响力，引领青岛公益慈善事业发展，为青岛建设国际化大都市作出贡献。

关键词: 青岛市红十字会　公益慈善　公益募捐　引领发展

青岛作为新时代国际化都市，在公益慈善事业发展中也居于国内前列，青岛市红十字会创建的"微尘"品牌在国内具有较高知名度。为进一步促进青岛市公益慈善事业发展，发挥好慈善在共同富裕中的辅助作用，提升青岛市红十字会对青岛市公益慈善事业发展的引领作用，笔者深入青岛市红十字会（以下简称青岛红会）、青岛市民政局慈善与社会工作处、西海岸新区红十字会和胶州市红十字会进行调研。在此基础上，笔者综合分析青岛市近年来公益慈善募捐和救助情况，重点总结青岛红会在这方面的有益经验以及存在的问题，分析制约青岛红会公益募捐和引领作用发挥的原因，提出建议和对策，以便为青岛红会更好地促进募捐事业发展和引领青岛市公益慈善事业发展提供参考。

一、青岛市公益慈善募捐现状

笔者在调查中，对青岛市民政局注册的83家慈善组织近年在"慈善中国"公示的财务状况进行汇总，2018年募捐总计收入72109967.63元，2019年募捐总计收入763958375.7元，2020年募捐总计收入560333888.2元，2021年募捐总计收入370757220.4。捐款来源主要是境内，境外的很少，接收境外捐款最多的是青岛市教育发展基金会，共计接收572568元。捐款用于助困、助学、助医、助老、助残、扶贫以及资助科学研究和传统文化传承等。作为青岛市最有影响的两个组织，青岛市慈善总会和青岛红会的募捐情况，详见表1和表2。

表1　青岛市慈善总会近年募捐一览

（单位：元）

类别		2019 年	2020 年	2021 年
非限定性收入	慈善一日捐收入	12917449.70	32555.00	13385932.41
	助困收入	952495.79	831538.93	234622.00
	捐物收入	1168853.54	45459.05	1024924.00
限定性收入	助学收入	9265289.82	3119551.80	10256915.18
	助医收入	110000.00	25000.00	750000.00
	助残收入	594995.94	1797725.96	1460294.27
	赈灾收入	0	1000.00	435647.30
	分会劝募收入	3343600.00	7142000.00	2311148.20
	安老收入	2000.00	0	0
	冠名基金	24699611.75	16094416.21	43255506.18
	其他定向收入	4695753.23	1500135.00	2935164.80
	捐经费收入	141970.00	105680.00	96835.00
	扶贫收入	19807000.00	2242421.02	1400000.00
	新冠肺炎收入	0	67711304.94	9088.00
	网络募捐收入	0	0	3677677.28
	助孤收入	0	0	151000.00

续表

类别		2019 年	2020 年	2021 年
大额捐赠收入情况	钟崇辉、仲晓斐基金	0	0	12000000.00
	重庆海尔家电销售有限公司	0	0	6000000.00
	荣华建设集团有限公司	0	0	6300000.00
合计		77699019.77	100648787.91	81374794.62

数据来源：青岛市慈善总会官网。

表2　青岛市红十字会近年募捐统计

（单位：元）

季度	2019 年	2020 年	2021 年
第一季度	1963530.31	3230550.18	635386.06
第二季度	656411.83	160276.32	620763.85
第三季度	787366.35	137199.85	1407729.23
第四季度	800028.92	679649.28	2480914.45
合计	4207337.41	4207675.63	4572993.59

数据来源：青岛市红十字会官网。

　　青岛市慈善总会因其救助领域广泛，涉及救助、扶贫、环保及共同富裕等，募捐收入较多；青岛红会募捐主要用在以"医"为核心的人道主义救助领域；两者各有侧重，共同推动着青岛公益慈善事业发展。

二、青岛红会公益募捐做法

　　中国红十字会作为中国共产党领导下的群团组织，是专门从事人道主义工作的社会救助团体。相较于其他社会组织，红十字会作为党和政府在人道领域的助手和联系群众的桥梁纽带，可以在公益慈善事业中发挥独特优势与引领作用。笔者在调研基础上，总结青岛红会在募捐方面经验和做法，概括如下。

（一）募捐多元化，救助精准化，补充社会财富分配差异

　　社会财富分配格局的不断优化需要公益慈善组织助力。红十字会作为

人道主义救助团体，在构建第三次分配格局中可以发挥独特作用。青岛各区（市）红十字会通过广泛动员社会爱心人士、志愿服务队、爱心企业参与募捐工作，动员倡导设立专项救助基金。同时，各区（市）积极争取"微尘基金""中国红十字基金会""青岛玫瑰基金"的支持，推动项目落地生根，增强救助实力。此外，青岛红会依托大数据时代下的互联网优势，积极联合互联网平台举行线上募捐活动，搭建线上募捐平台，多次参与腾讯"99 公益日"活动，探索更新人道资源动员模式和渠道。青岛红会每年通过多元方式募捐总数约 2000 万元，遇到重大突发性灾害发生，募捐数额更大。

通过款物及劳务捐献，用于最需要救助的群体，方能达到优化财富分配效果。青岛市各区（市）建立完善的基层红会组织，在乡镇（街道）、社区建立红十字联络站，依托基层组织对拟救助对象进行入户摸排，确保信息真实、准确、可靠，严格落实救助对象审核流程，符合相关政策才予以救助。此外，依托山东省红十字会，联合开展针对儿童先心病、白血病、老年白内障患者等特殊人群的专项救助，扎实推进救助精准化建设。这样，青岛红会通过精准救助，一定程度上弥补初次分配和二次分配的不足，促进在一定区域内形成优良社会分配格局，这是红十字会等公益慈善团体发挥调解社会财富分配的独特作用体现。

（二）以项目促捐赠，主动融入社会保障体系

特色公益项目是促进慈善募捐救助的有力抓手，社会保障体系是多层次的体系。青岛红会以提供社会服务为方向，在项目设计上主动融入国家社会保障体系中。比如，2022 年，青岛红会将传统募捐项目与互联网相结合，借助中国红十字总会联合腾讯发起的"5·8 人道公益日"众筹活动，设立以"救在身边"为主题的三个众筹项目：一是针对先心病患儿的"天使阳光 全心救助"项目；二是"博爱卫生站 助力乡村振兴"项目，通过社会募集资金，在部分乡村援建"博爱卫生站"房屋，并通过后续援助的形式，募集医疗设备、药品，改善贫困农村医疗卫生基础条件；三是"安

心街区 配备AED"项目，在青岛10个区（市）的重要场所、人员密集地区增设AED，旨在为居民提供应急保障。同时，为动员更多爱心人士的参与，项目采取随机配捐的方式，大大提升了红十字系统互联网人道资源动员能力。上述社会服务是与法定社会保障事业密切相关的，既可以使公益慈善事业得到巨大发展，也可以促进多层次社会保障体系成熟。

（三）建立社区互助金，增强社会保障覆盖面

社区公益慈善基金作为共同富裕、第三次分配背景下的社区公益慈善路径，也是完善社区治理体系的重要抓手。青岛红会根据社会需求，不断探索募捐新模式。在调研过程中，笔者发现社区群众虽然纳入社会医疗保险中，但是社区人口复杂，还有很多大病重病无法由医疗保险解决，不少群众因病返贫。另外，社区的公共卫生、公共设施及社区绿化、公共活动空间等，单靠政府力量来解决也不现实。中国人自古以来就有"邻里互助""助人为乐"传统，青岛红会借此进行项目设计，在台东等社区设立红十字社区互助基金，基金由在社区的公司、个体工商户、居民等自愿缴纳，社区基金全部用于社区需要，从而强化了邻里互助的优良传统，又使社区居民增加了一份对社区的认同感，加深了社区邻里之间的感情。

通过社区公益项目，下沉工作重心，可以让社区居民在"家门口"参与公益慈善，同时盘活社区资源，联动辖区内单位、企业、社会工作者、志愿服务队伍、社会组织等多元力量，积极参与社区公益慈善，营造人人参与的公益慈善氛围，推动社区公益慈善事业发展，提升社区共建共治共享水平。为此，需要建立基层红十字会，包括在村和城市社区建立红十字工作站，作为社区公益慈善的平台和抓手，来组织和推动社区公益慈善基金建立，从而建立起全覆盖的社会服务体系，对接国家社会保障，服务于共同富裕目标。

（四）打造红十字特色品牌，提高服务社会能力

在青岛市众多公益组织中，青岛红会是知名度最高的，其又培育打造了多个特色公益品牌，成为青岛市公益慈善组织的典范。

在社会服务领域，青岛红会打造了"蓝天救援"品牌。作为国内最为专业的应急救援队伍之一，青岛红十字蓝天救援队以管理规范、纪律严明、技术过硬、响应迅速、能打胜仗著称，积极参与国内国际各类应急救援和保障任务，曾荣获全国首批"优秀志愿服务团队"称号、社会救援力量技能竞赛第一名等多项荣誉。近年来，青岛红会逐渐形成了以"蓝天救援"品牌为引领的应急救护员培训、专业志愿者队伍建设、快速应急响应、专业技术输出、应急物资储运等重点环节全链条发展的红十字应急救援工作体系。

在人道救助领域，青岛红会培育出"微尘"品牌。依托品牌的引领感召力，通过组织"微尘"事迹巡回演讲、成立红十字微尘基金、拍摄《寻找微尘》电影、开展"微尘十大公益之星"评选活动等方式，不断提升"微尘"品牌的社会影响力和道德感召力。在"微尘"品牌的引领下，青岛市民纷纷加入奉献爱心的行列，微尘基金先后建立了20多支分基金，重点关注未成年人"生命、健康、教育"三大主题领域，致力于专项救助。如今，"微尘"俨然成为青岛的一种文化内涵和文化象征，体现了一座城市的温度，引导越来越多的人热心公益、无私奉献、关爱他人。

在救死扶伤领域，青岛红会树立"九月天使"新品牌。2018年6月，青岛一位名叫"九月"的4岁半小女孩因病医治无效离世，捐献出5个器官，让5个家庭重燃希望。"九月"的事迹在广大市民中引起强烈反响，感动全国亿万网友。短短十几天时间里，青岛市新增器官捐献者11位，捐献大器官30个、角膜11对，极大促进了遗体器官捐献工作的开展。基于此，青岛红会设计注册了"九月天使"公益商标，在各大医院设置"九月天使"器官捐献爱心岗，筹资设立"九月天使"爱心基金……逐渐形成了深入人心的"九月天使"工作品牌。

通过品牌带动捐助，可以凝聚更多人气和发挥更大人道主义救助作用，从而带动和影响更多人参与公益，促进社会文明和共同富裕目标早日实现。

（五）丰富宣传载体，弘扬社会主义核心价值观和中华传统美德

青岛红会借助红十字这一著名品牌，围绕人道主义，以丰富多彩的形式开展各种宣传活动，传播红十字文化和红十字精神。2020年，青岛红会联合青岛城运控股集团有限公司打造"恩良号"捐献主题公交车，成为全国首个捐献造血干细胞流动宣传平台。公交车内不仅配备报纸、文化扇、宣传手册等捐献造血干细胞相关宣传材料，还设展板阶段性展示青岛市造血干细胞捐献者的照片事迹。乘客可通过扫描二维码，登录官方网站了解造血干细胞捐献知识和登记流程。流动的载体使捐献事迹"活"起来，使公益文化"动"起来，增加了社会大众的体验感。与此同时，青岛红会积极参与青岛城市品质改善提升攻势，依托地标建筑宣传公益文化，与青岛市自然资源和规划局、中国雕塑院青岛分院等单位达成了"将宣传城市大爱与助力城市社区微更新相融合，创建具有示范意义的城市公共空间精品工程"的基本思路，探索将红十字公益文化和雕塑艺术结合，融入城市公园、生活社区。2021年6月22日，"山海情深 爱心汇聚"主题雕塑落户城市阳台景区海螺广场，该广场正式更名为青岛爱心广场，成为青岛市传播无私大爱、弘扬新时代城市文明的宣传基地。西海岸新区红十字会则深挖红十字历史文化，在泊里镇建立红十字历史文化馆、民俗博物馆等，将红十字文化与民俗文化相融合，树牢红十字会良好形象。

"人道、博爱、奉献"的红十字精神与社会主义核心价值观和乐善好施的中华传统美德一脉相承，青岛红会通过创新募捐方式，弘扬红十字精神，宣传红十字典型，打造红十字品牌等，弘扬共享理念和公益精神，扎实推动共同富裕的社会氛围，实质性地提升红十字会社会价值和社会影响力，促进红十字事业持续健康发展。

三、青岛红会引领青岛市公益慈善事业发展建议

梳理青岛红会为代表的公益慈善组织的经验，成绩可喜，如果与"当

龙头做表率开新局"目标相比，青岛红会还需要做更多工作。笔者通过调研，结合国内一些城市经验和国外红十字会的有益做法，认为青岛红会应该从激发内力与借助外力两大方面，提升影响力，引领青岛公益慈善事业发展，为青岛建设国际化大都市作出贡献。

（一）激发内力，发挥引领作用

1. 扩大社区公益基金建设，引领青岛公益事业整体提升

青岛市已经把社区公益慈善作为实现共同富裕的一个有力抓手来推动，青岛红会在此方面可以作出更大贡献。让公益慈善回归社区是公益慈善的本质，发挥社区公益慈善功能是公益慈善组织做大的基础。青岛红会已开始以社区基金会为试点，探索建立社区公益基金会，这是今后把青岛市公益慈善事业做大做强的着力点，是青岛红会引领公益慈善发展的重要抓手。如果没有社区这个基础，将捐款仅仅看成是富人的事，只盯着富人捐多捐少，显然是无法把公益慈善变成一种具有广泛群众性的道德实践的。以社区为本的捐赠来自社区，大家参与，用于社区，大家能够看得见捐赠用途，实实在在，就能够将捐赠变成一种生活习惯。

青岛红会今后要在社区公益基金会上做大文章，在成功试点基础上，在一个个村庄、一个个街道、一个个区地推广开来，这样就可以使整个青岛人人行善，城市成为公益慈善城市，带动青岛城市文明和美誉度提升，从而引领整个青岛公益事业发展大提升。

2. 以红十字文化为引领，营造全市公益慈善氛围

在公益慈善文化引领方面，青岛红会具有天然优势，作为一个具有上百年历史的人道主义救助团体，红十字是一个公众易辨识、知晓度高、认同度高的符号，在红十字这个符号中包含着丰富的历史文化和人道主义精神。青岛红会应该利用好这个符号，结合青岛红十字故事，深挖红十字内涵和精神，以公益文化来引领青岛城市内涵式发展。

第一，注重互联网舆论宣传。在传播形式上，通过推送文章、制作相关的宣传视频等方式进行，尽量丰富传播的形式与载体。在传播内容

上，可以宣传平凡人的捐赠事迹，突出"人人皆可慈善"的理念；传播红十字知识，如急救知识等，让民众在学到实用性知识的同时，感受红十字文化。此外，在发生负面事件的时候，要及时而勇敢地站出来发声，要以积极正面的心态去面对，而不是一味地逃避，要让公众看到红十字会的担当，避免舆论向不利的方向发展。

第二，增加实体性红十字文化的建设。互联网等途径的宣传有其时效性，给人留下的印象不够深刻，转瞬即逝，但实体性的文化，能够加深公众的印象，并且具有可重复性，即民众可以多次前往参观、学习。实体性红十字文化的建设，既可以打造爱心广场、红十字广场、红十字文化墙、红十字展板、红十字救护站点等户外类型的场所，也可以联合其他机构、部门，在其内部建立相关的红十字文化宣传场所。

第三，要善于挖掘红十字历史文化。青岛红会作为一个具有百年历史的社会团体，有其深厚的文化底蕴，需要充分挖掘，使自己独特的历史文化得到彰显。比如，《青岛红十字运动史》出版，从历史维度挖掘青岛公益慈善文化，产生良好的宣传效果。另外，可以重点挖掘青岛从古至今涌现出的红十字人物、红十字典籍、红十字文物等，通过挂牌留存，或用百姓喜闻乐见的故事形式加以呈现，这样可以使红十字文化得到更广泛的传播。

青岛红会要与青岛公益组织、媒体、公益慈善人士以及青岛市宣传部门等合作起来，打造公益慈善青岛氛围。

3. 以品牌引领，打造城市公益名片

青岛红会"微尘"品牌具有相当知名度，在全国也是一个知名的公益品牌，"微尘"为青岛红会增添了亮丽色彩，也为青岛市公益事业增添了浓墨重彩，许多人因为"微尘"对青岛产生更多好感。为了更好地以品牌来引领青岛公益事业发展，青岛红会需要继续在已有成绩基础上做好以下工作。

第一，完善原有品牌建设，维护自身品牌形象。各地公益慈善组织历

经多年的沉淀，早已发展出一批具有自身标志性的品牌。但是时代在变化，人民的需要在变化，原有的品牌必须不断完善，丰富其内容。如苏州市红十字会在110周年时，将"博爱"品牌发展成系列品牌，"博爱送健康""博爱青春""博爱书香"等，给这一品牌增加更多内容，使品牌内涵更加丰富。青岛红会可以把"微尘"品牌继续呵护好，同时要为"微尘"品牌增添新内容，形成系列"微尘"项目。

第二，针对民众需求，与时俱进开创新的品牌。慈善品牌的出现首先是为了解决人民的困难，满足人民的需要。因此，各类慈善组织必须贴近基层、贴近人民生活，针对民众的需要，开创新的慈善品牌。为此，需要在实践中总结和提炼，并通过宣传来让公众知晓和认同，才能促成他们参与。

品牌的引领作用是不可限量的，好的品牌会提高组织的知名度，促进城市公益事业发展，为城市发展增光添彩。因此，青岛红会要抓好品牌建设，以品牌提升组织影响力和领导力。

4. 完善自我发展治理机制，构建公益慈善共同体

青岛红会要发挥引领作用，需要在治理机制上进一步开拓创新。

第一，在人才机制上需要创新。人是第一资本，红十字会需要在向政府要编制的同时，利用社会团体灵活性特点，灵活招聘人员，壮大人才实力。红十字会可以与高校建立合作，定期聘请社会学、会计学、法学、外语等有关专业的教师对工作人员进行基础知识的讲解和基本能力的培训，针对不同岗位、不同级别的员工实施有针对性的培训课程，提高工作人员的专业素养和整体素质。

第二，完善信息公开制度。"两微一端"以及官方网站是当前民众了解慈善事业的主要途径。因此，必须完善这些平台的信息披露机制，尽量彰显出互联网的便利性。当前各类短视频软件火爆，传播速度快，受众群体广泛，同时也更加直观。因此，青岛红会可以通过短视频平台制作小视频，把红十字会的工作和目标有计划、有针对性地向社会发布，对暖心的

做法及时发布视频，让民众能够有一个大体的了解。这一做法也能彰显红十字会的积极作为，彰显信息公开透明。

第三，建立品牌运营和项目策划机构，帮助品牌宣传更广泛和深入。同时，聘任经验丰富的项目策划专职人员，精心策划红十字项目。特别是要结合国家共同富裕的大局和中国式现代化的特点，主动在项目设计上对接这个大局，将融入多层次社会保障体系和社会公益服务体系作为主攻方向，精心策划出具有地方特色又具有前瞻性和可持续性的公益项目，为共同富裕助力。

第四，建立公益慈善共同体。第三次分配需要企业、社会组织和个人积极参与。无论是红十字会还是慈善总会，都需要主动参与，打造一个共建共治共享的共同体，这既是社会成员参与社会治理的良好途径，也是公益慈善组织发挥第三次分配更大作用的客观需要。青岛红会凭其影响力，在建立青岛公益慈善共同体方面，有义不容辞的责任。

（二）借助外力，助力创新发展

1. 公益慈善跨界合作，探索募捐新方式

第一，青岛红会可以与各类手机软件合作。当前人们的生活已经离不开各类手机软件，红十字会可以通过与各类手机软件进行合作，主要是与各类带有支付功能的软件合作，以促进公益慈善事业的发展。红十字会可以与美团、饿了么等外卖软件合作，在每一笔订单完成支付之后，将一定金额（如 0.01 元或 0.1 元等）汇入爱心善款，聚少成多，用于某个项目。

第二，加强与其他行业合作，实现公益慈善的跨界融合。当前"慈善+"的合作运行模式成为慈善组织进行公益慈善活动的重要途径。通过这种方式，能够在全社会汇集起一股强大的公益力量，推动公益慈善事业的发展。比如：可以与律师事务所合作，为一些特殊人员提供法律援助；与医院合作，为患某种病的人群提供特殊的医疗帮助；与保险公司合作，为一些特殊人群，如志愿者、骨髓捐赠者等提供保险服务；与银行等金融

机构合作，大力推广慈善信托服务；与大型超市合作，为生活困难人员提供生活必需品；等等。公益慈善机构与法定的社会保障有机结合，可以更好更快地促进公益事业发展。这方面既需要政府出台融合发展的政策，也需要公益慈善机构调整自己的发展方向，更多地提供社会服务。这样，既可以使公益慈善事业获得较大发展，也可以使多层次社会保障体系真正成熟起来。

青岛红会作为青岛市最具影响力的人道主义组织，应当善于利用各类社会资源，在募捐方式探索中敢于走在前列，勇于借鉴其他城市好的做法，借鉴国外公益慈善组织的有益经验，在实践中敢闯敢试，以便带动和引领青岛公益慈善募捐事业发展。

2. 整合公益慈善力量，打造公益整体合力

青岛市缺乏一个公益慈善组织联合会这样的组织。青岛市现有 83 个注册的公益慈善组织，这些组织都是各自活动，联系不密切。因此，为了青岛公益事业发展，可以建立由红十字会、慈善组织、爱心捐赠企业以及关心和支持慈善事业的单位、组织和个人自愿组成的非营利性的联合会。通过独立的公益慈善联合会来共同筹集资金，然后按照不同组织的需求，为他们提供相应的资助，以及定向的合作推荐。当然，联合会中的成员仍然可以开展各自的筹款工作，但联合筹款能够将同一议题或组织内成员的能量整合形成合力获得更大的资源，以支持更具影响力的解决方案，同时也减轻各成员组织在筹款方面的压力。团结凝聚各类慈善组织及社会各界慈善力量，努力发挥桥梁和纽带作用。通过联合会，配合政府有关部门不断完善公益慈善事业制度化建设；通过行业自律，进一步完善信息公开制度，打造青岛慈善事业透明化工程；通过发挥联合会对公益慈善事业的统筹作用，指导公益项目设立运行，避免重复设立项目、重复救助，节约成本，集中资源，提升公益慈善组织总体服务水平；通过联合会加强宣传，引导全社会关心慈善、支持慈善、参与慈善，形成良好的社会氛围。总之，通过联合会达到多赢结果，发挥慈善在第三次财富分配中的作用。

近年来，青岛红会探讨加强基金会之间的联系和合作，在红十字的平台上，进一步壮大公益慈善力量，共享合作发展。下一步如何把青岛公益慈善力量整合起来，避免小而散，进一步提升整个城市的公益力量，需要青岛公益慈善领域的有影响的组织和名人，为此带头呼吁，大家才能够奔向同一目标。通过沟通和协商，将分散的组织联合在一起，在募捐、救助方面形成整体力量，促进青岛公益慈善事业再上一个台阶。

3. 政府赋能，发挥红十字会核心型组织功能

党的十九届五中全会通过的《中共中央关于制定国民经济和社会发展第十四个五年规划和二〇三五年远景目标的建议》明确指出，要"发挥群团组织和社会组织在社会治理中的作用，畅通和规范市场主体、新社会阶层、社会工作者和志愿者等参与社会治理的途径"。党的二十大提出社会组织参与第三次分配，引导、支持社会组织积极参与公益慈善事业。基于此，需要政府赋能推动红十字会建设。

第一，政府要充分认识到红十字会等群团组织是构建多层次社会保障体系和实现共同富裕的重要力量。以新冠疫情为例，青岛各区（市）红十字会作为政府与市场的重要补充，迅速启动应急响应，广泛募集资源，并在第一时间将防疫款物送抵抗疫一线。由此观之，政府要重视红十字会在社会公益慈善事业中的引领力与感召力，明确红十字会是党和政府在人道工作领域的助手和联系群众的桥梁纽带的政治定位，辅以相关政策支持，保障红十字会作用的发挥。

第二，政府要主动转变职能，改进管理方式，赋能红十字会事业发展。具体来说，政府要从社会发展大局出发梳理自己"不该管""管不了"和"管不好"的职能及公共事务，积极创新完善鼓励社会各方参与社会治理的制度体系。在公益慈善事业方面，可以赋予红十字会更多的资源与发展空间，研究制定红十字会承接政府转移职能和委托事务的具体办法。一方面，政府要明确红十字会是党和政府联系群众的桥梁和社会主义现代化建设的有生力量，做到服务优先，监管适度，为红十字事业发展创造好的

环境；另一方面，政府要对红十字会的发展予以项目的扶持和资金的支持，政府制定优惠政策鼓励、指导红十字会活动举办、人员培训、制度建设等工作的开展。

第三，政府要加大对公益慈善事业财政税收政策支持力度，进一步完善支持公益慈善事业发展的具体税收优惠政策。政府要提高购买公益慈善组织服务比例，将更多的涉及民生的事务通过政府购买服务的方式转移给公益慈善组织来做，这样既可以减少庞大的行政运行成本，又可以为公益慈善组织发展提供更大的发展空间。政府要通过赋予红十字会在募捐上的灵活性，以及在"慈善一日捐"方面给予红十字会募捐资金的分割，使来自公众的募捐款能有相当部分由红十字会管理使用，更好地发挥红十字会人道主义作用。

第四，政府要主动引导公益慈善组织参与法定社会保障对接，如社会救助与社会福利机构、医疗保险机构主动与公益慈善机构对接，政府要明确给予这种对接法定支持，同时要出台明确的具体政策，促进两者联合。这样，不仅可以为公益慈善事业拓展更大的发展空间，也可以使社会保障制度得到更好落实。

总之，政府要主动作为，在引导、服务和支持公益慈善事业发展中真正高度重视。另外，青岛红会要努力成为承接政府转移社会服务与公益职能的社会组织的示范代表，积极对接法定社会保障机构，发挥作为核心型枢纽型组织的积极力量。

4. 学习国外红十字会先进经验，为我所用

红十字会是一个全球性的人道主义组织，其他国家的红十字会在实践中总结的一些好的做法，可以为青岛红十字会提供参考。

比如，起源于欧美国家的"食品银行"与当地红十字会长期合作，应对饥饿与浪费并存的现象，既帮助了食不果腹身处困境中的人们，也在一定程度上减少商品的浪费，降低在处理和销毁过期食品上所花费的人力物力财力，提高资源利用率，保护生态环境。新冠疫情期间，"食品银行"

在紧急粮食援助方面也起到了重要作用。目前，我国一些地区的红十字会已经开始进行类似的活动。哈尔滨家乐福于2018年与哈尔滨市红十字会联合启动"食物银行"公益募捐活动，又于2019年与南岗区红十字会、芦家街道办事处红十字会举办"食品银行——博爱送温暖"捐赠仪式，帮助受困群众；2019年，厦门爱心食物银行见福分行公益行动10店共启仪式在厦门市红十字会等单位及群众的见证下举行，开始试点食物银行，探索监管新模式。

青岛红会可以以"食品银行"为例，主动从国外红十字会行之有效的优秀公益慈善项目成果中汲取灵感，总结先进经验，基于本地实际情况设计开发公益慈善项目，试点先行，并逐步推广。

青岛红会要主动"走出去"，积极开展与国外红十字会的交流合作。中国红十字会不仅是我国从事人道主义工作的重要力量，也是我国民间外交的重要渠道。青岛红会应立足青岛作为新时代国际大都市的定位，发挥海滨城市的独特地理优势，借力国家"一带一路"建设，在已有国外友好城市的基础上加强与当地红十字会的交流，广泛开展合作项目。特别是2018年"上合"组织青岛峰会后，青岛已与"上合"组织11个国家的14个城市建立友好关系或确立结好意向，这都为青岛红会国际"朋友圈"的扩容提质积累了丰厚资源。青岛红会可以从应急救援、人道救助、志愿服务、人员培训、组织建设等世界各国红十字会组织广泛关注的热点问题中寻找切入点，通过线上线下相结合的形式，开展经验交流与项目合作。值得注意的是，鉴于各国红十字会所在国家的经济社会、人文历史等因素的差异，青岛红会在借鉴国际红会经验的过程中要始终立足青岛实际，以我为主，为我所用，避免出现"水土不服"的情况。

总之，在奔向第二个百年奋斗目标，实现共同富裕过程中，青岛红会作为一个具有上百年历史的人道主义组织，应该也必将在青岛公益事业发展中发挥引领作用，带领青岛公益慈善事业迈上更高台阶，为早日把青岛建设成现代化国际城市，作出更大贡献。

最后，感谢青岛红会、青岛市民政局慈善与社工处、青岛西海岸新区红十字会、胶州市红十字会提供的帮助和支持！青岛市社科院郑国、孙启洋和中国海洋大学马克思主义学院研究生曲孟琳、刘译蔓、郭笑笑、石爱炜为调查和本文作出贡献，一并致谢！

（作者蔡勤禹、王付欣，均为中国海洋大学青岛红十字文化与公益事业研究中心教授）

养老服务人员人文关怀能力提升路径研究

——基于红十字会参与养老服务实践的分析

余舟

摘　要：红十字会作为公益领域重要的社会组织，能够基于其独特优势在我国养老服务中发挥重要作用。养老服务中需要秉持的"人文关怀"理念，与红十字会的人道主义理念有着天然的联系。提升养老服务人员的人文关怀能力，有助于提升养老服务水平，推进红十字事业高质量发展，更有助于推动红十字人道使命的传播。在红十字会参与养老服务的实践活动中，提升服务人员人文关怀能力的具体措施包括：持续完善养老服务人文关怀的标准、改进培训内容与指导方式、增强养老服务人文关怀理念感召力等。

关键词：红十字会　养老服务　人文关怀　能力提升　老龄化

伴随着我国老龄化程度加深、养老服务需求快速增长，我国红十字会积极参与到养老服务工作中。更好地创新红十字会养老服务模式和工作机制，提升养老服务质量，促进养老服务业发展，是推进红十字会事业高质量发展的应有之义。尤其是在养老服务中如何更好地提升服务人员的人文关怀能力，践行人道使命，是值得进一步研究的问题。

一、红十字会参与养老服务的背景

（一）人口老龄化背景

根据第七次全国人口普查数据，我国 65 岁及以上人口为 19064 万人，占比 13.5%，有 12 个省份的 65 岁及以上老年人口比重超过 14%。①老龄化的快速发展引发了诸多社会问题，如传统家庭养老面临挑战、老年人的照护需求凸显、劳动年龄人口养老负担加重等。与此同时，当前养老服务的供给侧却存在社会化养老服务资源有限、服务内容形式单一、服务质量不高、服务人员专业性较差等问题。社会化养老服务需求的剧增对我国养老服务体系提出了更高的要求，进一步激化养老服务供需矛盾。养老服务具有公益性，需要政府、市场与社会力量共同配合，尤其是需要促进社会资源投向养老服务领域。红十字会作为公益领域中重要的社会组织，能够基于其独特优势，在我国养老服务的供给中发挥重要的作用。

（二）政策背景

2012 年，《国务院关于促进红十字事业发展的意见》提出，支持红十字会结合实际，兴办医疗、康复、养老等与其宗旨相符的社会公益事业。2017 年，中国红十字会总会、民政部、全国老龄工作委员会办公室共同颁布《关于红十字会参与养老服务工作的指导意见》，提出红十字会在养老服务中的四项主要任务：参与养老服务人员知识技能培训和医养结合服务；参与开展红十字养老志愿服务；参与兴办公益性养老机构；参与开展对老年人的公益援助项目。伴随着红十字会养老实践的发展，《中国红十字事业发展规划纲要（2020—2024）》进一步提出"探索参与养老服务工作的有效方式"等。这些都为红十字组织深度开展公益性养老服务项目提供了政策支持和制度保障。

（三）实践背景

2017 年，中国红十字会养老服务试点工作启动培训会召开，江西、浙江、云南等七省成为首批试点，取得了一定的成效。红十字会参与养老服务实践形式主要包括：兴建公益性大型养老公寓；向养老机构捐赠设施

---

① 国家统计局、国务院第七次全国人口普查领导小组办公室：《第七次全国人口普查公报》，http://www.gov.cn/guoqing/2021-05/13/content_5606149.htm。

设备；组织专业培训；参与社区养老服务综合服务设施建设、运营和管理；组织义诊；开展养老志愿活动；等等。如山西省晋中市红十字会通过"建设红十字会养老服务培训基地"等方式提升养老服务的能力和水准。[①]江苏省南京市建邺区红十字会开展了系列"红十字养老照护"惠民活动，为老年居民及家庭提供应急救护和健康关爱等养老技能的培训。[②]另外，中国红十字会总会事业发展中心早在 2006 年启动"曙阳国际老年公寓"建设项目，并在之后展开了"曙阳养老"品牌的探索与实践，通过"彩票公益金失能老人养老"项目为养老机构提供护理床、轮椅、助行器等必备物资，开展针对养老机构院长和养老护理员的培训班，培育养老志愿服务等，取得了良好的社会效益，现加入曙阳养老联盟的机构超过 3000 家。[③]

养老服务实践中，红十字会重视将人道行为和人道价值观贯穿融入养老服务活动中，并逐渐在特定领域发挥优势，如以贫困、失能老年人等困难群体为重点服务对象；注重发挥红十字会在医疗、救护方面的资源优势，开展针对性的红十字应急救护及养老照护培训，普及自救互救的服务技能；注重志愿服务平台的搭建，聚集专家学者、爱心人士等多方面的社会力量等。尽管在实践中取得了丰硕成果，但在我国养老服务质量整体亟待提升的背景下，红十字会仍需进一步提升养老服务人员的人文关怀能力，持续推进养老服务质量。

二、人文关怀能力理论的借鉴

在护理领域中，1985 年，美国护理学家沃森（Watson）提出护理是一门人文科学，护理中的人文关怀过程是一种重要的人道主义和认识行

---

① 《抢抓机遇 精心布局 蹚出红十字会参与养老服务新路径——晋中市红十字会参与养老服务工作经验交流材料》，https://hszh.sxjz.gov.cn/gzjl/content_421767。

② 《江苏省南京市建邺区红十字会 2022 年"博爱光明行"活动收官》，https://news.redcrossol.com/miropaper/article. aspx? aid=23042&ty=area。

③ 宋盈莹：《海淀曙阳养老服务中心：构建"机构+"养老服务综合体》，《民生周刊》2022年第 4 期。

为，有助于发扬人道主义。科学护理的哲学包括：人本主义的利他价值体系、信念与希望、对自己和他人的敏感性、创造性解决问题的关怀过程等。①之后的学者不断推进人文关怀能力研究，如斯旺森（Swanson）于1991 年提出涵盖五个关怀过程"了解、陪伴、帮助、赋能、维持信念"的关怀理论，为提升人文关怀能力提供了新的理论视角。有学者开始研究人文关怀理论应用于养老服务实践的效果，如将 Watson 的理论应用于阿尔茨海默患者护理，可以让护理人员更深入地理解护理过程的意义，增强他们的心理韧性、个人发展等。②另外，有学者开发了评价关怀能力的测量工具，如人文关怀能力量表（caring ability inventory，CAI），包括耐心、理解和勇气三个维度，以此测量护理人员是否具有相应的关怀能力，该量表也被广泛应用于研究与实践中。

国内研究文献指出，护理人文关怀除了为患者提供必要的诊疗技术服务外，"还要为患者提供精神的、文化的、情感的服务，以满足患者的身心健康需求，体现对生命与身心健康的关爱"③。护理人文关怀能力是"秉承人性、德行，融体力、智力、知识、观念、情感、态度、意志为一体的内在修养，外化为自觉地、创造性地服务于患者的实际本领与才能"④。人文关怀能力体现为人文精神的理念层以及护理人文关怀理念的实践层。⑤基于以上研究成果，可将养老服务人员的人文关怀能力理解为将"人文关怀"理念融入养老服务实践全过程的能力，从而体现护理的本质需要、提升老年人的满意度与生活质量。总之，国内外对护理人文关怀能力的研究

---

① Jacqueline Fawcett, Julia B. George, Lorraine Walker. "Book Reviews: WATSON, J. (1985). Nursing: *Human Science and Human Care, A Theory of Nursing*. Norwalk, CT: Appleton-Century-Crofts". *Nursing Science Quarterly*, 1989(3).

② Seher Gönen Şentürk,Özlem Küçükgüçlü,Jean Watson. "Caring For Caregivers of Individuals with Dementia: From the Perspective of Watson's Theory of Human Caring". *Hacettepe Üniversitesi Hemşirelik Fakültesi Dergisi*,2017(1).

③ 杨青敏：《护理文化与职业道德修养》，上海大交通大学出版社 2018 年版，第 67—68 页。

④ 杨晓平：《现代护理人文关怀与实践》，陕西科学技术出版社 2017 年版，第 4 页。

⑤ 唐凤平：《护士人文修养与沟通》，河南科学技术出版社 2016 年版，第 6 页。

成果均重视服务过程中通过多维度实践体现"人的价值""生命的价值"。国内外护理人文关怀能力理论的相关内容，能够在制度保障、服务设计、培训内容、参与社会建设等方面为提升红十字会养老服务中人文关怀能力提供借鉴。

三、红十字会养老服务的人文关怀能力

（一）养老服务与人文关怀

人文关怀是一个综合概念，在哲学、医学、管理学、经济学等多个学科领域中均有所涉及。在养老服务领域的人文关怀研究中，已有文献涉及养老设施规划与设计[①]、养老护理与照护中的人文关怀[②]、人文关怀精神培育[③]等，但整体来看，目前对养老服务人文关怀的研究较为薄弱，尤其是如何提升养老服务人员人文关怀能力的相关学术探讨较少。"没有人文关怀的养老服务，必然导致没有尊严与乐趣的养老生活"，新时代养老服务业需要尽快弥补人文关怀的短板。[④]

（二）红十字会养老服务人文关怀的提出

2018年，中国红十字会总会事业发展中心基于"曙阳养老"的实践经验，系统地对养老服务中的人文关怀进行了阐释。人文关怀强调"以人为本"，"关注人的生存与发展，特别是人的生活质量，是社会文明进步的

---

① 李钧、金霜霜、王珏：《人文关怀视角下养老设施专项规划编制方法探索——以杭州市为例》，《上海城市规划》2023年第1期；孙光：《老年人养老福利设施的人文关怀设计与研究》，《包装工程》2018年第12期。

② 马霏、李惠玲、吴燕铭：《居家养老照护员人文关怀实践体验的质性研究》，《护理学报》2021年第10期；冯玉、何春渝、冯慧萍等：《机构养老护理员人文关怀能力及行为的调查研究》，《成都医学院学报》2019年第2期。

③ 袁翠红、汪为聪、梁春艳等：《老年护理学人文关怀教学创客实验室的建立及实施》，《护理学杂志》2017年第15期；刘玥、沈军、喻秀丽等：《基于Swanson关怀理论的养老护理员人文关怀培训方案的构建与应用》，《解放军护理杂志》2021年第4期。

④ 郑功成：《尽快补上养老服务中人文关怀的短板》，《中国社会工作》2018年第29期。

标志"，其核心是"尊重人、关心人、理解人、爱护人"。①养老服务中的人文关怀具体表现为：尊重老年人、根据老年人特点分类实施，在机构建设、服务与管理中贯彻人文关怀理念等。"曦阳养老"在人文关怀领域的探索与实践为红十字会参与养老服务提供了经验借鉴，在此基础上仍需通过进一步探索，结合红十字会特色持续提升养老服务人员人文关怀能力。

（三）人文关怀能力建设的意义

红十字会参与养老服务实践，提升养老服务人员人文关怀能力的意义有以下三点。

第一，有助于履行人道使命。中国红十字会以发扬"人道、博爱、奉献"的红十字精神，保护人的生命和健康为宗旨。"人文关怀"理念与红十字会人道主义理念两者之间有着天然联系，通过提升服务人员人文关怀能力，充分发挥红十字会在人道领域的作用。深入开展养老服务是在我国老龄化背景下，保护生命健康、维护人尊严的新要求，通过人文关怀为老年人提供生命支持，缓解高龄社会中"孤独死"、失能老年人无人照看等人道灾难发生，不仅履行了红十字会自身的使命，而且有利于把党和国家对养老服务的精神落到实处。

第二，有助于推进红十字事业高质量发展。在推进《中国特色红十字事业高质量发展三年行动计划（2022—2024年）》背景下，需要持续提高红十字工作法治化、制度化、规范化水平，助力健康中国战略，保障改善民生。人文关怀能力的提升是实现养老服务高质量发展的重要举措，有助于提高红十字会养老服务工作的标准化与专业化水平，提升公益形象、提高社会化养老服务的伦理性与老年人满意度。由此带来的良好实践成效能够起到辐射作用，带动行业专业服务水平的提升。

第三，有助于红十字精神的传播。红十字精神与中华优秀传统文化一脉相承，与社会主义核心价值观高度契合，是人类社会文明进步的重要体

---

① 中国红十字会总会事业发展中心：《曦阳养老：人文关怀的探索与实践》，经济科学出版社2018年版，第8页。

现。①红十字会养老服务实践中，养老服务人员人文关怀能力提升带来的是老年人幸福感提升，实现的是对老年人的关心与爱护，最终体现出对人尊严和生命的尊重，有利于推动红十字精神被社会成员认同，更能推动社会主义核心价值观深入人心。

四、养老服务人员人文关怀能力提升路径

（一）持续完善人文关怀标准

持续挖掘红十字会养老服务与"人道主义"的结合点，制定和完善养老服务标准中相应的人文关怀要求和标准。中国红十字会总会事业发展中心在"曙阳养老"服务标准方面已经开展了有意义的探索，并有相关的成果出台。在此基础上，可以进一步结合并补充其他地区在养老服务中的经验内容，建立基于人文关怀的工作流程及管理标准。从机构建设、服务、管理三个方面持续深挖人文关怀内涵，结合服务细节进一步扩展，总结提炼服务模式，最终形成红十字会养老服务的特色品牌。通过颁布行业标准的形式，进一步提升红十字会养老服务专业性以及行业内影响力。同时加强标准化养老服务基地建设，红十字养老服务标准化示范点建设，承担对外宣传展示、辐射所在区域、为其他机构赋能的作用。

将人文关怀理念融入红十字会养老服务全过程，将老年人的需求放在首位，吸纳适老化、家庭化等机构环境建设最新理念，让老年人感受到养老机构是一个充满人文关怀的港湾，是家庭生活的延续，而不是生命最后的终点站。在机构管理中，应建立机构人文关怀长效机制，构建标准服务流程，重视每个岗位职责中对人文关怀的内容要求，并在管理中营造"人文关怀"氛围的组织文化。不断挖掘护理工作服务细节，如关怀性语言的使用、注重服务利益、遵守服务操作中对于老年人权利保障、隐私保护等内容。在服务拓展过程中，应将人文关怀能力建设扩展至更多的红十字会

---

① 王可：《奋力推进中国特色红十字事业高质量发展》，《求是》2023 年第 1 期。

特色项目中，在助急服务、临终关怀、志愿者上门等服务中不断挖掘人文关怀要点。如在临终关怀服务中，可借鉴护理人文关怀中的理论，给予老年人"了解、陪伴、帮助、维持信念"等，形成服务中的基本关怀准则，形成具有红十字会特色的临终情感抚慰与陪伴服务。

（二）改进培训内容及指导方式

红十字会目前提供了面向养老机构院长和护理服务人员的培训，其内容主要集中于养老政策法规、机构标准化管理措施、医养结合管理、护理技术等方面，而对于养老行业从业者所应秉持的人文关怀理念的培训教育仍待进一步深入。服务标准化并非养老服务的全部，在服务一线遇到的问题无法仅靠服务技术便能够解决，在很多服务场景中需要服务人员首先具备正确的服务理念。通过培训人文关怀理念，让服务人员真正将该精神内化，并外显为行为，才能从根本上提升服务水平，应对更为复杂多变的服务场景。在培训中应该加强生命教育内容，启发并引导服务人员理解老年阶段是生命周期的一部分、护理服务工作是对老年人生命意义的支持等，让养老服务从业人员真正尊重生命。通过人文关怀理念的灌输，帮助服务人员理解红十字会弘扬"人道、博爱、奉献"的红十字精神，以维护人的尊严为宗旨，让持红十字会培训证书的护理人员感受到这是一种光荣与责任，并主动将人文关怀精神付诸实践。

在红十字会为养老机构提供指导与智力支持过程中，不应仅限于讲课、讲座等授课形式，还需进一步结合红十字会养老标准与人文关怀理念，制定考核评价机制，为养老机构提供第三方评估服务，帮助养老机构提升服务质量。通过现场调查、座谈评估等方式对机构工作人员的职业技能与人文关怀理念进行双重评估，以此作为认可红十字会理念、获得红十字会更多社会资源支持机构的判定条件，从而吸引更多机构主动成为红十字会养老服务体系中的一员。

（三）增强养老人文关怀理念感召力

"志愿服务"是红十字运动的核心内容之一，也是参与社会建设的重要方式。应将人文关怀理念作为培训社会志愿者的重要内容。一方面，加强校园合作展开生命教育，借鉴"三救""三献"进校园活动的经验，让更多青年学子认识到人生老病死的生命规律，掌握老年阶段生理与心理特点，感受生命的意义，理解关爱服务他人的价值。可建立组织红十字会大学生养老志愿服务队，让更多学子加入养老服务志愿活动中。另一方面，注重吸纳具备专业技能的志愿者加入对老年人运动锻炼、健康保健以及心理慰藉等方面的服务中，充分将人文关怀与专业技术进行结合。在整个红十字会养老体系层面建立稳定的志愿服务机制，如时间银行，将人文关怀理念教育作为志愿者资格认证的必要环节，作为志愿者未来获得养老服务权益的基本条件。

持续挖掘红十字会养老人文关怀理念与中华优秀传统文化的结合点，与中国"敬老爱老""老有所养"等传统思想结合，与社会主义核心价值观结合。充分利用红十字会的各类宣传渠道宣传人文关怀理念，特别是加大宣传"敬老爱老"的道德风尚，让社会成员关注困难老人、失能老人、空巢老人等群体。利用宣传平台加大对护理员事迹的表彰，让"最美护理员"活动不断扩大感召力，树立具备优秀人文关怀能力的护理员成为行业从业人员榜样，在养老服务人员中树立美德、凝聚爱心，传播养老服务的公益力量。

（作者余舟，西北政法大学红十字与人道主义研究中心兼职研究员，
西安医学院卫生管理学院教师）

历史研究

是非功过任评说：陆树藩生平考略

张剑

　　摘　要：陆树藩的幸运之处在于能一展抱负，创立救济善会，成为历史铭记的荣誉者。陆树藩的悲剧在于因为时代的局限和家道中落，无力承担"救济事业"的后遗症，不得不将家藏之书，售卖给日本人，成为历史铭记的罪恶者。然梳理和考订陆树藩之生平，笔者发现其只是荣誉光环下的普通人，也是罪恶诅咒下的可怜人，可谓：少年得意，中年潦倒，晚年凄凉。这才是真实的陆树藩，一个在历史进程中努力展示自己的陆树藩，一个在社会发展中不断前进的陆树藩，一个在遭遇失败后坚守本心的陆树藩。

　　关键词：陆树藩　生平　庚子救援　红十字会

　　目前学界关于陆树藩的研究，主要围绕着"救济事业"与"售书事件"，如池子华先生就对陆树藩的救济人道行为展开论述[1]，王琦则是将陆树藩认定为中国红十字会第一人[2]，刘思瀚则是在救济善会的视角下开展对陆树藩的研究[3]，上述三位学者是对于陆树藩"救济事业"研究的代表。而关于陆树藩与"皕宋楼售书事件"的研究相对较多，如纪书清[4]、顾志兴[5]、

---

① 池子华：《庚子救援：成功背后的无奈与辛酸——陆树藩及其中国救济善会人道行动述论》，《河北学刊》2018 年第 3 期。

② 王琦：《中国红十字会第一人陆树藩考略》，《湖州职业技术学院学报》2019 年第 2 期。

③ 刘思瀚：《中国救济善会研究》，苏州大学 2017 年硕士学位论文。

④ 纪书清：《皕宋楼　以清代"四大"私家藏书楼之一先誉后愧极具感叹力而闻名》，《中国地名》2013 年第 9 期。

⑤ 顾志兴：《皕宋楼空的背后——从〈陆纯伯文稿〉看陆树藩保护皕宋楼藏书所作的努力及对售书的评价》，宁波市天一阁博物馆：《天一阁文丛》第八辑，宁波市天一阁博物馆 2010 年编印。

徐桢基①、王海明②等人在陆树藩售书的细节、历史背景与心态等方面做了具体而详尽的论述，基本都认为陆树藩售书是当时历史条件下无可避免的时代悲剧，也是陆树藩个人的悲剧。平心而论，上述专家对于陆树藩"售书事件"的评价公正而客观，也符合历史逻辑。然而，正是学界对于陆树藩的研究几乎将所有目光集中在陆树藩的"救济事业"和"售书事件"上，因而产生了"黑灯效应"，即对陆树藩生平之研究处于相对薄弱的状态，缺乏整体性和系统性的论述。鉴于此，笔者以陆树藩的生平为研究重点，通过翻检历史文献、档案资料等，尽力展示陆树藩的生平。不足之处，请大方之家多多指正。

一

关于陆树藩的生平，从由陆心源的玄外孙徐桢基口述，虞云国整理的《陆树藩其人与皕宋楼藏书售日事》一文中可见端倪。陆树藩"字纯伯，号毅轩，生于同治七年（1868）农历五月二十四日。其母邓氏，是广东人"③，"其父陆心源，字子稼，一字刚父，号存斋，晚年号潜园老人，系晚清著名藏书家，是浙江皕宋楼主人。其外祖父经营中药业"④，所著有"《吴兴词存》《皕宋楼藏书三志》《穰梨馆过眼三录》《忠爱堂文集》《忠爱堂诗集》《印花税章程》"⑤。

现据档案资料如《清代官员履历档案全编》⑥等，文献资料如《藏书家陆心源》《申报》等，将陆树藩生平简述如下。

---

① 徐桢基、虞云国：《陆树藩其人与皕宋楼藏书售日事》，《史林》2007年增刊。
② 王海明：《皕宋楼藏书流入东瀛揭秘》，《中国典籍与文化》1992年第2期。
③ 徐桢基、虞云国：《陆树藩其人与皕宋楼藏书售日事》，《史林》2007年增刊。
④ 徐桢基：《藏书家陆心源》，陕西人民教育出版社2007年版，第222页。
⑤ 顾志兴：《陆树藩与皕宋楼藏书》，《津图学刊》2004年第2期
⑥ 秦国经主编：《清代官员履历档案全编》，华东师范大学出版社1997年版。《清代官员履历档案全编》录有两份陆树藩履历，一份于第6卷，第604—605页，录于光绪二十八年（1902）；另一份于第7卷，第374页，录于光绪三十一年（1905）。据履历内容分析，两份履历均系本文所述之浙江归安陆树藩本人。

同治七年（1868），1 岁。陆树藩出生。陆树藩实际上是陆心源第三子，因其上二兄夭折遂为长子。

光绪元年（1875），8 岁。陆树藩在退隐湖郡的陆心源的指点下学习。[①]

光绪十一年（1885），18 岁。陆树藩与"同里道光甲辰榜眼周学潜孙女周氏完婚"[②]。同年，陆树藩入县学[③]，为优行禀膳生[④]。

光绪十四年（1888），21 岁。五月，因陆心源将家藏的旧书 150 种，总计 2400 余卷，"捐送国子监，经前浙江学政瞿鸿禨奏奖"[⑤]，"禀生陆树藩，附生陆树屏均著赏给国子监学政衔以示嘉奖"[⑥]。

光绪十五年（1889），22 岁。陆树藩先至"江阴求学"[⑦]，后"应己丑恩科本省乡试，中式举人"[⑧]，任"侍读衔内阁中书"[⑨]。在此期间，陆树藩"因家境优越……与教会洋人颇有接触，对一些时髦事反应极快，如摄影、骑洋车、收集洋玩意儿。但又在其父严格监督下，对经史之学亦不敢放松，与其弟树屏共同参与刊印其父著作的校订工作，并熟悉收藏之业"[⑩]。

光绪十六年（1890），23 岁。陆树藩"报捐内阁中书，三月到阁派充本衙门撰文万寿庆典撰文。十月在苏浙赈捐局业内捐奖蓝翎，因办理浙江义赈出力，经前浙江巡抚崧骏奏保加侍读衔"[⑪]。

光绪十七年（1891），24 岁。陆树藩"在家编写书目，将皕宋楼所藏宋元版本及影宋影元刊本的行款、字数、校勘人名、前后序文、年代、姓

---

① 徐桢基：《藏书家陆心源》，陕西人民教育出版社 2007 年版，第 222 页。
② 徐桢基：《藏书家陆心源》，陕西人民教育出版社 2007 年版，第 222 页。
③ 徐桢基、虞云国：《陆树藩其人与皕宋楼藏书售日事》，《史林》2007 年增刊。
④ 顾志兴：《陆树藩与皕宋楼藏书》，《津图学刊》2004 年第 2 期。
⑤ 秦国经：《清代官员履历档案全编》第 7 卷，华东师范大学出版社 1997 年版，第 374 页。
⑥ 刘锦藻：《清续文献通考》卷一百一学校考八，民国景十通本。
⑦ 徐桢基：《藏书家陆心源》，陕西人民教育出版社 2007 年版，第 222 页。
⑧ 秦国经：《清代官员履历档案全编》第 7 卷，华东师范大学出版社 1997 年版，第 374 页。
⑨ 俞樾：《广东高康道陆君墓志铭》，《春在堂杂文》六编卷四，清光绪二十五年刻本。
⑩ 徐桢基、虞云国：《陆树藩其人与皕宋楼藏书售日事》，《史林》2007 年增刊。
⑪ 秦国经：《清代官员履历档案全编》第 7 卷，华东师范大学出版社 1997 年版，第 374 页。

氏均列于书后"①。即陆树藩在整理皕宋楼的书目，但甚为可惜的是其整理的书目未被刊印，目前无缘得见。同年，陆树藩次子陆熙绩出生②，但因陆树藩长子早夭，陆熙绩成为其长子。

光绪十八年（1892），25 岁。陆心源恢复原官，陆树藩随父赴京候聘，并在陆心源旧友提携下，"得钦侍读衔，并赏戴蓝翎"③。后其父返沪，陆树藩未随南归，而在京任内阁中书本衙门撰文，随后"任庆典撰文方略馆与会典馆的校对官，同时与当时维新派人物有所接触"④。需要指出的是，陆树藩较早接受西方学说和技术，因此，他对西方的技术和学说较为推崇，因而思想更为激进，也更为倾向西方。

光绪二十年（1894），27 岁。十一月辛巳日，陆心源去世。陆树藩丁忧返湖，守孝之余，"常去苏沪二地，探访亲友及料理在沪房地产与企业"⑤，且"在其父仙逝后仍续收十余种宋元本，并为保持藏书做了不少努力"⑥。

光绪二十一年（1895）至光绪二十四年（1898）之事，即其 28 岁至31 岁之间有诸多相互矛盾的史料，故而将确实可靠的资料论述如下，而待参考更多资料后再定论。⑦

光绪二十一年（1895），28 岁。八月，陆树藩与杨光昌、曾金章等人在上海合办大成纱厂。⑧

---

① 徐祯基：《藏书家陆心源》，陕西人民教育出版社 2007 年版，第 222 页。

② 徐祯基：《藏书家陆心源》，陕西人民教育出版社 2007 年版，第 8 页。

③ 徐祯基：《藏书家陆心源》，陕西人民教育出版社 2007 年版，第 223 页。

④ 徐祯基、虞云国：《陆树藩其人与皕宋楼藏书售日事》，《史林》2007 年增刊。

⑤ 徐祯基：《藏书家陆心源》，陕西人民教育出版社 2007 年版，第 9 页。

⑥ 徐祯基：《藏书家陆心源》，陕西人民教育出版社 2007 年版，第 222 页。

⑦ 因《清代官员履历档案全编》第 6 卷载："光绪二十一年，捐升郎中，签分户部，六月告假回籍。"而于第 7 卷载："二十一年，捐升郎中。二十四年，二月签分户部山西司行走；六月告假回籍。"另在《藏书家陆心源》中为"光绪二十三年末丁忧后，陆仍返京，并任户部郎中、山西司行走"；光绪二十四年"变法失败后，陆树藩觉改革新政难以成就，于戊戌年农历五月请假回乡（即返沪），欲不求仕途，一则管理在沪之家业，并在沪娶妾徐氏"。此三处记载有较大差异，且互有矛盾。

⑧ 据王同愈日记记载："初七，纯伯、允之、印若立合同创立缫丝厂名大成。余签名为中保。"见上海人民出版社编：《清代日记汇抄》，上海人民出版社 1982 年版，第 365 页。

光绪二十三年（1897），30 岁。年末，陆树藩丁忧期满，返京，任户部郎中、山西司行走。时正值新政前夕，陆树藩因对西方技术和学说接触较早，且对日本较为推崇，而对新政较易接受。但一些在京旧官为其父的上司和好友（如李鸿章等），要求陆树藩站在守旧派一边，故陆树藩"不敢锋芒毕露"①，对于戊戌变法只能在心中默默支持，没有具体的行动。而且也因李鸿章等人的阻拦，让其有"回沪进行建屋和经商的打算"②。

光绪二十四年（1898），31 岁。在京的陆树藩有感于"新政难于成就"，决定请假回乡。不久，又到上海，并"在沪娶妾徐氏（发妻周氏仍携子女居于湖州）"③，与此同时"与沪上一些既懂国学、又懂西学的人士，如陈敬如、严复等接触，了解西方事物"④。在此期间，陆树藩开始钟情公益事业，曾参与创办湖州中西学堂，并将家藏"中西书籍全数归公，捐入学堂，并再措捐巨款，备器建堂"⑤。同年，湖州太守意欲改革湖州官赈，由积钱变为积谷，陆树藩"积极参与其中"⑥。

光绪二十五年（1899），32 岁。陆树藩认为丽宋楼的藏书留在湖州，不甚安全，想要将其转移到上海。因此，陆树藩曾向上海工部局去信建议，请求捐赠藏书。陆树藩在信中要求上海工部局建设藏书楼，陆家也愿意承担部分建筑费用，等上海藏书楼建设完成之后，就将陆氏藏书捐出，并要求工部局能永远聘请陆氏家人一名为董事，且藏书楼以"陆心源"为

---

① 徐桢基、虞云国：《陆树藩其人与丽宋楼藏书售日事》，《史林》2007 年增刊。

② 徐桢基：《陆树藩其人其事》，《湖州文史》第 21 辑，湖州市政协文史资料委员会 2002 年编印。

③ 徐桢基、虞云国：《陆树藩其人与丽宋楼藏书售日事》，《史林》2007 年增刊。

④ 徐桢基、虞云国：《陆树藩其人与丽宋楼藏书售日事》，《史林》2007 年增刊。

⑤ 陆树藩：《募助湖州中西学堂启》，《申报》1898 年 7 月 26 日。其内容如下：本年叠奉谕旨，开办京师大学堂并各省府厅州县一律开办中学、小学以广造就。伏念浙西为人文渊薮，吴兴乃富有名邦，亟应实力振兴，遍开风气，广设学校培养成材。况值此天步艰难，民心浮动，多财适足以贾祸，毁家即所以保身。今树藩等敬遵先荣禄公遗命，将守先阁所藏中西书籍全数归公，捐入学堂，并再措捐巨款，备器建堂。惟延聘教习，供给学生，常年需费，独力难支，不得不广为募助。想诸君子情关桑梓，自必药石成全，慷慨输将，多多益善。倘他日教化有成，人才蔚起，不独乡里增光，兼为朝廷生色，此树藩等所私心祷祝者耳。

⑥ 吴康丽、池子华主编：《陆树藩：中国红十字运动的先驱》，合肥工业大学出版社 2017 年版，第 368 页。

名，且要求各国承诺保护藏书楼。而事实上，陆树藩也"曾陪同工部局派出的李提摩太，到湖州察看陆氏藏书"①。但是，这事虽经双方协议初步谈妥，其后却因陆树藩筹备救济善会事亲赴京津而最终未能成功。

同年十二月初八，陆树藩由上海至苏州"试用直隶州判"②。同年，陆树藩和沈鉴合作，"翻译和出版《印花税章程》"③，内含两种英国印花税章程，此为国内最早介绍印花税的书籍之一。同时，陆树藩与人合译了《英国印花税法》。④

二

光绪二十六年（1900），33岁。陆树藩与潘炳文、丁小芳等创立救济善会。⑤救济善会是陆树藩一生的重要成就，特重点着墨。陆树藩建立救济善会的背景乃是义和团运动。义和团运动自山东转移至北京以后，陆树藩对在北京的亲友甚为担心。因此，他萌生建立救济善会的想法。陆树藩是具有执行力的人，有此想法之后，就与上海乡绅、现职和归里的官员商议，准备成立相关机构，募捐善款救助南返及留京欲归的南方官员。然而陆树藩创立救济善会的过程并非一帆风顺。当陆树藩将自己的想法向上海的官员提出之后，并未得到上海士绅的支持。然而李鸿章到上海的消息，让救济善会成为可能。曾受过李鸿章提携的陆树藩，向李鸿章提出筹建救济善会之设想，得到其大力支持。与此同时，"《申报》等沪上各报均刊载李鸿章会见户部陆主政树藩的消息，三天后，京津救济善会在沪发表成立启事"⑥。救济善会成立之后，陆树藩就开展救援行动，其成果可谓丰厚。救济善会前后遣返人员近7000人（另一说是5000余人），运回灵柩136

---

① 徐桢基、虞云国：《陆树藩其人与皕宋楼藏书售日事》，《史林》2007年增刊。

② 《苏省官报》，《申报》1988年12月28日。

③ 徐桢基：《藏书家陆心源》，陕西人民教育出版社2007年版，第223页。

④ 徐桢基：《藏书家陆心源》，陕西人民教育出版社2007年版，第223页。

⑤ 秦国经主编：《清代官员履历档案全编》第7卷，华东师范大学出版社1997年版，第374页。

⑥ 徐桢基、虞云国：《陆树藩其人与皕宋楼藏书售日事》，《史林》2007年增刊。

具，其中包括被清廷处死的浙江省三名官员的灵柩，即兵部大臣徐用仪、吏部侍郎许景澄、太常寺卿袁昶。另外，救济善会还在以北京和天津为核心的北方地区开展灾民的赠医施药、捐衣捐款、掩埋尸体等工作。

以上是对陆树藩救济善会笼统的介绍，在《申报》中则是将陆树藩及其救济善会描述得更为具体和真实。翻检《申报》材料，救济善会在光绪二十六年（1900）总共刊发了 11 则《劝募救济兵灾捐款》，最早的《劝募救济兵灾捐款》刊登于 1900 年 9 月 9 日。其共有两种版本，一则以 9 月 9 日《劝募救济兵灾捐款》为代表，与之相同的是 9 月 10 日所刊的告启；另一则以 9 月 11 日所刊的《劝募救济兵灾捐款》为代表，之后的八篇告启均与之相同。需要注意的是，《劝募救济兵灾捐款》称救济善会"宗旨与泰西红十字会相同，并资送遇难之人遥回故里"。而事实上，救济善会真正的施救对象实为"东南各省之被难官商"。且需要说明的是，一方面，救济善会以"东南各省之旅居京师者"为救助对象，这也是其获得承认、得以存在的理由。另一方面，救助"东南各省之旅居京师者"是救济善会向东南官绅商民募集善款的重要原因，且东南捐款是维持救济善会运行的主要来源，因此救济善会"专济东南各省之被难官商"不应被认为是缺乏人道主义的表现，其仅是救济善会具有强烈的东南意识的体现。与此同时，在 11 则《劝募救济兵灾捐款》中需要注意的是，救济善会在于申报馆处成立"协赈所"，其职能为"受救济善会托从事劝募，代收捐款"[①]。而 9 月 10 日《申报》发表的《救济会章程》[②]体现了救济善会运行的基本内容：其一在救济路径上，分为水路救援与陆路救援，即"派轮船往津专济东南各省之被难官商"与"派妥实华人至德州一带沿途查察"，于观察斟酌后将被难东南官商用"运粮车带回"。因路途遥远与节省经费的需要，救济善会向招商局与电报局争取优惠条件，即免收轮船水脚，酌情"不收川资作为捐助""拨借轮船""不收报费"等。其二在救济内容上，救济善

---

① 顾志兴：《皕宋楼藏书秘密流入日本真相》，《世纪》2009 年第 6 期。
② 《救济会章程》，《申报》1900 年 9 月 10 日。

会"在清江浦设立难民总局","如遇有饥饿贫民,当在京津设立难民局妥为赈恤";帮助东南各省之被难官商回乡,遇救者的随身物品"均准装轮船及车辆";代南方人士查访下落不明的寓北亲友,并替其转递汇款;将已故南方人士的尸身"送本籍以妥幽魂"。除救济东南各省难民之外,救济善会也规定"倘遇西北各省难民,或酌给盘川,或量为抚恤,随时体查情形,妥善办理"。其三在款项方面,救济善会除了在上海设立救济公所之外,在广东、苏州、杭州等地也设立分部,并且将钱款等转解到上海,并派遣"妥实华人","华医以及帮同查振董事必须请精神强干众所信服之人"参与北上救济。

　　而事实上,陆树藩的救济善会在建立过程中遇到诸多困难。一是经费问题。陆树藩曾向苏松道余联沅①、江苏布政陆元鼎②、陈辰田③等人致信或函,要求给予一定经费,但是均遭拒绝。因此,陆树藩"不得已乞合肥相国劝谕诸公略为接济"④,但其结果也是收效甚微。二是信任问题。陆树藩被拒绝,最为核心的原因是严信厚等人对于陆树藩的不信任。严信厚、庞元济与施则敬在《照录李傅相札文》回禀李鸿章称:"司员等虽早经筹及,彼时道路梗阻,无法可施",且正值"上海银根奇紧,商货滞销,银窘万分,颇难筹集巨资"⑤,同时指出"如因一时无人可延,卑府则敬情愿约友往办,不假他人之手"⑥。"不假他人之手"是严信厚等人对陆树藩的不信任,又是对陆树藩"派妥实华人并延洋医华医赴津沽一带……遣人由清江至德州一带接济船川拯救难民"⑦之举的微词。

　　面对诸多困难,陆树藩只能一边向严信厚等人解释,说"树藩等因见

①　《致余晋珊观察附启》,《救济文牍》卷四,苏省印刷局光绪三十三年铅印本,第8页。

②　《复陆春江方伯》,《救济文牍》卷四,苏省印刷局光绪三十三年铅印本,第4页。

③　《致陈辰田》,《救济文牍》卷四,苏省印刷局光绪三十三年铅印本,第1页。

④　《复陆春江方伯》,《救济文牍》卷四,苏省印刷局光绪三十三年铅印本,第4页。

⑤　《照录李傅相札文》,《申报》1900年9月21日。

⑥　《照录李傅相札文》,《申报》1900年9月21日。

⑦　《陆部郎禀李傅相稿》,《申报》1900年9月21日。

时局一变至此，富贵浮云，人生幻梦，不如实力行善，为子孙留一余地，绝不敢徒托空言，改厥初心，有负中堂保卫官商成全善举之美意"①，一边以实际行动开展救济工作。陆树藩提出自己"有十万卷楼，丛书五十余种，湖州丛书十种，潜园总集十五种，均系家刻精本，向不发坊出售，兹亦捐入会中，籍助赈款，欲购者请移玉本善会账房，取阅目录问也"②。与此同时，陆树藩照会各国领事请其"颁给护照俾救济会之人"，并请各总领事"电达各国领官兵，如遇中国被难官商军民，必妥为救援"，救援所涉及费用"将来如数由救济善会缴还"。③陆树藩还请求李鸿章恩准"招商电报二局免收水脚报费事"；希望招商局方面，如遇来往于清江天津的救济善会人员"均免收水脚"，并对从清江与天津救出的难民"一概不收以资作为捐助"，最好能够"拨借一船"；望电报局方面，如遇"救济会往来电报援照灾赈成案，一概不收报费"。④在陆树藩的努力下，救济会的工作可谓卓有成效。"十一日头批由爱仁轮船载回士商一百七十余人，二十日二批由安平轮船载回士商九十余人，兹又由公平轮船载回士商。"⑤安平轮于十二月"十三日抵沪，载来救济善会援出被难官商七百十五人"，同日"爱仁轮船抵埠，载来救济善会援出被难官商二百三十人"。⑥泰顺轮于十二月"二十四日晚由津抵沪，载来救济善会援出被难官商一百四十四人"⑦。救济善会"先后载归已有五千余人之多，并运回各省灵柩一百三十六具"⑧。

① 《覆呈李中堂禀稿》，《申报》1900 年 9 月 23 日。
② 《救济善会杂记》，《申报》1900 年 10 月 20 日。
③ 《照录上海道照会各国领事创兴济善会稿》，《申报》1900 年 9 月 11 日。
④ 《陆部郎禀李傅相稿》，《申报》1900 年 9 月 21 日。
⑤ 《驻津救济善会致上海总会第五号公函》，《申报》1900 年 11 月 25 日。
⑥ 《双轮并至》，《申报》1900 年 12 月 11 日。
⑦ 《泰顺又至》，《申报》1900 年 12 月 17 日。
⑧ 《救济善会筹备京津善后事宜启》，《申报》1900 年 12 月 22 日。

三

光绪二十七年（1901），34 岁。陆树藩回到上海之后，主持救济善会的日常工作，并"协助济急善局将聂士成的骸骨及其眷属护送回沪"[①]。同年，陆树藩还参与创办了"救援陕西灾害的廉运工会"[②]。春，陆树藩返沪后还托中国驻外使节联系申办红十字会，为正式筹组中国红十字会而奔走。[③]六月，经直隶总督李鸿章委办江浙"带顺直善后赈捐，集款五十余万金，于顺直赈捐业内报捐花翎，捐升道员，指分直隶试用，并加三品衔"[④]；在津期间及返沪后，花资收购因战乱外流的宫廷珍宝，并于来年转呈京城[⑤]；十二月初九，"因进贡物，奉旨加二品衔"[⑥]，且"蒙召见一次"[⑦]。

光绪二十八年（1902），35 岁。年初，陆树藩蒙召见，改任苏州候补道。在 1901 年至 1902 年初，他向有关部门提供了不少建设性意见，其中包括托外务部代奏的印花税法条陈（实为 1901 年农历十二月）。1902 年春，陆树藩以道员入觐，"印花税即为其条陈的理财政策之一"[⑧]。陆树藩在担任苏州候补道时，被时任江苏布政使陆春江任命为"苏商部议院，总办江苏商务局、刷印官纸局，其后亦任江苏实业学堂监督、铁路学堂监督等职"[⑨]。二月，陆树藩在经管学大臣张百熙推荐下，"赴江浙两省，提拔京师大学堂开办经费"[⑩]。

---

① 吴康丽、池子华主编：《陆树藩：中国红十字运动的先驱》，合肥工业大学出版社 2017 年版，第 368 页。

② 吴康丽、池子华主编：《陆树藩：中国红十字运动的先驱》，合肥工业大学出版社 2017 年版，第 369 页。

③ 徐桢基、虞云国：《陆树藩其人与皕宋楼藏书售日事》，《史林》2007 年增刊。

④ 秦国经主编：《清代官员履历档案全编》第 7 卷，华东师范大学出版社 1997 年版，第 604 页。

⑤ 徐桢基：《藏书家陆心源》，陕西人民教育出版社 2007 版，第 224 页。

⑥ 秦国经主编：《清代官员履历档案全编》第 7 卷，华东师范大学出版社 1997 年版，第 7 页。

⑦ 秦国经主编：《清代官员履历档案全编》第 7 卷，华东师范大学出版社 1997 年版，第 374 页。

⑧ 徐桢基、虞云国：《陆树藩其人与皕宋楼藏书售日事》，《史林》2007 年增刊。

⑨ 徐桢基、虞云国：《陆树藩其人与皕宋楼藏书售日事》，《史林》2007 年增刊。

⑩ 秦国经主编：《清代官员履历档案全编》第 7 卷，华东师范大学出版社 1997 年版，第 374 页。

　　同年，陆树藩上书端方，建议将"陆氏之藏书、盛宣怀之书画及端方之金石在沪建立藏书楼与博物院（陆并与盛谈妥）一并收藏"[①]。他在信里说："近见时事日非，变生不测，刀兵水火，在在堪虞。即使后之人亦能抱守，设或稍有残缺，任生片羽吉光之憾，故职道愿将先人所藏之书，全数捐入藏书楼以垂久远。"但后因陆树藩到北京，端方却调为湖广总督，此议未实现。

　　光绪二十九年（1903），36 岁。二月，创建中国红十字会[②]。对于陆树藩所创建的中国红十字会需要做一些说明。"中国红十字会"，于当时而言，是一个新生事物，存在诸多的误解。如 1898 年 10 月 16 日出版的新

---

① 徐桢基、虞云国：《陆树藩其人与皕宋楼藏书售日事》，《史林》2007 年增刊。

② 《中国红十字会告白》首刊于 1903 年 2 月 10 日出版的新加坡《叻报》第 6308 期第 4 页。其内容如下。敬启者：窃敝会总董陆纯伯观察，天下之大善士也。博施济众，尤疏财而仗义，地方善举不可胜数。即近来上海之藏书楼，观察以事关开化风气，将家藏数十万金之书悉数捐公，此则上海西人之所深佩也。庚子拳匪祸起，百万生灵痛遭涂炭。观察悯兹浩劫，爰仿泰西红十字会例，创设救济善会，亲临战地，不避艰险，中外人士所共闻知。南洋大臣有鉴于此，知红十字会之利益良非浅鲜，故特批饬敝会速为筹办，并蒙咨请英、美、日使臣通谕寓居华商绅董一体量力捐助，共成此举。今更蒙本坡总领事凤观察竭力赞成，给示开办。窃思寰球各国以红十字会为国政改良之磁石，有感动人心之力，故皆公行此会，公认此会为万国公会，为无上之善举。方今地球各国未经入会者惟朝鲜与我中国耳。敝会陆观察故特起而创此，会中一切均仿瑞士十款章程办理，以归制一。只以事大款巨，断非独力所能支，惟冀大君子怜我同胞，普发善念，仁浆义粟踊跃输将。倘蒙急公好义，赐列名衔，尤为荣幸。欲知章程者，请迳至大马路豆腐街口福生栈内向敝会取阅可也。大清光绪二十九年正月十三日。委办中国红十字会特别会员雍涛谨白。笔者注：此《中国红十字会告白》可以直接证明陆纯伯观察（即陆树藩）是"中国红十字会"的创始者，且时间为光绪二十九年（1903），清晰可见。因此可以较为有力地驳斥学界认为"中国红十字会创始于1904 年"之观点。

加坡《叻报》第 5078 期第 2 页中的《公善堂绅董与红十字会总会书》①一文中，可以发现人们对于红十字会的理解存在偏差，认为"红十字会乃焦头烂额救火于已然，公共互相保险乃曲突徙薪救火于未然也。以焦头烂额之忠诚行曲突徙薪之智慧，地球弭兵之事将必成于贵会善士之手矣"。从中可以看出，即便是当时在英国统治下较早接触西方文明的新加坡华人，还是混淆了红十字的原意，何况当时清朝统治下的中国人？陆树藩亦未能跳出时代的局限，因此，陆树藩虽然创建了中国红十字会，但是只是中国红十字会之雏形，其更大的意义在于社会救济，而非承接现代红十字会之功能。

同年，《燕都报》刊载《广藏书说》一文，声称皕宋楼藏书"亦散帙民间"。对这一说法，陆树藩颇为不悦，立即致信该报主笔，指出"未免传闻失实，捧颂之余，莫名惶悚"②，并述明自己所做努力，希望报界告知天下人藏书依旧无恙。此信刊出后，陆树藩更觉应该遵守先人遗训，保持藏书完整。

光绪三十年（1904），37 岁。十月，陆树藩"捐离直隶，改指江苏试用，本月十九日，经吏部带领引见，奉旨照例发往"③。

光绪三十一年（1905），38 岁。陆树藩为官苏州，但其在"上海经营

---

① 《公善堂绅董与红十字会总会书》全文如下。寅启者：考文字之记载，地球人类由草昧而进文明，由狉獉而进礼义，渐入佳境，随时出新，谓可美矣。但兵燹不弭则害人之费用多于养人之费用，恒闻以巨金制武备者，罕闻以巨金兴文学者，两相比较，轻重不伦。地球人类生计窘矣。夫人日夜不息，与寒暑燥湿相战斗，以衣服为甲胄，以宫室为营垒，即合地球上十余万万人共成一军，全军一心亦难敌寒暑燥湿，不克登仁寿之域，况乎自相杀戮耶。大抵人类之灭绝不在地震、不在洪水、不在彗星，而在人心之恶念已。本堂不自量力，在羊城倡言公共互相保火险之法。此法行之于一省非难，如粤东之阄姓票耳；行之于大地非难，如西班牙之吕宋票耳。有人谓此法推广可以弭地球之兵燹。华历光绪二十四年戊戌二月廿二日，廿三等日香港《华字日报》曾申明此意，贵会深通华文者谅不乏人，请取而译看之。夫兵燹者一绝，大火险能烧城市、能烧商务、能烧人命云耳。设使公共互相保险，推行广大，则地球上十余万万人之身家财产如碎石，然用重学劈力结成一绝大桥，拱公共互相维持于不坠。虽有亚历山大，拿破仑第一复生亦难用武。如此则太平之局可早见，弭兵之会可速成。是故红十字会乃焦头烂额救火于已然，公共互相保险乃曲突徙薪救火于未然也。以焦头烂额之忠诚行曲突徙薪之智慧，地球弭兵之事将必成于贵会善士之手矣。谨将本堂所立羊城公共互相保火险大略开列呈览，恳求教正推行。

② 徐桢基、虞云国：《陆树藩其人与皕宋楼藏书售日事》，《史林》2007 年增刊。

③ 秦国经主编：《清代官员履历档案全编》第 7 卷，华东师范大学出版社 1997 年版，第 374 页。

的丝厂与钱庄相继倒闭"①。雪上加霜的还有两件事。其一，他任董事长的原救济善会账上留有欠款，必须由他归还；其二，他在顺直灾赈中筹集之款为他人挪用，也必须由他补齐。因而，陆树藩此时虽然为官苏州，但经济上却陷入了前所未有的困迫境地，也正是因此困局，才有"皕宋楼售书事件"。

十二月，陆树藩与岛田翰谈妥售书事宜。当时岛田翰受静嘉堂文库之派，到皕宋楼观书，并试询售书价格。陆树藩"鉴于当时经济状况，实已无力对旧藏书进行保护，若分散售出又有违家训。因而他先前打算集中出售和转赠，开始亦无愿意接受之合适单位；后因经济原因，售价太高国内又无人能接受。故而当日人能以其接受的最低价谈判时，便顺利谈成"②。

光绪三十三年（1907），40 岁。陆树藩售卖皕宋楼藏书。需要说明的是，关于皕宋楼藏书收购事宜，张元济先生也曾做过努力。张元济在得知陆树藩经济上陷入困境后，就说动商务印书馆老板夏瑞芳筹款收购陆氏藏书，但终因价格出入而未能谈妥。其后日本人有欲购之势，张元济深知国内以私人之力已绝无完购之可能，便于 1906 年春去京找军机大臣兼学部尚书荣庆相商，希望能由清廷拨款购买，作为京师图书馆之基础，却未受重视。由此可知，"皕宋楼售书事件"是陆树藩救济事业的"后遗症"，也是清政府未有重视的"合理结果"，更是日本人处心积虑虎视眈眈的必然结果。当然，更是陆树藩个人悲剧，从另一个角度来说，也是时代的悲剧。同年，清政府欲调陆树藩前往东三省任职，陆树藩不愿往，"思索再三后，卸任苏州候选道，从此远离仕途"③。

1911 年 11 月 11 日，44 岁。陆树藩"皈依佛门，且常居苏州"④，与

---

① 徐桢基、虞云国：《陆树藩其人与皕宋楼藏书售日事》，《史林》2007 年增刊。
② 徐桢基、虞云国：《陆树藩其人与皕宋楼藏书售日事》，《史林》2007 年增刊。
③ 吴康丽、池子华主编：《陆树藩：中国红十字运动的先驱》，合肥工业大学出版社 2017 年版，第 369 页。
④ 徐桢基：《藏书家陆心源》，陕西人民教育出版社 2007 年版，第 6 页。

"苏州寒山寺、西园寺方丈等佛门中人交往甚密"①。

1912 年，45 岁。在刘承干等浙商资助与盛宣怀捐助下，陆树藩在苏州盛氏旧宅创办苏州苦儿院②，苦儿院的宗旨是为苦儿提供膳食、教育等内容，期望苦儿有出头之日，能够成为社会之栋梁。盛宣怀听闻陆树藩之举动，捐出苏州留园旁的步云别墅，作为苦儿院的用地，苦儿院的经费为陆树藩所筹措。陆树藩担任首任院长。③

1913 年，46 岁。陆树藩参加淞社聚会。是年 3 月，淞社在上海徐园成立，出席者 22 人，首次参加淞社的湖州人有五位，为周庆云、刘承干、吴昌硕、陆树藩、张均衡。④

1924 年，57 岁。陆树藩因江浙战争爆发，被困于上海，无法返回苏州。陆树藩"由于担心苏州住所内所藏的书画古董遭到战争的破坏，突发黄疸型肝炎。虽然陆树藩战后得知书画古董无恙，但遭此一病之后，身体渐渐不支，一直在沪休养"⑤。

1926 年 7 月 22 日，59 岁。陆树藩因病去世。据刘承干《求恕斋日记》1926 年农历八月初六记载："三时，苏州苦儿院借此间开会，自院长陆纯伯观察逝世，所有院事急需整顿。"⑥陆纯伯即是陆树藩，从这则材料中可以看出，陆树藩一直担任江苏苦儿院的院长，直至去世。那么，陆树藩是何时因何事去世呢？另据《求恕斋日记》记载："一九二六年农历六月十四日，至甲秀里吊陆纯伯之丧（昨日辰时病故），与叔同及姚达孙谈。"⑦从这则材料可知，从公历的日期来说，陆树藩因病死于 1926 年 7 月

---

① 吴康丽、池子华主编：《陆树藩：中国红十字运动的先驱》，合肥工业大学出版社 2017 年版，第 369 页。

② 徐祯基：《藏书家陆心源》，陕西人民教育出版社 2007 年版，第 6 页。

③ 蔡圣昌：《民国时期的陆氏兄弟》，《书屋》2020 年第 5 期。

④ 蔡圣昌：《民国时期的陆氏兄弟》，《书屋》2020 年第 5 期。

⑤ 吴康丽、池子华主编：《陆树藩：中国红十字运动的先驱》，合肥工业大学出版社 2017 年版，第 369 页。

⑥ 蔡圣昌：《民国时期的陆氏兄弟》，《书屋》2020 年第 5 期。

⑦ 蔡圣昌：《民国时期的陆氏兄弟》，《书屋》2020 年第 5 期。

22 日。

更令人唏嘘的是，陆树藩死后，其子陆颂橘、陆君毅无力安葬，向刘承干"暂借洋五百元，以月内欲出丧用也"[1]，且"以纯伯出丧，至甲秀里送殡。至则灵柩已出，遂至湖州会馆一拜，送客寥寥"[2]。

以上为陆树藩之生平，然较为可惜的是关于陆树藩早年经历（即其 9 岁至 17 岁）和晚年经历（即其 47 岁至 56 岁），限于史料和笔者的阅历和能力，未能尽数展示。这其中有十多年的时间，依照常理推断，即便是其懵懂的童年生涯和凄凉的晚年生活，也不可能全无线索，因而笔者将以此文为基础继续深入研究，也想以此抛砖引玉，期望完整展示陆树藩之生平。是非功过任评说，对于陆树藩而言是最为贴切的注释。

（作者张剑，历史学博士，湖州师范学院人文学院讲师）

---

[1]　蔡圣昌：《民国时期的陆氏兄弟》，《书屋》2020 年第 5 期。
[2]　蔡圣昌：《民国时期的陆氏兄弟》，《书屋》2020 年第 5 期。

庚子救援与皕宋楼变的成因

——兼评陆树藩对我国红十字事业的贡献

金新安

　　摘　要：本文在对因庚子救援而生的救援组织的形成原因、救援举措、被援对象、相互关系等进行分析的基础上，厘清庚子救援与中国红十字事业起源之间、陆树藩变卖皕宋楼藏书与庚子救援之间的关系。在参与庚子救援的三家救援团体中，中国救济善会是唯一进入庚子救援核心区开展救援行动的救援团体，在战地努力防止并减轻难民伤兵的疾苦，给予普遍的帮助和照顾；庚子救援还是首次由中国人组织开展的跨区域、符合红十字运动原则、独立完成的战地救援，突破了我国传统灾荒救济模式的窠臼，是走向具有现代意义人道救援的标志，因此庚子救援地就是中国红十字事业发源地，陆树藩就是中国红十字事业的开创者。陆树藩在庚子救援期间形成的亏损与变卖皕宋楼藏书之间存在因果关系。

　　关键词：庚子救援　红十字事业　人道救援　皕宋楼变

　　第二次鸦片战争后，我国深受帝国主义列强欺凌，光绪庚子年（1900），以"扶清灭洋"为宗旨的义和团，因反西教、毁洋货与外国列强发生激烈对抗，惨遭八国联军镇压屠杀。八国联军还先后攻占了京津地区，清廷两宫西逃，交通、通信阻断，生灵涂炭，造成了罕见的人道主义危机。被战火困滞于京津的东南官民，南逃陆路因战乱已成荆棘险道无法通行；南逃水路遭列强军舰封锁被阻断。困滞于京津的被难官民面对坐以待毙的危局，亟待救援。上海著名绅商发起并成立的救援团体，由此进入了庚子救援这一重大历史事件。陆树藩就是其中的重要人物之一。

一、庚子救援

陆树藩（1868—1926）曾任晚清户部郎中一职。他一生做了两件轰动国人的事：一是组织中国救济善会在庚子救援中与难民伤兵生死与共；二是出卖皕宋楼家藏典籍还债引得非议百年不断。

有资料表明，上海民间慈善团体组织开展庚子救援行动共有三家，如下。

中国救济善会：由浙江湖州籍名绅陆树藩联络乡谊及官绅发起组成，于庚子年八月十六日（1900 年 9 月 9 日）宣告成立，陆树藩任该会主持人。

济急善局：由浙江宁波籍江南义赈名士严信厚等发起成立，于庚子年八月二十五日（1900 年 9 月 18 日）宣告成立，1900 年 9 月 30 日济急善局更名为东南济急善会，盛宣怀成为实际掌控人。①

协济善会：成立时间晚于前面两家救援团体。该会受时任山东巡抚袁世凯授意，由浙江湖州籍名绅杨兆鏊、杨兆鋆兄弟发起成立。②

以上三团体救援范围、对象、举措及相互间的关系大致如下。

中国救济善会（以下简称救济善会）成立后筹备各种救援资源，做好进入京津实地救援准备。1900 年 10 月 15 日，救济善会在陆树藩的率领下，由水路北上天津，至 10 月 19 日登陆天津后"便在浙江海运局及江苏、浙江会馆内分设平粜、施衣局、掩埋各局"③，实地开展了赈济、济渡难民回南，还对当地难民伸出援手，"举凡赈粜、衣药、掩埋、施材同时并办"④。这些举措的落实对被难地人的正常生活恢复具有难能可贵的作用。

① 冯志阳：《庚子救援研究》，北京师范大学出版社 2018 年版，第 113 页。
② 冯志阳：《庚子救援研究》，北京师范大学出版社 2018 年版，第 152 页。
③ 朱浒：《洋务与赈务：盛宣怀的晚清四十年》，中国人民大学出版社 2021 年版，第 298 页。
④ 《天津设立施医舍材局启》，《救济文牍》卷一，苏省印刷局光绪三十三年铅印本。

整个救援行动于 1900 年 12 月 24 日结束，历时近三月。

济急善局"虽然组织了声势浩大的对于京官的救援行动，但从未派专人前往京津实施救援，只是借李鸿章进京议和之机，请其幕府人员展开救援工作……主要是筹款汇京接济京官……诸多工作只有陆树藩北上之后才陆续展开的"①。盛宣怀致李鸿章幕府公函称："徒以道路既多梗阻，情形亦未深知，只能筹款汇京。"冯志阳的研究和盛宣怀公函互证了济急善局没有进入京津战地这一史实。1900 年 9 月 30 日《申报》刊登东南济急善会一则《济急公函》也明确该会救援举措主要为：一是散发赈款接济滞京难官；二是在山东德州一带陆路设站接应被难官绅。该会在山东德州的救援行动只持续到 1900 年 10 月初便结束撤回。

协济善会的救援范围始终在山东境内，没进入京津战地，救援行动主要是填补济急善局在山东德州一带救援力量回撤后形成的空缺及山东境内相关事宜。

对京津被难官绅商民的救援，显然是在陆树藩北上之后才陆续展开的。三家救援团体也只有陆树藩的救济善会由水路进入庚子战地实地开展了艰苦的救援行动。而济急善局只是在德州一带（庚子战地的外围）开展了南回人员的接应工作。三家救援团体均开展了以庚子救援为主旨的社会劝募工作。

二、陆树藩对中国红十字事业的贡献

陆树藩对中国红十字事业的贡献，主要体现在以下几个方面。

（一）首建奉行红十字精神的救援团体

第一，筹划组建承认红十字会章程的救援团体。时年 32 岁且赋闲在家的陆树藩从《申报》上得知八国联军侵占京津烧杀抢掠，不忍同胞摧残，遂和诸友、同僚相商成立救援团体，救援京津地区的难民伤兵。救济

---

① 冯志阳：《庚子救援研究》，北京师范大学出版社 2018 年版，第 227 页。

善会筹划之初陆树藩就拟仿效西方红十字会，开展人道救援行动。

第二，争取朝廷的认可和支持。陆树藩得知父亲的上司（朋友）两广总督李鸿章奉旨由粤北上议和滞留于上海的消息后，立刻从老家湖州赶往上海拜见李鸿章。据资料表明：1900 年 9 月上旬陆树藩先后三次受到李鸿章的接见，其间向李鸿章提议"筹组善会具体方案、组织方式、筹款方法仿红十字会的方法"，得到了李鸿章的认可和支持。据《申报》《傅相行辕纪事》记载，李鸿章在接见陆树藩后，在庚子年八月十六日（1900 年 9 月 15 日）对陆树藩的提议批示："据禀已悉，具见好善之忱，已分别咨行劝谕筹办，此批。"[①]因为主持议和，已经由两广总督转任北洋大臣、直隶总督的李鸿章对陆树藩成立救济善会的批示、对陆树藩的态度，应视作晚清当局的立场和态度。

第三，成立救济善会。陆树藩在数日内连续三次受李鸿章的接见，足见京津救援需求情势之急（也映射出李鸿章看重与陆树藩父亲陆心源间的官场旧谊）。当时《申报》刊发了李鸿章会见户部陆树藩组建救援团体北上开展庚子救援的消息，一时间陆树藩在沪上声名大噪。

1900 年 9 月 9 日《申报》刊登《救济善会启》，明确提出"仿照泰西红十字会章程"，"亦如外国红十字会之例，为救各国难民伤兵起见"，发起成立救济善会。[②]

救济善会成立，宣告我国首家承认国际红十字会章程并得到朝廷认可的民间救援团体的诞生。

第四，寻求救援资源。陆树藩顾及自己年轻，在上海的绅商群体中缺乏一呼百应的社会声望，缺乏大规模筹集善款的经历和资源，难孚众望，故多次邀请江南义赈领袖严信厚、施则敬等共筹善会，设想借助义赈前辈既有义赈渠道广向社会劝募，使庚子救援行动有足够的资源支持，但遭严信厚等婉拒，面对严信厚表示出的"不以为然"，陆树藩不得已寻求李鸿

① 《八月十四日奉批》，《救济文牍》卷二，苏省印刷局光绪三十三年铅印本。
② 《救济善会启》，《申报》1900 年 9 月 9 日。

章的帮助，希冀李鸿章能对义赈前辈施加影响从而使救济善会获得持续的救援资源。"侄不揣愚陋，为救亲友起见创立红十字会，曾向济急局诸君子商议，均不以为然，婉辞谢绝，侄自顾德薄力微，恐难担此巨任，不得已乞合肥相国劝渝诸公，略为接济。"① 陆树藩在禀启中提到的"诸公"，是指盛宣怀、严信厚、施则敬等。盛宣怀是我国近代实业鼻祖兼大买办，严信厚、施则敬等或长于劝募，或雄于财资，均是江南一带长期开展义赈、官赈等慈善捐赠的组织发动者，不仅拥有丰富的劝募经验，还掌控着江南一带现成的义赈渠道和资源。

救济善会成立不足十天，"诸公"在1900年9月18日成立以严信厚为主持的济急善局。这是因为"一来由于陆树藩等人的行为引发良好的社会反应，二来鉴于救济善会公开披露李鸿章对该会的支持，所以严信厚也抓紧行动了起来"②。济急善局成立后的第四天（9月22日）又与救济善会议定《分头办理》公启，称："彼此同办一事，自愿不分畛域。现经公同议定，清江等处（陆路）归严筱舫（信厚）诸公筹办，京、津一带（水路）归陆君纯伯（树藩）诸公筹办……惟款项各归经手，不得互相牵混。"③ 这一决定使陆树藩寻求救援资源的努力彻底化为泡影。

无论实力、对外交涉、既有条件，济急善局都比救济善会更适合由水路北上庚子救援，但济急善局坚持办理陆路救援行动着实令人费解。1900年9月30日，济急善局在《申报》发表《济急公函》称：济急善局更名为东南济急善会。主持人由盛宣怀替代了严信厚。章程中首次加入了"系仿照红十字会意办理"的表述。盛宣怀显然明白中国传统的善堂救济模式不适合在八国联军占据下的庚子救援。此前，东南济急善会的前身济急善局成立时，无论公启还是章程，均未提及"红十字会"，说明济急善局对红十字运动的认识与救济善会相比差距还是明显的。

---

① 《复陆春江方伯》，《救济文牍》卷四，苏省印刷局光绪三十三年铅印本。
② 朱浒：《洋务与赈务：盛宣怀的晚清四十年》，中国人民大学出版社2021年版，第291页。
③ 《分头办理》，《申报》1900年9月22日。

（二）催生中国红十字事业发轫

救济善会北上庚子救援前，在《申报》刊发公启，向社会各界广为劝募，陆树藩以个人名誉致信国内外亲友、东南各省官员，还拟亲赴南洋开展劝募（因时间局促未能成行）。在上海、天津、北京、保定、汉口、南京等城市创设分支，广筹善款及物资；组建北上救援队伍；协调租借北上济渡被难官民的船只；与列强占领军协调通关、通航事宜，竭尽全力做好庚子救援准备工作。

京津地区为庚子被难核心区，尤其天津，经联军劫掠后，尸骸山积，一片狼藉，惨不忍睹。当时较大规模的战斗虽已随京师的陷落而停止，但联军仍然以剿灭义和团为由四处烧杀抢掠，给华北地区带来了深重灾难。1900 年 10 月 15 日，陆树藩率队从沪吴淞口乘坐"仁爱轮"赶赴天津。是时天津还处于敌对状态，他们能顺利进入事实上是列强占领军对救济善会秉承红十字精神的认可。10 月 19 日登陆后，救济善会在天津开展了对被难人员赈济、开设粥棚、施医、落实被难人员南归等举措。对非东南籍的被难官民及当地难民，救济善会不分南北也给予救援，"天津流落各省官商甚多，其间以籍隶江皖候补人员为最，兵燹之余，艰苦万状，既不便还乡，又无从生活，只得酌量情形，各给衣米稍纾穷困"①。

天津救援需求巨大。救济善会天津分局多次在与上海总部往来信函里，强调天津"米粮紧缺，款少用繁，衣米无多……带来衣米转瞬放完……市上有钱无米，城墙一带因冻馁而死者，不知凡几"②。吁请总会抓紧筹集款物给予及时接济。而上海总会所募善款不能满足前方的需求。陆树藩手里的资源犹如"杯水车薪，难乎为继，事繁款少，殊切隐忧"③，"职局存米无多、筹资有限、难乎为继殊切隐忧"④。救援难度超乎想象。

---

① 《呈两江、两湖总督》，《救济文牍》卷三，苏省印刷局光绪三十三年铅印本。
② 吴康丽、池子华主编：《陆树藩：中国红十字运动先驱》，合肥工业大学出版社 2017 年版，第 65 页。
③ 《禀两湖、江督张、刘夹单》，《救济文牍》卷三，苏省印刷局光绪三十三年铅印本。
④ 《禀李中堂》，《救济文牍》卷三，苏省印刷局光绪三十三年铅印本。

　　救济善会 10 月 21 日 "在天津针市街火神庙设局为开端，陆树藩在随后的一个半月的时间里救助了大量的难民。除天津外，还向保定、芦台、唐山、沧州、固安等处派人前往招徕流落当地的难民。被救的并非全如初宣称的'被难官绅'，送回上海第一批被救人员名单里，还有十多人的身份是'小工'。救济善会前后共计救出被难官民达七千人许"①。救济善会保护受武装冲突的被难官民，做到了人无论官、民，地不分南、北，均一视同仁给予普遍的帮助和照顾，使庚子救援行动凸显人道救援的光芒和意义。

　　陆树藩在艰难的境地中，一边频繁地向外报送被难地严重的人道灾难状况；一边根据人道需求积极调整救援策略，推进救援效率提高。登陆天津后，便着人《张贴天津各处晓谕居民告示》："苏松太海关道余照会各国领事给发红十字护照，以便到处救济，凡我善会所派司事、夫役人等往京津各处救济难民者，身边及舟车均以红十字旗号为凭。"② 还亲拟并印发《津局办理章程》，规定"会中无论上下人等，均穿红十字记号衣服，使中外军民认识系是会中人，所给护照亦须随时带身……如有不穿红十字记号衣服，身无护照者，一概不得混入"③。随后，保定等地分支机构也相继发布告示要求救济善会人员，登列名册，工作时穿着衣上饰有"红十字记号、洋文写明'中国红十字会执事人'字样，外人不得仿照、钉用红十字，希图冒混、如敢故违查出究罚"④。

　　依照国际红十字运动的基本原则，白底红十字是红十字会会旗和佩饰的统一识别标志，具有唯一性，是红十字运动的象征和区分其他团体的保护性标志。

　　陆树藩在有限条件下为践行章程承诺、采取具有鲜明红十字特点的救

---

① 李文海、朱浒：《义和团运动时期江南绅商对战争难民的社会救助》，《清史研究》2004 年第 2 期。

② 《张贴天津各处晓谕居民告示》，《救济文牍》卷二，苏省印刷局光绪三十三年铅印本。

③ 《津局办理章程》，《救济文牍》卷一，苏省印刷局光绪三十三年铅印本。

④ 《保定救济善会分局章程》，《救济文牍》卷一，苏省印刷局光绪三十三年铅印本。

援举措，起到了宣传红十字会、强调红十字标志唯一性的作用，推动了救援行动有序开展，获得了社会普遍赞誉。"时任浙江学政陆宝忠在来信中表示'执事仿泰西红十字例，创办善会，……其为功德不可思议，钦佩莫名'。……清代著名书法家陶濬宣则专门作诗 5 首，称颂此次北上救援的盛举，直呼'救济会原红十字'。驻俄公使杨儒对于救济善会的看法更具有代表性，他在致陆树藩函中说：'昨于报章读悉尊办救济善会，缘起东南之善士，拯北地之穷黎，不避艰难，……众擎成果，不独受拯者铭德无涯，行见薄海倾风，交口称颂。'"①

对救济善会在庚子救援中的作为及成效，朱浒在《洋务与赈务：盛宣怀的晚清四十年》中评价："陆树藩及其主持的救济善会，从行动伊始便鲜明地打出红十字旗号，不仅壮大了自身声势，而且给人留下深刻印象。……尽管救济善会对红十字旗号的使用肯定不够专业，但毕竟红十字形象在中国的首次大范围推广，也赢得了较大的社会认同。"②

救济善会在庚子救援中采取承认红十字会章程、践行红十字运动基本原则的救援行动，是想通过红十字化的救援举措将救济善会与红十字会两者联系起来，努力塑造出救济善会即红十字会的社会形象，促进章程表达向行动的转化。红十字化的救援举措适应了战地救援的实际需求，提高了救援效率，恰好又成为它与其他救援团体在红十字运动认识上的差别，也是陆树藩对红十字运动从感性认识转变成理性认识的客观过程。

在陆树藩之前，我国历史上没有人（团体）遵循红十字运动原则在敌我对峙的战地、开展努力防止并减轻被难官民疾苦的救援行动。有的只是"部分外国人在中国局部地区建立了红十字会医院"③，参与了在我国发生的局部战争中的战地救护。庚子救援是我国首次由国人组织、跨区域、独立开展的大规模战地救援。它突破了我国传统灾荒救济模式的窠臼，是走向

① 吴康丽、池子华主编：《陆树藩：中国红十字运动的先驱》，合肥工业大学出版社 2017 年版，第 81 页。
② 朱浒：《洋务与赈务：盛宣怀的晚清四十年》，中国人民大学出版社 2021 年版，第 334—345 页。
③ 周秋光：《红十字会在中国》，人民出版社 2008 年版，第 5 页。

现代意义人道救援的标志，催生了我国红十字事业发轫。因此，庚子救援就是中国红十字事业的源头，陆树藩就是中国红十字事业的开创者。

（三）筹建中国红十字会开创不朽功业

经历了庚子救援实践，陆树藩深感建立一个既能应对突发灾难救援又兼具战场救护的全国性救援团体的重要性。在《救济文牍》之《筹创中国红十字会启》和《中国红十字会例条》两个文件里，其对怎样创建符合中国现状的红十字会和创建一个怎样的红十字会作了完备的阐述，明确提出筹建中国红十字会的三步骤：一是"禀明两江督宪刘太宫保"；二是"派员赴瑞京联约入盟"；三是"著书立说，声明红十字会之利"。①在《中国红十字会例条》中，他对创建中国红十字会提出了实质性构想，认为未来的中国红十字会应能应对突发灾害救援所需；应具备战时救护生命的能力；能应对日常救助穷困善举的全国性救援团体；并且他还提出红十字会应"平时专练救护人员兼及搜集物品，务令完全无缺"②，强调灾害救援应对预案、强调红十字会树立备灾意识，这是十分可贵的。文中对未来中国红十字会宗旨、性质、会员发展、奖励等提出的构想和当代红十字会的理念已非常接近。他还感于救援人才的匮乏，倡议筹办"救济中西医学堂"，为日后培养、储备专业救援人才奠定基础。

庚子救援的成功，大大推动了中国社会普通民众对红十字形象的认知，获得了社会广泛认同。正当陆树藩踌躇满志筹办中国红十字会、创立不朽事业之时，打击接踵而至。1901 年 11 月，李鸿章去世；1902 年初，救济善会解散；庚子救援中形成的亏损因偿债条件恶化，加之权贵重压（详见下文分析），陆树藩从此淡出了人们的视野。

但是他对中国红十字事业发展的引领作用是显而易见的。1904 年 3 月 3 日，"东三省红十字普济善会"成立章程中特别点明以庚子救援经验

---

① 《筹创中国红十字会启》，《救济文牍》卷一，苏省印刷局光绪三十三年铅印本。

② 《中国红十字会例条》，《救济文牍》卷一，苏省印刷局光绪三十三年铅印本。

作为此次行动的参照："或曰庚子之役，上海有救济善会之设，各国义之。今东三省复有是举，固被难人民所亟盼，而亦两战国所乐从也。"[1] 3 月 10 日，中国红十字会诞生，陆树藩的构想成为现实。

三、庚子救援亏空与皕宋楼变

庚子救援取得巨大成功，但却使陆树藩深陷债务危机难以自拔。1907 年，为偿还债务他将皕宋楼家藏典籍卖给了日本嘉静堂文库，使中华文化瑰宝流入他国，舆论哗然，陆树藩成为众矢之的，广受非议，史称"皕宋楼变"。笔者认为：陆树藩出卖皕宋楼家藏典籍，正与庚子救援形成的亏损存在互为因果的关联。

"陆树藩之经济困窘，主要由于筹办救济善会和顺直赈灾的亏损。"[2] 近年来不少研究者涉及皕宋楼变大多接受徐桢基观点。但对亏损（债务）构成、原因又言之不深。笔者试从亏损（债务）构成、形成原因两方面探讨其与庚子救援间的关系。

庚子救援形成的亏损（债务）由两部分构成。

第一，"庚子秋创办救济善会……幸赖海内诸善士匡襄，克蒇厥事，然总计所费已几及二十万金"[3]，这是支出项。而收入是"救济善会在上海及浙江共募得白银七八万两（未包括救济善会筹备时会董捐款数万两）"[4]。这两项的差额和徐桢基在《陆树藩其人其事》中所说"1902 年京津救济善会全部账目公开由于捐款不足支出……，陆树藩欠他人之款已达十数余万银"[5] 接近。

---

① 池子华、严晓凤、郝如一主编：《〈申报〉上的红十字会》第 1 卷，安徽人民出版社 2011 年版，第 15 页。

② 徐桢基：《藏书家陆心源》，陕西人民教育出版社 2007 年版，第 232 页。

③ 《拟办天津工艺局启》，《救济文牍》卷一，苏省印刷局光绪三十三年铅印本。

④ 《关于皕宋楼藏书之出售原因及评价》，王绍仁主编：《江南藏书史话》，上海古籍出版社 2009 年版，第 13 页。

⑤ 徐桢基：《陆树藩其人其事》，《湖州文史》第 21 辑，湖州市政协文史资料委员会 2002 年编印。

第二，陆树藩在庚子救援后续顺直赈灾中形成的债务也"有五六万金之多"。

由此不难看出，庚子救援及顺直赈灾累计亏损应在白银 20 万两以上（可能数额更大）。而不是徐桢基说的"欠他人之款已达十数余万银"。

庚子救援亏损原因可以归纳为直接和非直接经济原因。直接经济原因有二。

一是救济善会向社会劝募时，采取捐款先垫后结、捐款实数小于先垫之数，缺额由善会补还的方法。此法直接导致救援行动缺乏"量入为出"的计划规范，容易形成"前吃后空"，以及缺乏有效的监督，是为庚子救援亏空的要因。

二是对捐款使用标的、途径，缺乏规范管理。陆树藩在次年初顺直赈灾时对滞留的被难低级官员以借钱方式给予接济，结果是借钱者没有如期归还，应收未收，导致欠账达"五六万金之多"。对滞困的低级被难官员给予经济接济，本应属顺直赈灾目的（东南济急善会在庚子年对滞京被难官员明确采用"汇款接济"形式开展救援），而陆树藩采取向被难者借款接济的方式，使用专款没有遵循专门途径，反映出他对善款使用标的、使用途径缺乏既定规范。

《与宝子常太守书》是陆树藩写给欠款人要求还钱的信。信中说：顺直赈灾时"正当民穷财匮之秋，苟见其人来日有作为者，尤不遗余力襄其进取之志……以至欠弟款者共有五六万金之多。去秋直督袁宫保催解甚急……复委时君楚来沪勒限催缴"①。信中"去秋直督袁宫保"指（1901 年 11 月 7 日李鸿章死后）接任直隶总督的袁世凯，其时北方已入冬季。信中"去秋"应指 1902 年秋，陆树藩发信的时间应是 1903 年。彼时救济善会已经解散，陆树藩还在四处讨债。按财务管理界定：尚在讨要的债务应列"应收未收"项，不能作"死债"列账结算。因此，陆树藩信中的

---

① 《与宝子常太守书》，《陆纯伯文稿》，上海图书馆藏稿本，第 100—101 页。

"五六万金之多"，无论从时间或是财务管理界定还没列入"欠他人之款已达十数余万银"之中。由此推断庚子救援（顺直赈灾）累计形成亏损（债务）远大于"十数余万银"之数。年轻的陆树藩缺乏大规模劝募、救援经历和经验是个"硬伤"。

造成庚子救援亏损（债务）的非直接原因有三。

一是李鸿章于 1901 年 11 月 7 日去世，对陆树藩、救济善会都是个打击。1902 年初，救济善会因资金断流解散，其留下的亏损，腐朽的晚清政府无人认账，向社会募捐又师出无名，就全落在了陆树藩的名下。

二是家族产业倒闭，陆树藩失去偿债能力。陆树藩《救济日记》载："救济善会……于闰八月二十三日慷慨启行。翻译并司事……共计 82 人登爱仁轮船开出吴淞。"[1]随行人员川资、薪水均由陆树藩捐给，"不取善会分文"[2]。"陆树藩在津期间及返沪后，不断发现被联军劫得宫廷珍宝，漏散于外，陆花资收购后，并于 1901 年末转呈京城。"[3]陆树藩收得的珍宝在 1901 年两宫回銮后的奏折中有具体的描述："有肇祖原皇帝玉册至宝全分，孝敬宪皇后玉宝一方……英国洋人得有万寿山陈设珍物 258 件，内有大金刚钻一颗……确系天家之物……，职道深恐流失散于民间以后，搜罗不易，用（因）出巨资悉数购回。"[4]奏折里的"巨资"究竟多少，陆树藩没有明确。从所列之物之珍推测所费不赀。82 名北上救援人员工薪和川资、"巨资"回购宫中珍宝的花费，这些费用支出均为陆树藩"自掏腰包"。在晚清民族工商业遭受列强资本倾轧背景下，上述支出对于其家族产业的后果只能是资金链断裂。1902 年至 1903 年，陆家丝业、钱庄、当铺既受外国商品倾销之累，又受自身现金流竭，先后倒闭。陆树藩及整个陆氏家族失去了关键的经济屏障，也使其失去了偿还债务的能力。救济善会解散后

---

① 陆树藩：《救济日记》，1900 年上海石印版。
② 徐桢基：《陆树藩其人其事》，《湖州文史》第 21 辑，湖州市政协文史资料委员会 2002 年编印。
③ 徐桢基：《藏书家陆心源》，陕西人民教育出版社 2007 年版，第 224 页。
④ 《皕宋楼藏书去国原因新探》，王绍仁主编：《江南藏书史话》，上海古籍出版社 2009 年版，第 32 页。

留下的巨额债务，上海、湖州两大家庭日常用度，湖州老家皕宋楼典籍保藏管理费用，这些都成了陆树藩头顶上的"悬剑"。

三是袁世凯的逼迫是压垮陆树藩的"最后一根稻草"。《与宝子常太守书》中写道："袁宫保委时君楚来沪勒限催缴，如逾期不解即行严忝。"①信中"忝"字义指羞辱，这里应指严厉处罚之意。陆树藩遭袁世凯再三逼迫，只得向麦加利银行借贷以度时艰。这就是徐桢基在《藏书家陆心源》中所说陆树藩"当时甚有遭袁世凯之迫害"之意。②

皕宋楼变，家藏典籍易主，情非得已。

陆树藩的父亲陆心源是晚清四大藏书家之一。在浙江湖州月河街建有"千甓亭（皕宋楼）"藏书楼，专门收藏宋、元典籍和汉砖。父亲退隐归乡后，陆树藩一直身在其侧，对典籍的文化价值有高于常人的认识。在其父逝世后，他还独立收藏了十多种宋元版的典籍，在藏品保存上也付出很多的心血。所以即使其陷入经济困境，仍然希望皕宋楼所藏典籍能谨遵父嘱，即使无偿转让也要完整地留存在国内。为此曾多次上书晚清政府、奔走国内富商之间协商转让、出售事。但皆因国内战乱无人接盘。在巨额债务的压迫下、在袁世凯的追逼下，他被迫改变初衷，于1907年将家藏典籍卖给日本静嘉堂文库。

陆树藩为偿债出卖家藏典籍"在某种程度上和清政府的腐败无能密不可分，清政府没有制定一定的法令和办法，自近代起任凭祖国珍贵文化遗产流失而不限止"。张元济先生曾向清政府建议由国家收购。他在《致缪荃荪书》中说："丙午（1906年）春，皕宋楼书尚未售与日本，元济入都力劝荣华卿相国，拨款购之以作京师图书馆之基础，乃言不见和，今且悔之无及。每一思之，为之心痛。"③

陆树藩受经济、权贵双重压迫，被逼向日本出卖家藏典籍以偿还庚子

---

① 《与宝子常太守书》，《陆纯伯文稿》，上海图书馆藏稿本，第101页。
② 徐桢基：《藏书家陆心源》，陕西人民教育出版社2007年版，第227页。
③ 顾志兴：《湖州皕宋楼藏书流入日本静嘉堂文库之考索与建议》，《浙江学刊》1996年第3期。

救援中形成的债务一事，在我国文化史上掀起了巨大的波澜。余生受尽出卖典籍负面所累，但不能湮灭他在庚子救援中曾经的光辉。他对中国红十字事业的贡献，历史不会忘却。

（作者金新安，原浙江省湖州市红十字会秘书长）

红十字人王完白与常州公共卫生事业^①

应焕强

摘　要：1914 年至 1932 年，王完白在常州开拓近代公共卫生事业，创建教会医院、常州卫生会、中国红十字会常州分会，开展卫生运动。进行医疗卫生社会调查统计，与医学界同仁交流推广其在常州公共卫生建设的经验和诊疗病例、改良医疗技术和预防药物不良反应方面的建议。普及卫生防疫知识，纠正民众就医偏见和日常生活陋习，引导民众学习保健方法和急救自救的技能，强化公共卫生道德意识。在此过程中，践行其"医家之责任"的理念，探索构建公共卫生体制的路径。

关键词：王完白　医学传道　红十字会　社会责任　公共卫生体制

新冠疫情暴发以来，暴露出既有公共卫生运行机制存在资源调配混乱、医界与政界沟通缺乏互信、国际社会卫生治理龃龉纷争不断等诸多问题，现代城市公共卫生治理再次纳入国家政治议程。医史学界关于近代中国城市公共卫生的研究对象主要集中于北京、天津、上海、广州、厦门以及城市租界或是日本占领区等，因各方势力争夺卫生管治权。^②近代基督教会借助医疗宣教，参与医学事业现代转型。既有相关研究成果集中于北

① 基金项目：江苏省社会科学院大运河文化带建设研究院一般项目，"民国孟河医家社会政治活动研究"，编号为 DYH19YB10；常州市第十五届社会科学研究课题，"医家之责任：王完白与常州卫生建设（1914—1932）"，编号为 CZSKL-2019C191；常州市大运河文化带建设研究院一般项目，"民国孟河医派丁氏与中医药体制化研究"，编号为 2020CZDYH007；中共复旦大学国际关系与公共事务学院党委 2022 年上海城市治理研究项目。
② 胡成：《中日对抗与公共卫生事业领导权的较量——对"南满洲"铁路、港口中心城市的观察（1901—1911）》，《近代史研究》2011 年第 1 期。

京等主要城市设立医院和医校、创办医药期刊、引进诊疗技术等，较少关注中国医师对于近代内陆城市公共卫生建设的贡献。①

近代工业城市常州虽非条约开放口岸城市，也没有租界、外国驻军、海关，但积极自主、独立构建城市公共卫生体系较为平顺。②其中，先后在苏州伊利萨伯医学校和日本千叶医学专门学校细菌学专业学习的绍兴人王完白（Joseph L. King，1884—1956）贡献尤为突出。③已有研究梳理王完白生平履历，尤其关注其在上海的宗教道德宣讲和教会广播事业方面的作为。④实际上作为常州红十字运动的先驱，王完白对建设城市公共卫生事业和增进市民卫生健康权益也颇有一番作为。本文以王完白为个案，探讨近代内陆中等城市独立自主创设公共卫生体系的路径和实施效果，评估其对地方城市防控传染病的现实参考价值。

一、教会事务与社会关怀

王完白承接教会事务，组织能力强，善于运筹各种社会资源发展卫生事业。他长期担任上海教会中文报刊《通问报》董事、长老会全国总会执行委员，主持苏州区会的会务。1914 年，他到常州任地方基督教联合会会长、基督教自立会从谦堂长老，顺应江苏基督教联会开展平民教育的通令，发起"五年运动"。王完白对举办社会事业有着强烈的自立意识，较快融入江苏地方社会，并获得资金、土地、人力方面的支持。到常州后他自筹经费，改常州分会为"自立会"，建筑教堂从谦堂，开办从谦女校。

王完白极具社会情怀和使命担当意识，为其后努力建构常州公共卫生体系持续提供精神动力。他体恤妇孺贫弱，乃至试图感化囚犯。王完白还注重乡间布道、组织募捐。⑤

---

① 赵晓阳：《60 年来基督教与近代中国医疗卫生事业研究评述》，《兰州学刊》2017 年第 12 期。
② 周晓杰：《民国政府与卫生治理全球化：以海港检疫为例》，《海交史研究》2021 年第 2 期。
③ 王完白：《福音医院（广告）》，《武进年鉴》，武进县实业局 1926 年编印。
④ 王淼：《王完白与孤岛时期上海重整道德运动》，《抗日战争研究》2013 年第 4 期。
⑤ 王完白：《从谦堂会之五运计划》，《中华基督教会全国总会公报》1920 年第 2 期。

二、创建卫生事业实体组织机构

（一）创办常州福音医院

作为一名医师，王完白于卫生事业有着强烈的自立意识。常州逐步发展成为工业城市，城区人口约有9万人。①医护人员紧缺，武进医院内工作人员身兼多职，或者临时约请无锡等地医师前来支援行外科手术。②王完白到常州后就在局前街创办福音医院（The Gospel Hospital），自任院长，仅两年时间便实现财务自立，成为一家中国人自办的医院。教会医院附设医学校，培养医学专门人才。③

（二）筹建常州地方红十字会

王完白开展公共卫生调查统计，参与中国红十字会、中华医学会的组织建设和会务工作。战地救护和灾民赈济是红十字会的重要职责，同时可以训练出一批应急反应快、业务技艺过硬的医护队伍。王完白在江阴时主持筹建了江阴红十字会分会，救护经验丰富。1914年10月，受中国红十字会总会沈敦和副会长之请托，王完白着手筹建中国红十字会常州分会。分会筹备处设在福音医院，王完白任理事长。④1916年4月，锡澄战役爆发，常州地区组织了伤兵留养院和妇孺留养院。中国红十字会总会通知军队司令，江阴、常州、苏州的福音医院为红十字会临时机关，王完白医士等筹划救治受伤军民，中国红十字总会予以资助。⑤同月，王完白通过《武进报》登载了草拟的《中国红十字会常州分会章程》《中国红十字会常州分会筹办处入会简章》，发展会员、募集资金，筹备伤患兵民救助事宜。武进县立女子师范学校校长、江苏省立第五中学校长和教员、武进县知事、本地士绅等纷纷缴纳会费，成为常州红十字会的首批会员。常州红

① 《中国工商名鉴》，日本商业通信社1941年编印，第626页。
② 芮真儒：《武进医院十、十一、十二三月之经过》，《申报》1918年12月31日。
③ 王完白：《圣经真实之证据》，《圣经公会报》1933年第4期。
④ 常州市卫生志编纂委员会：《常州卫生志》，常州市卫生局1989年编印，第112页。
⑤ 《红十字会分会之思患预防》，《申报》1916年4月28日。

十字会救治伤兵，社会反响良好。第五中学校长划出部分校舍辟为临时病院，供红十字会招聘的医生向社会开展义诊。

1921年，中国红十字会常州分会（以下简称常州分会）成立后设在福音医院，王完白任理事长，吸纳地方绅商担任会长、理事、资产监督、议事员。[①]常州分会成立之后，着手发动会员、绅商民众参与救灾济贫、施医给药、义务防疫、救济妇孺、征募捐款、预防疾病、救护伤病、接管妇孺留养院等公益慈善活动。武进县政府给予了巨额资助，后又通过财政慈善费常年资助，各界人士亦纷纷捐资以示支持。常州分会还创办了"惠黎小学"、难民收容所和时疫医院，救助贫病人士。

在社会各界人士支持下，战时急救和伤兵疗养顺利铺展。1924年9月，第一次江浙战争爆发。常州地处沪宁中心，是运兵必经之地。富户纷纷逃避兵灾，红十字会和平民留守城内。[②]常州分会立即在武进医院内设立伤兵诊疗办事处，又在贫儿院、常州会馆、第五中学设立诊所，收治伤兵。王完白与地方士绅主持救护工作，在常州女子职业学校、常州女子师范学校等设立妇孺收容所，救济丧失抚育和生活能力的妇女婴孩。之后借用车站恒丰面粉厂、城内的谈宅和庄宅，分作急救所。[③]难民涌向常州，中国红十字会难民救济会常州办事处亦设于福音医院。王完白等与地方士绅商讨收容难民办法。1925年1月，第二次江浙战争爆发，为协助江阴分会，常州分会参与救治官兵、群众，掩埋尸体。

王完白组织灾民赈济，增强互助交流，维持赈灾秩序。1921年，华北旱灾，王完白在《商报》发表《我应该怎样做红十字会会员》，动员民众捐款、捐献棉衣和布料救灾。[④]同年夏季汛期，江潮上涨，圩岸决堤，王完白实地考察灾情后，筹集救灾物资。常州分会接收华洋义赈会、中国红

---

① 池子华、丁泽丽主编：《中国红十字运动史料选编（第二辑）》，合肥工业大学出版社2015年版，第91页。

② 《避难与救护之消息》，《申报》1924年9月1日。

③ 《常州红会救护消息》，《申报》1924年9月14日。

④ 常州红十字志编纂委员会：《常州红十字志》，南京大学出版社2014年版，第62页。

十字会总会及社会各界捐赠的钱粮、药品等救灾物资。组建救护队，施行登报征信等财务公开制度和以工代赈，救灾工作得以有条不紊地开展起来。

（三）建立常州卫生会

社会层面的卫生治理需要有公信力的常设机构专职负责，有各界代表共同参与。王完白倡议自行设立政界、业界、社会团体共同参与的卫生治理联合组织。1923 年，常州各县学校举办卫生主题的演讲比赛。王完白获邀莅临比赛现场担当评委，发表主旨演说。在一次比赛活动中，王完白倡设各社会界别卫生联合自治的"常州卫生会"，负责卫生防疫宣传教育、河道沟渠以及公共场所卫生监督、食品卫生安全检查、动员组织灭杀蚊蝇疯狗等。在场的县长姚绍枝表示赞同，全场一致通过该项提议。

经各方推举，劝学所所长、教育科科长、县视学为教育界代表加入常州卫生会。王完白联同县长，函请警察所、商会、农会、市公所、四乡公所、红十字分会、基督教联合会等各自推选数位代表，着手筹备成立"常州卫生会"，出任副会长一职。人才和经费问题得到顺利解决。卫生会得到各方支持，顺利开展招募会员、选举机构职员诸项活动。1924 年 7 月，武进县政府监督夏季卫生，在警察所增设卫生巡长，各地设卫生巡士。

王完白作为中华医学会会员，与国内外医界人士和专业团体组织保持联系，寻求医学会对常州地区卫生建设的指导和帮助。1922 年，王完白在中华医学会第四次大会上当选学会书记；1924 年，他获委任为翻译委员；1930 年，中华医学会第八次大会上成立"中华卫生学会"，王完白任理事。他在中华医学会的学术会议上发表论文、期刊上登载时新诊疗技术、医学试剂和药品介绍、疫病防治科普文章，分享在常州地区的诊疗和公共卫生建设的经验。[①]其中，1917 年至 1930 年，王完白在《中华医学杂志》累计发表 19 篇文章。

---

① 王完白：《最新诊断梅毒之路丁试验法》，《中华医学杂志》1918 年第 2 期。

王完白分理中华医学会会务，在南京东南大学召开的首次全国性会议中担任名誉书记，兼任翻译医书委办、审查名词委办及医学杂志等职。[①]1920 年，王完白和其他同行合作完成了解剖学、化学和物理学名词的编译，获得北洋政府认可和洛克菲勒基金会中国医学基金会的奖励资助。1925 年，王完白担任中华医学会第 11 届科学名词审查会代表，在医学组参与审查病理学、寄生物学和生物化学名词，其参编的《医学名词汇编》于 1931 年出版。1928 年，武进医师公会成立，王完白担任委员。遗憾的是，经过多次努力，中华医学会常州分会未能筹设成功。同年，其作为常州代表之一，参加上海召开的第一届全国医师联合大会。其后，王完白出任武进医师公会常务主席、监察委员等职务。其时，国内西药昂贵，中药商以次充好或抬高价格，本就缺医少药的社会民众苦不堪言。在杭州召开的全国医师联合会第二次代表大会上，王完白提倡医家自办药厂，以利民众疗疾，强健体魄。1932 年，"一·二八"事变爆发，王完白离开常州到上海租界避难。

三、宣传医师职业伦理道德规范，灌输现代卫生理念

彼时医业行风问题突出，亟待整治。王完白在 1922 年上海青年会第四届大会发表题为"医学家之责任"的演说，介绍近代医学伦理道德规范。王完白呼吁，医师不应追名逐利而忘却救济生民的本职，要向社会公众灌输卫生常识，日常劝慰病人心灵，指导患者家属照护病人的方法、留意避疫。[②]

王完白观察各种卫生问题，着力引导公众养成良好卫生习惯，纠正养生观念，拒绝毒品和不良嗜好。民国吗啡行销中国，流毒甚广。王完白劝诫民众，注射毒品伤身败家。基督教中华续行委办会、中国博医会、中华

---

① 王完白：《一年间之社会服务（常州）》，《通问报》1925 年第 15 期。
② 王完白：《医学家之责任》，《同德医学》1922 年第 3 期。

医学会等团体提请中国政府严禁新型毒品的泛滥。[①]王完白深以为然，他提倡健身运动、刷牙洗浴净手以洁净身体、节制饮食、直坐侧睡、保持室内干燥洁净敞亮通风、颐养身心，摒弃娼妓、烟酒、迷信等陋习。[②]

王完白介绍中医在部分病症诊疗上的局限，至亲染病亦须注意防疫，勿做愚孝之事。常州城内东直街一户家庭四人感染白喉，不幸病亡。中医称为"喉痧"，一般吹药或服用汤剂，往往耽误病情无可挽回。[③]王完白闻讯撰文告诫民众，发现白喉病症后及时注射血清，隔离治疗，方能挽救性命。

四、防控传染病流播

（一）推广疫苗接种，治疗常见传染病

1917 年，王完白执掌的福音医院刊登广告，采用时新的灭菌法为公众接种牛痘。[④]收费标准分为三个档次，每星期三集中受种，费用最为低廉；亦可登门接种，满足了社会各阶层的服务需求。他还为市民诊断和治疗肺痨、喉痧、梅毒、霍乱、赤痢等传染病。王完白指出，个人、家庭力行卫生犹有不足，公共环境中病菌、蚊蝇、染疾的人畜等传染疫病，仍有可能遭遇不测之祸，建设公共卫生事业势在必行。[⑤]

（二）倡议市政卫生治理

市政状况是了解国家政治优劣、人民强弱的重要窗口，落脚点在于保持地方清洁、保卫居民健康。[⑥]1925 年，常州市公所罗致专门人才，组建行业委员会，王完白出任常州市卫生委员会主任。王完白在任内采取了多

---

① 王完白：《禁烟后之吗啡祸》，《中西医学报》1918 第 9 期。
② 王完白：《个人卫生简规》，《广济医刊》1926 年第 8 期。
③ 王完白：《喉痧之治疗及预防法》，《中西医学报》1915 年第 12 期。
④ 常州市卫生志编纂委员会：《常州卫生志》，常州市卫生局 1989 年编印，第 227 页。
⑤ 王完白：《福音医院（广告）》，《兰言》1917 年第 1 期。
⑥ 王完白：《常州卫生会纪要》，《中华医学杂志》1927 年第 4 期。

项举措，借由舆论宣传、地方府衙支持、社会资金赞助，切实推进地方公共卫生建设，预防疫病传播。卫生会的清洁运动遍布城内街衢河道、商店民户。

在卫生医疗资源有限、城乡社会经济发展差异较大的情形下，疫病传播及其后果较为严重。1924 年 8 月，常州市公所召开首次卫生委员会会议，会上决议雇用清道夫保持道路清洁、各户门前积存垃圾自行清理。卫生会举办卫生主题宣讲会，张贴卫生宣传挂图。扑灭苍蝇、清理死畜并给予民众奖励，活动成效显著。

狂犬疫苗远未普及，卫生会嘉奖扑杀疯犬癫狗者。[①] 其后，常州市政部门设立野狗收容所。清道夫摇铃敦促市民参与卫生运动，实现街巷、河道清洁目标，市容市貌大有改观。[②]

（三）火速应对疫情蔓延

近代铁路公路河运等交通便利，疫病传播较快。王完白有着铁路卫生工作经验，警惕国内外疫情。山西暴发鼠疫后，王完白即预见到疫病极有可能通过铁路线南下，需要公众、诊疗机构、政府职能部门积极防御。[③] 他向公众发放通俗的防疫说明书，提醒市民重视个人卫生，强身健体，谢绝应酬、戴口罩、注射防疫针。公立医政部门和卫生机构及早介入，调查疫病致死率、取消学校等人流密集场所不必要的集会活动，组织人力捕杀老鼠。隔离诊治感染者，提倡遗体火化或者用石灰掩盖深埋。阻断与疫区的民众舟车来往，疫区来的信件亦须经过药剂熏蒸消毒后再行递送。

取缔坑厕、改良运粪。绅商捐助、官署执行取缔露天公厕。常州当局订立了一些禁令，诸如村民入城挑粪，粪桶一律加盖，否则罚款。卫生会提议限定早上挑粪，固定运输线路，选择僻静处装卸。

设立卫生警督、卫生警察，查处餐馆食品卫生问题等。卫生警察发现

---

① 《卫生会召集会议》，《申报》1924 年 4 月 28 日。
② 王完白：《常州卫生会纪要》，《中华医学杂志》1927 第 4 期。
③ 王完白：《鼠疫防御法》，《广济医刊》1929 年第 6 期。

摊档售卖的鸡鸭鱼肉有色味腐败的情形，送交卫生会检验，酌情惩处摊贩。王完白担任常州三一社卫生部部长，举办婴孩比赛会等多项事业，举办卫生展览会宣导婴孩保育，福音医院联合武进医院开展义诊活动，检查婴孩体格。

王完白总结其在常州推行的公共卫生工作经验，指出该项工作内容庞杂，需要因地制宜的规划，分清轻重缓急。协助操练童子军，以期青少年掌握应急救护以及游泳、生火煮饭等生存技能。筹备工作从征集人才和筹措经费入手，争取地方官员的提携、绅商和社会团体的参与，广泛发动群众，以免受到掣肘。[1]鉴于常州城内"迭遭火灾，救火员及灾场上人，时多受伤。因而致死者亦屡有所闻，殊堪悯惜"，王完白于1922年冬置备云梯、水管、双轮推车等，筹建临时救火医疗队。翌年，中国红十字会常州分会成立救火医疗队，福音医院职员义务充任队员，"一逢失火，即出发救护伤人，一概不收费用"[2]。数年后，常州市政当局设立救火会，使用洋龙抽水设备预防火灾。

五、公共卫生统计和业务交流

（一）流行病调查

疫病流行是地方整饬公共卫生秩序的契机。夏秋之际疫病流行，对市民生命构成严重威胁。1929年，王完白率同医师们对城区门诊病历进行统计。为唤起民众公共卫生意识，王完白将调查结果和有关指导建议刊载在报刊上。武进医院、常州医院、颂远医院、元谟医院、福音医院等参与了此次夏季霍乱流行病调查。调查活动重点记载了病人的姓氏、性别、年龄、住址、就诊日期、病程和诊治结果。[3]王完白分析认为，天气变化导

---

[1] 王完白：《常州城市卫生事业之回忆》，《卫生月刊》1934年第1—6期合刊。

[2] 中国红十字会总办事处：《慈善近录》，1924年编印，第78页。

[3] 王完白：《武进霍乱流行之统计》，《中华医学杂志》1930年第2、3期合刊。

致身体受凉，抵抗力降低、细菌侵入体内而染病。初病或者病情较轻者多延请中医诊治。病重或者久病不愈才到西医院诊治。确诊病例中死亡率高达 22.0%，多为幼童和老人。疫情起初于城北暴发，由于市民共用河水洗涤，疫病沿着城内河流散播开来。经过此番调查，王完白对常州的民风世情有着相当的体认。他强调向公众普及卫生常识，树立利人利己的卫生公德意识，养成良好的生活习惯。市民患病后要及早诊治，以免错失时机。疫病侵染不分阶级，绅商家庭出身者在福音医院的确诊病例过半，独善其身未必能够自保，全民参与公共卫生防疫势在必行。

（二）医学科普

王完白撰写多篇卫生科普文章，介绍国内外疫病防治手段和经验，在数十种期刊发表，极大地拓展了常州地区医事交流范围。在临诊过程中，留心常州地区暴发的流行病疫情发展，联合市内武进医院院长贝德调查病源。脑膜炎是一种危重的急性传染病，病死率极高。王完白提醒家长看护孩子切勿接近病人，洁净口鼻，注射血清，早做预防，重视孩子的身体状况，发病初的两日内诊治疗效为佳，否则后果不堪设想。[1] 普及高血压的防治，血压计广泛应用前此病不为时人所察觉。劳心忌劳力的观念驱使下，病人身体机能退化，出现疲劳、气促、不寐等症状，需长期服食降压药。[2]

（三）优先保护妇幼

王完白主张医院自发提供公共卫生服务，与学校开展合作，组织学生接受卫生教育，了解保健知识，注射霍乱、白喉疫苗，种痘，视察校园卫生。学生患病由校方及时转介，通过学生向各家各户传播防疫知识和方法。为社会公众提供妇婴卫生保健方面的指导，开展孕产妇产前、产后检查，婴幼儿体格检查，洗浴和常见疾患的应对。提供伤寒、霍乱、白喉等

---

① 王完白：《脑膜炎预防法》，《广济医刊》1928 年第 6 期。
② 王完白：《高血压之新疗法》，《广济医刊》1932 年第 11 期。

免费疫苗注射，增强防疫意识。[①]

（四）关顾精神卫生

王完白在苏州时曾经负责管理疯人院，目睹各种人伦惨状。他转到常州后持续关注公众精神健康，倡议商绅捐助著名医院附设精神病院的慈善事业，于患者个人、家庭和社会均大有裨益。他撰文解释疯癫病症的病因和病征，批驳中医以痰迷心窍而随意给药治疗、愚民以为鬼神附身而以"符咒驱邪"。[②]王完白指出，任何人在特定的情境下均有可能患上精神病，不应歧视。因之，平日里注意保持精神健康，避免极端情绪。癫痫疯狂者不时滋生事端甚至危害公众生命，扰乱社会秩序，宜交由疯人院收养救治。

（五）精研医理，注重医疗安全

王完白不依成规，结合自身诊疗经验，着意改进诊疗技术。其时流行使用特效药"六零六"治疗梅毒，王完白经历数百次静脉注射，不断改良注射技艺，减轻因措施失当给患者带来新的病痛。观察病人生理、精神状态，预防不良反应。告知患者病程发展，配合治疗，以求根治。[③]王完白抨击世风日下导致性病泛滥，指出普及防治性病知识、公众协作方能奏效。他提醒病人甄别假冒伪劣药品，防范欺诈。[④]

（六）审慎对待新药、新技术

民国报刊众多，各类医药器械广告目不暇接。盲目用药、滥用药剂引发争讼不断。王完白阅读中西医药杂志登载临床试用研究的论文，谨慎尝试采用新药。王完白选择诊断迅速、储藏便易、施用稳妥的新药，安全用药于医师、药师、病人均有益处。在试用新药后，王完白积累病例，撰文交流各种适应证，回馈医学界。他试用"电化银"治疗有传染病且有高热

---

① 徐文涛：《武进医院公共卫生工作概要》，《公共卫生月刊》1935 年第 6 期。
② 王完白：《疯人院之重要与裨益》，《中华医学杂志》1919 年第 3 期。
③ 王完白：《新六零六之安全注射法》，《中华医学杂志》1928 年第 2 期。
④ 王完白：《新六零六注射之心得》，《中华医学杂志》1921 年第 3 期。

症状的患者，这种疗法对于伤寒、瘟热、恶性疟、肺炎、产后热、肺痨热等均有疗效。治愈的患者中有奉军司令部驻常州办陆军医院的军医长、武进医院的芮真儒博士、某师范学校校长、沪宁铁路某职员夫人、某医师夫人、上海商务印书馆某君之女等。[1]王完白调查统计药物不良反应，记录国内外滥用药物造成的不同程度的人体损伤，引以为鉴。[2]

王完白留心诊病时遇到的疑难杂症，汇总病例撰写成文。细致查体，施行外科手术摘除结石，解决了患者服用汤药久治不愈的便秘、尿潴留。[3]王完白认识到当时广大民众抱持"中医擅长内科、西医擅长外科"的偏见，遇有内科病症先就中医看诊。他介绍孩童误吞桂圆核窒息未获救治身亡的案例，期求民众生产生活应当掌握一定的卫生常识和自救、急救技能。

结　语

政府主导的防疫制度建立前，公共卫生管治权处于真空状态。苏州商会、红十字会联合政府防控时疫，但缺乏跨部门协调常设机构，卫生治理社会效益不甚理想。[4]江苏政府主导推展公共卫生治理则晚至20世纪20年代末。[5]王完白民国初年开始自下而上在常州举办近代公共卫生事业，并卓有建树，组织成立教会医院、红十字会、卫生会，建章立制，各阶层人士广泛参与。他因地制宜持续开展城市公共卫生治理，其管治模式、医学交流、卫生保健知识理念普及、环境卫生治理效果、医师理论技艺探索创新、公共卫生安全常态化预警机制诸方面与北京、上海等城市公共卫生

---

① 王完白：《电化银与传染病》，《中华医学杂志》1927年第5期。

② 王完白：《多用厄米汀的危险》，《中华医学杂志》1920年第1期。

③ 王完白：《有趣味之医案数则》，《中华医学杂志》1925年第4期。

④ 李玉尚：《清代民国时期苏州城市的公共卫生》，《苏州大学学报（哲学社会科学版）》2018年第5期。

⑤ 潘彬彬：《民国江苏疫病传播与防控研究（1912—1937）》，《档案与建设》2020年第7期。

事业发展趋势相近。①不过，强化地方卫生治理的效能和自主意识并非在管治措施方面层层加码，否则会导致卫生治理泛政治化、冲击繁荣稳定的社会局面。

在疫病频发、卫生资源稀缺的时代背景下，王完白建设现代公共卫生事业普及防疫常识、宣扬公共卫生道德。他指出中医业弊病，与沪上孟河医家丁济华坦率沟通，增进业界交流，共同管控疫病流行和满足民众疗疾需要。引导民众正视现代医学在防病、疗疾上的科学原理、方法。他密切关注国内外医学界动向，承担医学卫生社会组织的有关会务工作，呼吁执业医师遵守职业伦理道德规范，在中华医学会学术期刊上论述社会卫生问题、提出解决之道，推广宣介其在常州诊疗和公共卫生建设的经验，逐步建构华籍医师群体在公共卫生治理和学术研究领域的话语权。汲取新知，展示医药业领域新近取得的进步成果。引导民众注重日常保健，掌握急救和防病技能。发扬医学伦理道德风尚，践行医家服务公众卫生健康公益的责任。

（作者应焕强，复旦大学国际关系与公共事务学院博士生）

---

① Reginald M. Atwater. "The Progress of Public Health in China". *The Scientific Monthly*, 1926(2).

医者仁心：民国时期中医界的红十字实践考察①

郭进萍

摘　要：民国时期，基于医者仁心和救死扶伤的使命感，中医界纷纷投身红十字事业，自发组建红十字分会并捐助经费、平时问诊施药治疫、战时医治伤病兵及难民。中医界的红十字实践，既在社会救助领域发挥了重要作用，也在一定程度上调适了中西医之间的冲突，推动了二者的交流和对话，成为中医界近代转型和近代慈善事业发展的重要标志。

关键词：中医界　红十字实践　救死扶伤　中西医冲突

1904 年中国红十字会的创建被誉为近代中国慈善界"第一伟举"②。在过去的十多年里，红十字运动研究在学术界呈现出热闹纷繁的景象。学者们切入灾害史和社会保障史的视角，对红十字运动的复杂面相加以系统考察，并透视其对于中国近代灾荒史、慈善史和社会保障史研究的意义。红十字运动研究成为学术界后起之秀。尽管学术界有关红十字运动的研究已取得较为丰硕的成果，但不少议题仍有待进一步探讨。例如，红十字会以战地救护为天职，与西式医疗技术紧密相关，而传统中国则以中医为宗，红十字会在中国落地生根的过程中不可避免地与中医发生联系，那它是如何调适中西医之间冲突的？中医又在中国红十字会的发展历程中扮演了什

---

①　本文为江苏省教育厅 2020 年度高校"青蓝工程"资助项目、江苏省高校 2021 年度哲学社会科学研究基金项目（2021SJA1578）中期成果。

②　《普济群生》，《申报》1904 年 3 月 11 日。

么角色？这是一个颇有挑战且启人兴趣的议题。遗憾的是，学术界对红十字会和中医关系的系统考察尚付之阙如。鉴于此，本文试从中医界这一群体入手，对民国时期中医界的红十字实践作专门探讨，以补相关研究之不足。

一、自发组建红十字分会，捐助经费

1904 年，日俄战争的烽烟催生了中国红十字会。早期中国红十字会的七项宗旨分别为恤兵、拯灾、赈饥、治疫、医药、救护、瘗亡。①不难窥见，红十字会战时恤兵救护瘗亡，灾时拯灾赈饥，平时则从事治疫、医药等工作。相比战时和灾时工作，平时的治疫、医药工作更为常态化。如1911 年制定的《山东全省红十字会简章》就开宗明义：本会以医疗疾病为主义，设有战事，当协同会员亲临战地，医治受伤兵士，以慈善救护医疗疾病为宗旨。②而中医界在治疫医药方面具有得天独厚的优势，这使其在中国红十字事业发展过程中占有重要的一席之地。

拓展分会组织，是壮大中国红十字会人道力量的基础。1911 年，中国红十字会通告全国各城市及各界人士：如有志愿从事救死扶伤、赠医施药、赈灾恤窭的慈善事业者，可征集会员，择定地址，报经上海总会审定，可成立红十字分会，直接隶属于中国红十字会，开办慈善业务，接受总会的补助。③救死扶伤、赠医施药本就是中医界的天职，故不少中医界人士受此感召纷纷自发组建红十字分会。

1911 年冬，广西梧州名中医许瑞芝以红十字会所兴办的事业，造福于人民群众，实属善举，于是倡议创办梧州红十字会，邀同地方士绅，发

---

① 中国红十字会总会编：《中国红十字会历史资料选编（1904—1949）》，南京大学出版社1993 年版，第 220 页。

② 朱隆祺：《济南红十字会的创办与沿革》，济南市志编纂委员会编：《济南市志资料》第 7 辑，1987 年印行，第 92 页。

③ 梁福波：《梧州红十字会简史》，梧州市政协文史资料组编：《梧州文史资料选辑》第 6 辑，1984 年印行，第 75 页。

起征集会员，并于次年成立梧州分会，许瑞芝亲任内科医师，负责诊治工作。1920年，中医师何敬修在听了荥阳分会筹办人楚兆吉对红十字会宗旨和组织办法的宣传后"欣然赞同"，便开始着手筹备组织洛阳红十字会。次年，洛阳分会召开第一次会员大会，何敬修被选举为理事长。①同年，在云南开设永安医馆的中医刘锦堂成为中国红十字会会员，其后他积极邀请医界、商界、政界等数十人就永安医馆筹组昆明红十字会，并被推为理事长兼救护队队长。每遇红十字会工作人员，他便预告："在我会里工作，不有高薪，要有半行阴功半养身之抱负。"②1924年江浙战争爆发后，苏州市吴江区芦墟镇适当两军之冲，为救护伤兵难民起见，中医许半龙组织红十字会，热心公益，不辞劳瘁。媒体报道称："中医而为此者，实不多观。"③

尽管民国时期中医界创办红十字分会的现象"实不多观"，但颇有意义。因为红十字会实则与西式医疗技术紧密相关，而中西医又在相当长的一段时间内处于竞争对立关系。加之在近代尊西趋新的时代潮流下，所谓识时者，动辄曰"西医精矣妙矣，中医不能及矣"，甚至有媒体直言"中国伤科向无真实本领"④，且中医施诊场所相对固定，不比红十字会医士可以"遄行无阻，四出施医"⑤。在这种时代背景下，中医界创办红十字会的现象自然不多见。但中医所肩负的救死扶伤天职又与红十字会救伤瘗亡的宗旨不谋而合，诚如时人所指出的"夫医疗疾者也，何分于中西，何有乎内外。凡能解人痛苦者，无国界，无种族界，一视同仁，一意救济者

---

① 何光远：《中国红十字会洛阳分会》，河南省政协文史资料研究委员会编：《河南文史资料》第18辑，1986年印行，第169页。

② 陈天民：《昆明红十字会创始人刘锦堂》，昆明市政协文史资料委员会编：《昆明文史资料选辑》第22辑，1994年印行，第135页。

③ 拜许：《红十字会之组织》，《吴江》1924年第119期。

④ 《创兴红十字会说》，《申报》1898年5月9日。

⑤ 《中国亟宜创兴红十字会说》，《申报》1899年4月10日。

也"①，而这也是中医界能打破中西医隔阂自发组建红十字分会的重要原因。资料显示，江浙战争爆发后，无锡分会虽已成立，然中医学会会员王颂芬等依然集合同志组织了类似性质的无锡赤十字社，原因即"中医同具救死慈善之责，中医学会同人，未便独居人后"②。

　　除自发组建红十字分会外，中医界还时有捐助红十字会经费的举动。红十字会的经济来源向无一定基础，分会常助赈济和临时救灾，内容项目繁多，经费开支庞大，筹款颇不容易。来自社会团体和人士的自愿捐赠对地方分会而言不啻"久旱逢甘霖"，对维系地方分会的正常运转弥足重要。民国时期，中医界出于医者仁心，时常捐助红十字会经费。一是捐助中药。如中药募捐就是灌县分会每年的经费来源之一。资料显示，灌县分会每年的中药募捐，有药材行业公会和各大药材商号以及杜盛兴等大麝香商号及边茶专利商的五大茶号，"每年都是近乎定额捐助中药若干付"③。二是募捐劝捐。如作为昆明分会发起人的中医刘锦堂常年奔走呼吁，为红十字会募捐。中国红十字会总会曾奖给他一枚三两重金质奖章，他将之卖掉换成银质，所剩之钱添作医院之费。此外，他还每天手提药箱，臂佩红十字标志到病户家医治，医好劝捐。④又如1947年10月，上海市分会举办流动诊疗车服务，"给全市人民做免费的医疗工作"。沪上知名中医陈范我编赠歌词"穷人的救星开篇"一阕，热情洋溢地劝说民众捐助红十字会。词称：

　　　　红十字会诸公自赞成。（合办那）流动诊疗车一辆，施医给药好良心……（但是那）经费还须多劝募，（方能够）左右逢源事业成。

① 《〈看护学总论〉自序》，中国红十字会总办事处编：《中国红十字会二十周年纪念册》，1924年印行，第53页。

② 《组织赤十字社之先声》，《无锡新报》1924年9月1日。

③ 杨子长、欧阳健坤、李稚达：《灌县红十字会史略》，灌县政协文史资料工作委员会编：《灌县文史资料》第1辑，印行时间不详，第9页。

④ 陈天民：《昆明红十字会创始人刘锦堂》，昆明市政协文史资料委员会编：《昆明文史资料选辑》第22辑，1994年印行，第135页。

诸君怜惜穷人苦，慷慨捐款表同情。集腋成裘从古道，聚沙为塔不虚文。（将来是）扩充内部范围大，毕竟穷人有救星，保佑（你）诸君多子孙。①

中医界的积极作为在一定程度上扩大了红十字会的经费来源和社会影响力。

二、平时问诊施药治疫

问诊施药是红十字会的一项常规业务，也是中医界素有优势的业务。二者的契合为中医界在其间大展身手提供了广阔的舞台。

苍梧分会于清末成立后，因西医尚未昌明，"疗病均采用中药，即出队救伤，亦惟中药是赖"②。1912年，遂宁分会成立后，下设中西医诊疗所，并附设中药店"问心堂"。诊疗所中医有唐成德、谭种玉两位医生。凡贫苦人看病，没钱不要钱，吃中药没钱的在"问心堂"取药，称为"施药"。另外在铁货街也设有中医诊疗所。③同年，梧州分会成立后，首先办理赠医施药。在会所内设中医门诊，分内科及跌打科。"凡市内贫苦人家之患病者，均可前往就诊，病人持处方到红会指定的中药店取药，不收毫分。"④

灌县分会成立初期，鉴于乡村喜服中药，于是应地方需要，分会医院特附设中医内科治疗一项，其在较长一段时间内担负着问诊施药的重任。中医诊所常年出诊，每年于夏秋之间举办，每月以农历二、五、八等日为诊期送诊送药。非开院时偶有求医者，也照样送诊送药。所聘医师，纯属义务。届时，县中会员名医汇集一堂，对就诊贫民细心诊治，疗效显著，

---

① 《白色诊疗车流动服务：陈范我先生编赠歌词》，《红十字月刊》1947年第24期。

② 《苍梧分会救护空袭伤胞》，《中华民国红十字会会务通讯》1944年第26期。

③ 李德霖：《我所知道的遂宁红十字会》，政协遂宁市中区文史资料委员会编：《遂宁文史资料》第8辑，1991年印行，第87—88页。

④ 梁福波：《梧州红十字会简史》，梧州市政协文史资料组编：《梧州文史资料选辑》第6辑，1984年印行，第77页。

深得县人赞誉。每年诊治 3000 余人，年施中药三四千剂。若在时疫流行之年，则不依照定限，随时诊断。除诊病施药外，灌县分会中医诊所还常年采集研究验方，自制具有特效的"雄犀散""济世仙丹""灵芝水""舒筋活血风湿骨伤膏"等成品药，大量赠送，求药的人到传达室口述病情，立即取药，不具任何手段，人皆称便。①

中医界主动参与红十字会的问诊施药业务，不啻"贫乏之福音"。类似活动不胜枚举，参见表 1。

表1　部分红十字分会中医施诊活动

年份	分会名称	中医诊所或中医人名	活动
1913	洪江分会	中医	应诊施药，有病的贫民来所治疗，尚称方便
1918	赣县分会	中医施诊所	送诊施药
1923	鄂城分会	中医华若心	自备苗浆送种，治疗痘症，纯属义务
1926	吴江分会	中医费石钦、洪次清、任松孙等	热心施诊，嘉惠贫病
1927	扬州分会	中医部	送诊施药
1929	营口分会	中医杨蕴斋	免费施诊
1934	丰顺分会	中医门诊处方部	以利一般贫病者，每日诊治病人 50 人以上

注：本表根据以下资料整理而成。尹桔垣：《洪江旧红十字会史话》，湖南省洪江市委员会文史资料研究委员会编：《洪江文史资料》第 2 辑，1987 年印行，第 76 页；《赣县分会医院记》，《中华民国红十字会会务通讯》1944 年第 28 期；《鄂城分会开办以来之成绩》，《中国红十字会月刊》1923 年第 19 期；《红会酬赠医士银盾》，《吴江》1926 年 10 月 31 日；《扬州红分会疗治概况》，《申报》1927 年 5 月 30 日；陈志坚：《红十字光彩》，辽宁人民出版社 1997 年版，第 2 页；《丰顺分会历年工作概况》，《中华民国红十字会会务通讯》1945 年第 31 期。

民国时期，疫病流行几乎连年不断。中国红十字会坚持中西医结合的治疗方法，在治疫方面取得了积极成效。其间，中医中药功不可没。

1913 年，为发扬人道主义、救治疫病起见，中国红十字会设立制药部。1915 年，制药部特求灵验秘方制为国产灵药，平价出售，"借以阐扬我国医药而拯救社会之疾苦"②。其中代表者如"保产灵丹""刀伤灵药""化毒灵膏"等，都是中药所制，具有良好的社会反响。

———————————

① 《灌县分会历年工作报告》，《中华民国红十字会会务通讯》1944 年第 28 期。

② 《中国红十字会国产灵药》，《申报》1915 年 10 月 6 日。

1916 年，武昌分会成立后即设医院，周恤贫乏病人，并随时施治时疫。时当炎夏，正疫症盛行之际，先用中医中药开办，嗣后贫乏之家，病人就诊者甚多。自 6 月至 12 月，诊号达 21500 余号，治愈病人 11200 余人[①]，成效显著。

1917 年，泸县红十字会刚成立不久即遇该地"飞蛾症"大肆流行。该病传染极快，为此泸县红十字会常聘中医 10 名，于 8 月 15 日免费开诊，每日前来就诊者四五百人之多。此外，还筹募中药万余剂，救治七八千人。中医任渐遴"以火硝治之，多见奇效"。1932 年，该地霍乱流行，中医陈尔昌以祖传"飞龙丹"治疗，募捐 200 元，制药 200 瓶施治，并刊发救治传单。是年天花同时流行，死亡甚多。中医庸叙五用雄黄、白矾、鸡血、烧酒治疗吐泻患者，疗效显著，并将以上处方书贴于市，患者照方治疗多得救。[②]

1918 年，浙江省宁波、绍兴等地发生疫情，中国红十字会派医疗队前往救治。队员将济生会之济生丹 3000 瓶分头施送，乡人素信中药，大为欢迎。[③]

囿于民国时期西医尚未昌明，加之民众重中医轻西医之积习甚深且喜服中药的传统，在相当长一段时间内中医诊疗所都发挥着首要治病的任务。例如，梧州分会在成立后的 20 年间开展的赠医施药，只限于中医中药。直到 1931 年，为适应医药发展的要求，该分会才改建会所，增设西医西药，购置各种西医医疗器械。[④]这样的情况也出现在合江县红十字会医院。该院设立之初，聘中医内、外科各一人，内科开处方，外科供药物、包扎。后稍稍备西药，然皆外用，"县人服西药尚不习，无视内科乞

---

① 《分会成绩录要：武昌分会》，《中国红十字会月刊》1921 年第 3 期。
② 岑龙柱：《泸州市红十字会简史》，泸州市市中区政协文史资料工作委员会编：《江阳文史资料》第 7 辑，1993 年印行，第 117—118 页。
③ 《救治宁绍时症详纪》，《申报》1918 年 10 月 31 日。
④ 梁福波：《梧州红十字会简史》，梧州市政协文史资料组编：《梧州文史资料选辑》第 6 辑，1984 年印行，第 78 页。

西医者"①。又如史料显示,由于劳动人民世代以中药煎剂治疗疾病已成固有的传统习惯,加之西药房经营的药品多为进口货、舶来品,价格昂贵。所以,西药只是仅仅敲开了东阿县医药的大门,而没有得到普及,也不为人民习惯采用,它的影响远不如中医中药的影响大。据粗略统计,至1936年,东阿县私营中西药店已发展到68家之多,其中私营西药只有5家。②以上种种史实鲜活再现了中医界在医药治疫方面的独特价值和地位。中医界的问诊施药治疫活动也进一步扩大了红十字会的社会影响。

三、战时医治伤病兵及难民

救死扶伤的天职不仅体现在平时问诊施药治疫活动中,更体现在硝烟弥漫的战时。中医界在战时积极医治伤病兵及难民,也以实际行动彰显了医者仁心。

1921年,武昌分会延请中西医士恤治伤兵,诊疗各症,并附设中医学校储备人才,"以资应用而符博爱恤兵之意"③。1924年,娄塘红十字分会成立后即聘请中西医士,施诊伤兵病兵。2个月间,中医诊治病兵计862号、灾民计284号,"颇得军民感激"④。

1937年全面抗战爆发后,在民族主义的感召下,中医界人士纷纷加入红十字会投身救护救济工作。如吴县中医共有200余人,于治疗受伤本非所长,然激于共赴国难之大义,由中医公会造册编号分区派任函请加入吴县分会一体工作。这些中医被吴县分会派驻各区避难所担任诊治难民所患内外各症。⑤与此同时,吴县中医公会也组织青壮年中医进行战伤救护训

① 卢中人:《合江县红十字会医院及合江县立平民医院》,政协四川省合江县委员会编:《合江县文史资料选辑》第2辑,1983年印行,第119页。
② 张连:《东阿私营药业大观》,政协山东省东阿县委员会文史资料研究委员会编:《东阿文史资料选辑》第4辑,印行时间不详,第138—139页。
③ 《分会成绩录要:武昌分会》,《中国红十字会月刊》1921年第3期。
④ 《娄塘红十字会分会之成绩》,《申报》1924年11月6日。
⑤ 《中华民国红十字会吴县分会、吴县救护委员会救护事业报告》,《中国红十字会月刊》1937年第28期。

练，编入救护总队。"八一三"上海战事爆发后，吴县分会先后救济难民总计 116854 人。所救之难民，其有疾病者均由吴县中医公会医员义务治疗。① 战时地方红十字会设中医诊所的现象并不鲜见。如南宁分会就在会所内附设有中医施诊处，据统计，1937 年中医施诊处计施诊 5424 人，并赠药散 19767 剂。略收药资，赤贫者全免。② 信阳分会也在会内附设中医施诊所，"专为贫病服务"③。苍梧分会也曾特设中医赠诊处，由苍梧县医师公会全体医师担任义务应诊，"亦贫乏之福音也"④。遂宁分会在战时也非常重视发挥中医的作用。在中医人事方面，设医师和助理员各一人，分诊处各设中医师一人。资料显示，1943 年 9 月至 1944 年 3 月，遂宁分会中医诊断病人数总计 4263 人（包括男女幼童及病废兵征属）。⑤ 又如灌县分会中医诊所在这一时期也发挥了重要作用。参见表 2。

表2　1943—1944年灌县分会医院诊病人数统计

时间	内科 / 人	外科 / 人	其他科 / 人	合计 / 人
1943 年 2 月	242（139）	244	21（7）	507（146）
1943 年 3 月	384（157）	292（9）	61	737（166）
1943 年 4 月	191（97）	346	23（10）	650（107）
1943 年 5 月	385（157）	389	55（31）	829（188）
1943 年 6 月	334（41）	345	45（32）	714（73）
1943 年 7 月	675（242）	738	17（72）	1584（314）
1943 年 8 月	878（360）	829	22（86）	1935（446）
1943 年 9 月	1189（550）	1052	11（49）	2354（599）
1943 年 10 月	725（265）	745	77（51）	1547（316）
1943 年 11 月	291（97）	299	55（10）	645（107）
1943 年 12 月	365（189）	304	51（19）	720（208）
1944 年 1 月	378（210）	355	78（27）	811（237）

① 《中国红十字会吴县总分会工作报告》，《中国红十字会月刊》1937 年第 29 期。
② 《本会专员视察分会记》，《中国红十字会月刊》1938 年第 34 期。
③ 《本会专员视察分会记》，《中国红十字会月刊》1938 年第 32 期。
④ 《苍梧分会救护空袭伤胞》，《中华民国红十字会会务通讯》1944 年第 26 期。
⑤ 《遂宁分会自卅二年九月至卅三年三月工作概况报告》，《中华民国红十字会会务通讯》1944 年第 27 期。

续表

时间	内科／人	外科／人	其他科／人	合计／人
1944 年 2 月	465（251）	406	12（59）	996（310）
1944 年 3 月	593（283）	469	184（100）	1246（383）
1944 年 4 月	488（295）	453	207（102）	1148（397）
1944 年 5 月	601（362）	450	179（95）	1130（457）
总计	8184（3695）	7716（9）	1673（750）	17553（4454）
备注	中医诊所诊病人数见（　）所示			

资料来源：《各分会诊病统计》，《中华民国红十字会会务通讯》1943 年第 18 期—1945 年第 34 期（其中，第 21、22 期为合刊）。

　　从表 2 不难看出，自 1943 年 2 月至 1944 年 5 月，灌县分会中医诊所诊治伤病兵及难民达 4454 人之多。而救治伤兵并非中医所长，中医诊断病人主要体现在内科方面。中医和西医在内科方面的诊病人数几乎可以并驾齐驱，有时甚至还会略胜一筹。这并非个案，类似的情况也出现在其他附设中医诊所的地方红十字会医院中。如史料记载：1944 年 1 月，遂宁分会医院诊所西医诊治内科病人 198 人，而经中医诊断的内科病人则多达 724 人。[①]同年 4 月，该分会医院诊所西医诊治内科病人 166 人，而经中医诊断的内科病人则多达 614 人。[②]1944 年 2 月，丰顺分会医院诊治内科病人 299 人，其中包括经中医处方者 261 人。[③]同年 4 月，该医院经西医诊治内科病人 47 人，而经中医诊断计内科 314 人。[④]由此可见，在战时医疗救护体系中，中医群体也发挥了重要的补充作用。

四、结语

　　民国时期，基于医者仁心和救死扶伤的使命感，中医界纷纷投身红十字事业，自发组建红十字分会并捐助经费、平时问诊施药治疫、战时医治

---

① 《遂宁分会自卅二年九月至卅三年三月工作概况报告》，《中华民国红十字会会务通讯》1944 年第 27 期。

② 《各分会诊病统计 三十三年四月份》，《中华民国红十字会会务通讯》1945 年第 33 期。

③ 《各分会诊病统计 三十三年二月份》，《中华民国红十字会会务通讯》1945 年第 31 期。

④ 《各分会诊病统计 三十三年四月份》，《中华民国红十字会会务通讯》1945 年第 33 期。

伤病兵及难民。中医界的红十字实践在社会救助领域发挥了积极作用，成为中国红十字事业的有机组成部分。

颇具戏剧性的是，红十字会在中国的落地生根实则是在中西医竞争，尤其是"扬西抑中"的背景下开启的。早在 19 世纪七八十年代，国人就在对中西医的比较中大力宣扬西医的优越性。比如在治病方面，中医不如西医"易见速效"，在医治军事战争中的伤员方面，中医也"不及西医之捷"，且中医每营中不过一二人，而西医则另成一队，专事救伤。"人手多而施治速，故其效神也。"为此，时人发出"上医医国"的倡议，并认为"西医之法将大行于中国"①。到了 90 年代，国人更是直言西医的医伤之术，"其效十倍于华医"②。在这种话语体系下，和西式医疗技术紧密相连的红十字会自然也受到当时中国社会精英阶层的青睐。在时人看来，中国不兴红十字会则已，欲兴红十字会，其于医术必得"研求精进"，"弃旧法而启新机"③，将中西医置于非此即彼的对峙状态，认为红十字会只关涉西医。直至抗战时期，这种声音依然有市场。战时我国医药人员极其缺乏，时人主张设立国医学院或国医馆等机关，以为造就医业人员之学府。又以西医缺乏，有主张设立中医院诊所等机构，以资补充，并有设立中医平民诊疗所等主张。对此，一些人颇有微词，直言"新旧医药等于古今武器"，所谓旧医即中医，系以阴阳五行表里虚实内外等名词，而作诊治之依据，而新医即西医，系以物理化学解剖生理等科学而作医治的张本，二者的本质是"科学与非科学之区别"，因之在战时应设法造就西医医药人员，而非"以不合科学之中医中药代之"。④这鲜明呈现了战时中西医间的竞逐关系依然存在。而事实上，中国红十字会及地方分会成立后，都因地制宜，开启了本土化建设。其在医务方面的体现就是采用中西医结合的方法，且中西医

① 《医国篇》，《申报》1888 年 9 月 29 日；《论西医将行于中国》，《申报》1887 年 9 月 14 日。

② 《行军以医生为要说》，《申报》1894 年 12 月 19 日。

③ 《中国亟宜创兴红十字会说》，《申报》1899 年 4 月 10 日。

④ 崔榆：《由古今武器说到中西医药》，《中华民国红十字会会务通讯》1944 年第 29 期。

分工明确，各司其科。例如，1911 年制定的《山东全省红十字会简章》就对中西医的职责作了明确分工：痧症、伤症归西医，内症归中医，不相紊乱，并规定战时之治疗以西医为主，平时之治疗及战时疾病之治疗，则以中医为主。①红十字会医院同时开设中西医诊疗所，如中国红十字会时疫医院既聘有西医王培元等人，也聘有中医徐相任等。1913 年，中国红十字会沪城分会医院开办之时即分设中西医科，聘请华星垣为中医主任，周光松为西医主任。每日上午 9 时至 12 时西医诊治，下午 1 时至 3 时中医诊治。②1929 年，息县红十字分会成立后内设红十字会医院，也划分中西医科室，聘请当时主持城隍庙祭祀的和尚为中医主治医师，另外还聘请息县西大街的夏瑶瑚医师专任针灸医师。除附设医院外，息县红十字分会还办有中西医学习班，培养学生数十人，颇得当地乡民赞许和爱戴。③通过对民国时期中医界红十字实践的考察，可以看出在近代中国红十字事业的发展过程中，中西医并非截然对立的状态，而是相互交织配合，在红十字会的医疗卫生史上共同书写了浓墨重彩的一笔。在这个意义上，可以说中医界的红十字实践也在一定程度上调适了中西医之间的冲突，推动了二者的交流和对话，成为中医界近代转型和近代慈善事业发展的重要标志。

（作者郭进萍，历史学博士，苏州幼儿师范高等专科学校副教授）

---

①   朱隆祺：《济南红十字会的创办与沿革》，济南市志编纂委员会编：《济南市志资料》第 7 辑，1987 年印行，第 92 页。

②   《红十字会分医院成立》，《申报》1913 年 8 月 18 日。

③   宋德远：《追忆中国红十字会息县分会概况》，息县政协文史资料研究委员会编：《息县文史资料》第 2 辑，1988 年印行，第 80—81 页。

创新与转型：复员时期北平红十字慈善服务述论

杨红星

摘　要：抗战胜利后，中国红十字会北平分会进入机遇与挑战并存的复员时期。这一时期，北平分会遵循"服务社会，博爱人群"的总宗旨，以"促进社会安全"为基本工作目标，立足社会，谋定人群，身体力行地推动慈善服务工作在传承中创新内容，在拓展中推动转型。从实际运行来看，复员前期北平分会的慈善服务工作克服时艰，勉力前行，既有接续传承中的施医送药、扶危济困，亦有拓展创新中的保健乐育、文化助人；复员中后期，由于经济疲敝、民力枯竭，更由于社会运行的动荡失序和社会功能的紊乱失调，蓄势转型的北平分会回天乏力，举步维艰，最终转型中断，期待新生。虽然如此，复员时期北平分会的慈善创新与服务转型仍具有难能可贵的示范效应和探索价值，为新中国成立前夕处于十字街头的慈善事业实现从传统到现代的生成发展提供了不可多得的历史镜鉴。

关键词：复员时期　北平分会　慈善工作　社会服务

抗战胜利后，中国红十字会进入机遇与挑战并存的复员时期①。为适应新的形势需要，复员伊始中国红十字会北平分会即响应总会提出的"促进社会安全"②的工作目标和"服务社会，博爱人群"③的总宗旨，以社会需求为导向，积极推进慈善服务的创新与转型。整体来看，复员初期的北平分会以建成"现代化之社会服务团体"④为职志，不畏时艰，精诚勠力，虽显心大力微，但仍获取了一定的慈善声誉。复员中后期，由于社会环境的动荡失序和社会经济的复苏乏力，致力于全面转型的北平分会举步维艰、难以为继，并最终转型中断，期待新生。本文拟对复员时期北平分会慈善服务工作的整体进程和成败得失作简单梳理及评析，不足之处敬请方家指正。

一、传统慈善服务在传承中创新

对于红十字慈善事业而言，组织建设是业务开展的基本保障。面对复员伊始红十字组织机构涣散不整的混乱状态，北平分会首先着眼于组织的恢复和重建。1945 年 12 月 11 日，北平分会召开选举大会，王正黼先生

① 复员时期是中国红十字会发展的重要转型时期，始于抗战胜利，截至新中国成立。现阶段有关复员时期红十字运动的研究，主要是以中国红十字会总会为对象的整体探讨，具体涉及这一时期红十字会的组织建设、战略布局、资金募集、青少年运动、慈善活动、社会福利等。现阶段有关复员时期红十字运动的研究论文包括，吕志茹：《"复员"时期中国红十字会的募捐活动》，《史学月刊》2012 年第 2 期；吕志茹：《"复员"时期中国红十字会的冬令救济述评》，《兰台世界》2011 年第 20 期；吴佩华、池子华：《从战地救护到社会服务——简论抗战后期中国红十字会的"复员"构想》，《民国档案》2009 年第 1 期；吕志茹、池子华：《"复员"时期的红十字周》，《历史教学》2008 年第 10 期；池子华：《"复员"时期中国红十字会慈善活动论纲》，《文化学刊》2007 年第 5 期；戴斌武：《论"复员时期"中国红十字会的社会福利事业》，《贵州社会科学》2007 年第 7 期；吕志茹、马红英、池子华：《"复员时期"中国红十字少年运动简论》，《江苏教育学院学报（社会科学版）》2007 年第 1 期；吕志茹、池子华：《"复员时期"中国红十字青少年运动简论》，《河北大学学报（哲学社会科学版）》2006 年第 3 期；池子华、吕志茹：《"复员时期"的中国红十字会》，《河北大学学报（哲学社会科学版）》2004 年第 6 期。此外，在池子华先生的论著《红十字与近代中国》（安徽人民出版社 2004 年版）和《百年红十字》（孙柏秋主编，池子华、杨国堂等著，安徽人民出版社 2003 年版）中也专辟章节从整体上对复员时期的中国红十字会作了基本论述。

② 池子华：《红十字与近代中国》，安徽人民出版社 2004 年版，第 468 页。

③ 中华民国红十字会总会编：《中华民国红十字会战时工作概要》附录，1946 年刊行，第 35 页。

④ 《复员期间中华民国红十字会总会初步工作实施计划纲要》，《红十字月刊》1946 年第 1 期。

被推举为北平分会会长，副会长为全绍清、凌其峻，另外选举出理监事多人。[①] 由此复员时期的北平分会有了基本的工作班底，开始了新时期传承、创新与转轨的慈善服务工作。

（一）平民化和社会化的医疗服务

抗战胜利后，红十字会的工作重心从战地转向民间。北平分会继续发挥卫生医疗之传统优势，通过医院、诊疗所以及沙眼防治所等机构，大范围推进和拓展医疗服务；同时密切关注失序社会当中"最易受损害群体"的生命困境，扶危济困，施粥舍饭，在新的时期继续以红十字人道主义的独特方式守护社会安全。总体来说，复员时期北平分会的主体医疗服务除了服务领域从战地转向后方，服务对象从伤兵转向平民，更为重要的是，这一时期服务内容整体上呈现出平民化和社会化的特征。平民化体现在这些慈善医疗服务机构开始敞开大门，面向普遍贫困化的社会大众，而不是哪一个特定的社会群体；而社会化则体现在医疗服务不仅以传统医疗机构为平台传递服务，还主动积极地走向社会，参与运动会、庆祝大会、节日庆典以及各种突发事件的救护服务。这种平民化和社会化的服务特征是北平分会贯彻"服务社会，博爱人群"的服务宗旨的结果，也是其在新的历史时期有意识地能动发展和探索创新的体现。

复员期间，北平分会的医疗服务除了扩大了医药救济的范围，还在服务的性质上发生了一些细微但却重要的变化。这些变化传递出慈善组织从传统向现代蜕变的重要信息，主要体现为传统慈善性的消减和现代公益性的增加。长期以来，"中国红十字会之工作，救灾恤难，仁爱博施，然其观念，乃为慈善，有功利心无责任感；要其工作领域，只限于战争及灾变范围"[②]。正因为如此，复员之初，中国红十字会会长蒋梦麟提出，"中国红十字会所办的医药事业，必须力求健全，更必须认清自己是超然的，也

---

① 杨红星：《抗战胜利后北平红十字会的历史变迁》，《北京档案》2015年第7期。

② 曾大钧：《中国红十字会之新机运》，《红十字月刊》1946年第1期。

是出于志愿协助的立场的"①。此处所指的"超然"是指红十字会医疗服务事业是独立的,秉承"志愿服务"的基本原则,不受外界力量与利益的干涉,"既不是国立,也不是公立,更不是私立,而在上述三者之间,有一个超然的身份"②。不是国立和公立,说明不属于政府公权力掌控的公共事业范畴;不是私立,说明也不同于市场配置资源的营利企业。这在某种程度上已经提出,红十字医疗事业是独立于政府与市场之外的第三方,是社会力量的集结与彰显,这正是现代公益社团所具有的重要品格。复员期间,北平分会的医疗服务是民众迫切需要的,也是这一时期红十字慈善服务工作的一大特色。需要指出的是,正是在蒋梦麟会长公益思想的指引下,北平分会所提供的医疗服务体现出鲜明的公益性质和现代特征:分会医院头二等病房可酌收费用,三等病房酌设免费病床;沙眼防治所实行义务检查;诊疗所门诊除酌收挂号费外,以免费为原则,其他如有必需收费者,呈报总会核定,但均以低于当地公共卫生机关者为原则。免费低费,显然服务对象"主要是穷人"③。再有一点非常重要,这些公益服务的经费主要来自社会,通过广泛的社会征募运动,"取之于民,用之于民",而北平分会所做的正是在志愿原则上对社会资源的动员与传递,其公益品质与慈善情怀可见一斑。聚拢爱心,吸纳社会力量,同时向最需要帮助的人提供服务,折射出复员时期北平分会"急社会所急,供社会所需"的现代公益组织的品质所在。

(二)逐步融入生活的社会救济工作

如果说慈善医疗服务是为民众的生命安全提供保障的话,那么社会救济就是为灾民和贫苦无依者的生活安全提供庇护。社会救济是中国红十字会的传统业务,但并非复员时期的中心工作,而是在行政院善后救济总署的统筹下发挥一定程度的协同配合作用。

---

① 蒋梦麟:《复员时期的中国红十字会》,《大公报》1946年2月17日。
② 蒋梦麟:《复员时期的中国红十字会》,《大公报》1946年2月17日。
③ 池子华:《红十字与近代中国》,安徽人民出版社2004年版,第480页。

1946 年 12 月 1 日，受北平市社会局委托，北平分会开办了国子监暖厂及极乐庵粥厂，受救济者计暖厂每天平均 40 多人，粥厂每天平均 1900 多人。此外，尚有乐善好施之士前往自由施放赈品，"一般贫苦之市民，可得温饱，而度此寒冬矣"[1]。从 1946 年 12 月至 1947 年 3 月，施济贫民就食领粥者共 190066 人，寄宿就食者 4824 人。北平市社会局遂以北平分会办理冬赈粥厂暖厂成绩优良，经北平市市长批准于 1947 年 7 月颁赠锦旗一面。1947 年春，美国红十字会捐赠救济衣服一批，北平分会组成赈衣分配委员会，进行调查分发，共分发慈善团体、学校等 52 个单位，发给赤贫个人 124 人。从 1948 年 1 月 19 日开始，北平分会在分会所在地干面胡同 22 号向贫民施放玉米面窝头，每天上午 11 时起到下午 1 时止，每天只限 100 人，每人 2 个。到 4 月 15 日，北平分会共计支出 4.515 亿元，此款均为社会各界捐助。此外，分会还利用征募所余之款购买棉衣、鞋帽等物，发放给贫苦民众度过冬荒。[2] 同年 6 月，北平分会与新民报社、美国进德会共同施放济贫窝头，计受惠人数 6000 人。[3]

上述是北平分会参与社会救济工作的几个片段，对于普遍陷于困境的社会民众而言，红十字会所提供的救助数量有限，杯水车薪，难以扭转大局。某种程度上，这种救助带有"临渴掘井"和"枝节应付"的特征，但这并非北平分会自身的问题，而是在当时整个社会秩序失调和政府职责严重缺位的情形下，众多慈善和救助机构虽殚精竭虑、身体力行，但往往热情有余、力量不足的整体状况。这一时期，由于各种条件的限制，北平分会的社会救济行动其象征意义大于实际效果，但无论如何，这种行动的示范效应仍不可低估。这一时期北平分会的慈善救济工作建树不大，可能与社会救济并非这一时期的工作主业有一定联系。不难看出，此时的北平分会扮演的主要是在政府主导之下查漏补缺的角色，因此不太可能彰显过于

---

① 《国子监暖厂及极乐庵粥厂》，《红十字月刊》1947 年第 13 期。

② 孙静敏编纂：《北京市红十字会的 65 年》，文津出版社 1995 年版，第 29 页。

③ 《本会新闻》，《红十字月刊》1948 年第 30 期。

鲜明的个性特征。但即使如此，从创新的视角来看，北平分会甘当配角，乐于协作的开放姿态也在一定程度上表达出北平分会试图全方位融入社会、宽角度影响大众的内在诉求。

二、新型慈善服务在拓展中转型

如果说在传统慈善服务方面北平分会体现出创新的些许特征，那么通过拓展全新服务项目则直接表达出北平分会慈善服务转型的意愿和诉求。

（一）慈善服务内容拓展与转型的背景及原因

自 1904 年中国红十字会成立以来，对于红十字会所主导的慈善服务工作，民众长期存在着一定的误解和片面认识。第一种观点只看见红十字会"在替贫民服务，在使不幸的人类服务"，由此认定红十字会的慈善服务工作是消极的工作，而不是社会的积极建设。第二种观点认为红十字会的慈善服务不是一种永久性的工作，"这种工作只在目前计划经济未臻完美，社会贫富尚属悬殊，教育未普及，生活过于艰困的情形下，始有存在的可能，将来一旦经济制度改进，人类生活得有保障，社会服务便失其必要了"[1]。第三种是对社会服务的批评，"以为社会服务是一种艺术而不是学问，所以从事社会服务的人，大多数才知平凡，社会有聪明才干的人，都在学问研究工商事业或政治活动上奔驰，而不就社会服务这种辅助工作"[2]。上述观点显然对红十字会所从事的社会服务工作存在着偏见，是对中国红十字会 40 余年博爱恤兵、扶危济困工作的非理性评价。虽说如此，但社会上毕竟存在着这些不和谐的声音，这表明红十字会的社会服务在彰显特色、构建品牌方面存在一定问题，这种论调的长期发展，难免会使社会公众对红十字会工作合理性和存在价值提出质疑，从而影响红十字事业

---

[1] 汤蠡舟：《社会服务之信心》，池子华、郎元智主编：《中国红十字运动史料选编（第十五辑）》，合肥工业大学出版社 2020 年版，第 35 页。

[2] 汤蠡舟：《社会服务之信心》，《红十字月刊》1946 年第 5 期。

可持续发展。之所以会产生上述错觉或偏见，是因为红十字的社会服务还没有全方位地融入社会，深入社会各个层面，造成了部分局外人士对于红十字会殚精竭虑所开展的人道事业只是保持"雾里看花，水中望月"的观望姿态，缺乏深入了解，所以难免会有不甚公允的言论。

战争结束，复员开启，北平分会迎来了事业发展的"新机运"。所谓"新机运"，简言之，"盖以新生之力，以谋免去人群生活之匮乏，起人于疾病、冻馁、愚昧、困恼之中者也。是故凡与人生活攸关者，赖时代之予，借红十字会之力，而予人以满足，并以之丰富人之生命，涵煦人之精神，启迪人之智慧，泯除人之痛苦，以新的方法，作新的服务，皆足以当新机运之契机也"①。面对"新机运"，红十字会需除旧革新，全面转型，以全新姿态，投入新生活，输入新方法，提供新服务。于是总会提出了"服务社会，博爱人群"的总宗旨，要求"本会一切之事业，变消极性为积极性，变慈善性为社会性，变局部性为普遍性，成为划时代一大转变。将从量的扩充，质的改进，以达成一切皆合于现代化之标准"②。蒋梦麟会长也适时提出红十字会"要彻底解放旧慈善的观念"，"要具有责任感的为人群服务"，"要为改造新社会而努力"，要以"打定会的基础"和"促进社会安全"为转型期间两大工作目标，为社会服务，为人群造福。③

正因为如此，复员伊始总会提出，"红十字会工作之准绳，在本人生服务之目的，博爱为怀之精神，以发展人群生活，增进社会福利"；"红十字会初步工作之实施，须能适应社会福利之需要，免人群生活之匮乏，从事积极性、保育性、集体性之服务工作，以期奠立永久事业之基础"。④正是基于上述思想，北平分会的中心工作除"征求会员"和"筹设基金"之外，还提出"分会展开事业，应有实际之工作表现，除办理医药卫生及

① 曾大钧：《中国红十字会之新机运》，《红十字月刊》1946年第1期。
② 《曾副秘书长大钧报告》，《红十字月刊》1946年第5期。
③ 池子华：《红十字与近代中国》，安徽人民出版社2004年版，第468页。
④ 《复员期间中华民国红十字会总会初步工作实施计划纲要》，《红十字月刊》1946年第1期。

一般救济外，更需配合当地环境之需要，展开新兴之事业，以发扬社会服务之精神"①。这里已经明确提出，分会的慈善服务工作要适应社会要求，进行与时俱进的创新。北平分会正是秉承上述思想和宗旨，结合社会环境与民众需求，在承继传统的同时，积极推进服务转型，开辟全新的慈善服务领域，切实践行"服务社会，博爱人群"人道宗旨。

（二）深入社会生活，拓展服务内容

复员之初，在慈善服务方面，北平分会即被中国红十字会总会选定为红十字服务中心试验区，在诸多服务项目方面开风气之先且成效显著。北平分会相继成立了华文打字学校、民众识字班、儿童福利站、托儿所、图书阅览室、荣军玩具厂、职业介绍所等 10 个公益事业和服务设施，为协助基层民众增长智识、就业谋生以及救济贫困、扶助营养不良的婴幼儿等方面，起到了一定的作用。②

在慈善服务的新举措中，文化服务是重要亮点。北平分会的文化服务主要包括开办图书阅览室和放映露天电影。北平的图书阅览室最初由中国红十字会北平区办事处于 1946 年 8 月 15 日开办，计有杂志 24 种、52 册，报纸 12 种，新闻画片 60 帧。③ 后区办事处撤销，办事处原有之设施自然归为分会所有。到 1947 年初，分会阅览室"添购大量图书杂志，并增加新闻纸多种，以供会员阅览"。到该年 6 月，图书阅览室一个月的阅览人数已达 1093 人。④ 此外，北平分会还利用放映电影的机会，宣传红十字会，同时作为拓展服务领域的重要项目。1946 年 8 月 23 日，北平分会在北平市区办事处广场，放映教育性电影，参观者达 1200 人。⑤ 10 月 2 日、4 日、7 日，中国电影服务处及美国新闻处，放映新闻片、教育片及红十

---

① 《复员期间中华民国红十字会总会调整及管理分会办法》，《红十字月刊》1946 年第 2 期。

② 孙静敏编纂：《北京市红十字会的 65 年》，文津出版社 1995 年版，第 27 页。

③ 《中国红十字会新闻》，《红十字月刊》1946 年第 9 期。

④ 《中国红十字会新闻》，《红十字月刊》1947 年第 19 期。

⑤ 《中国红十字会新闻》，《红十字月刊》1946 年第 9 期。

字会讲话，每次观众辄千人以上。[①] "文化服务是社会服务中最富有精神营养的一项活动"[②]，在一定程度上满足了人们对时代新知的渴求，因而"极受社会人士之欢迎"[③]，也收到了意想不到的社会效果。正如蒋梦麟会长所言，战后红十字会事业的可能发展，"不但是为了救饥、救冻、救病而作物质的救济，必然的要达到全面的精神救济"[④]。北平分会的文化服务正是精神救济的重要体现，是其深入社会，融入民众生活，推进服务转型的重要表征。

除了开展文化服务活动之外，北平分会还逐步推进康乐活动和联谊活动的开展。这也是新时期服务创新和服务转型的重要体现。1946 年底，北平分会为"提倡音乐兴趣"，服务社会人群，选拔会员 60 余人组建了合唱团。歌咏队在 12 月初开始练习，每逢周六下午进行排练，抗战中的名曲，"在这儿再度流行，十二月二十九日在建国堂举行了第一次演唱会，一切都由队员同学处理，在兴奋的情绪下，完成了这除夕的插曲，听众三千余人"，他们"非但娱乐自己，也将为社会呼出不平"。[⑤]

为了民众身体的康健，北平分会设立了游艺室，"备有棋弈乒乓等多种游艺品，每日来会参加游艺者，甚为踊跃"。值得关注的是，为提倡居民健身运动，北平分会还设立了溜冰场。1946 年 12 月 28 日，红十字会冰场开幕，在音乐的伴奏下，"青年朋友们电掣风驶的奔突，云霞样的旋转，有的携手成圈，有的婆娑起舞，更有技术娴熟的在场中央表演。初学者战战兢兢还不免摔跤，引得观众们嬉笑。从午后到黄昏，从黄昏到黑夜，一袭薄薄的夹衣，青年的弟兄们在北国的寒风里蹓呀蹓"[⑥]。自冰场开幕，"每日溜冰人数不下百余人，诚属冬季适宜之青年康乐活动"。1947

---

① 《中国红十字会新闻》，《红十字月刊》1946 年第 10 期。
② 《加强精神食粮供应，为文化服务辟一角》，《红十字月刊》1947 年第 22 期。
③ 《中国红十字会新闻》，《红十字月刊》1946 年第 11 期。
④ 蒋梦麟：《复员期间的中国红十字会》，《大公报》1946 年 2 月 17 日。
⑤ 鲍华：《在金陵望故乡——忆北平分会半年来的活动》，《红十字月刊》1947 年第 14 期。
⑥ 鲍华：《在金陵望故乡——忆北平分会半年来的活动》，《红十字月刊》1947 年第 14 期。

年1月19日，"举行化妆溜冰比赛大会一次，各种表演均极精彩"①。此外，分会以"联络感情，服务社会"为目标，从1946年11月开始，在征友过程中组建了男女青年知行社。其中男社百人，大中学生皆有，成立时以举行晚会为庆祝；女社以中学生为多，30余人。知行社成立以后，"对社会服务屡有贡献"。他们每星期六聚会一次，或讨论，或游戏。② 由此可见，北平分会所开展的康乐活动和联谊活动以青年学生为主体，形式新颖，内容丰富，既符合中国红十字会总会的要求与规定，同时又展现了北平分会的风采与特色，收到了较好的服务效果。

通过创新慈善服务的新园地，北平分会践行"保健、乐育、安生、助人、益世"的新思路，逐步寻找融入民众社会生活的新途径，以实现在新时期美誉度和公信力的提升以及社会价值的最大化。不难看出，在这一过程中，北平分会姿态平易，态度积极，主动创造各种机会亲近社会与人群，这种转变不仅仅是其业务拓展的体现，更是推进服务转型的重要努力。在这一过程中，北平分会抓住了"满足社会需要"这一核心问题，从而为其服务创新与转型厘定了正确方向。所谓社会服务，当然应该从社会需要出发，为满足社会而服务，这是社会服务之要旨。正所谓"社会服务无论在任何时期，都是由于人们的需要。社会服务无他，即利用人类文化和知能，直接福利人民的一种事业而已"③。复员之初，北平分会的慈善服务工作无论是传统业务创新还是新型业务拓展，都是基于社会人群之需要，在大时代中顺势而动，表达了服务转型的强烈意愿。

应该说，在复员时期的前程，北平分会为实现总会提出的"成为现代化之社会服务团体"之目标④，积极推动组织转型和服务转型，吸纳各界人士，恢复重建组织；围绕征求会员、筹募基金的中心工作，推动征募运

---

① 《大会溜冰场已告结束》，《红十字会刊》1947年第13期。

② 鲍华：《在金陵望故乡——忆北平分会半年来的活动》，《红十字月刊》1947年第14期。

③ 汤蠡舟：《社会服务之信心》，池子华、郎元智主编：《中国红十字运动史料选编（第十五辑）》，合肥工业大学出版社2020年版，第35页。

④ 《复员期间中华民国红十字会总会初步工作实施计划纲要》，《红十字月刊》1946年第1期。

动；本人生服务之目的、博爱为怀之精神，"关于青年儿童妇女救济荣军医疗救护文化等事，莫不积极筹划次第推行"。从而成为复员时期地方分会红十字事业的典型与模范，也受到了中国红十字会总会的嘉奖和表彰。在中国红十字会于 1947 年 2 月 12 日召开的第二次理事会上，中国红十字会总会议定"凡业务能依照既定计划进行，并征募成绩优良者列为甲等"，根据业绩，北平分会与南京、上海、武进、广州、西安、重庆、汉口等地分会同入甲等之列，并得到中国红十字会总会颁发的奖状。[①] 可见，北平慈善服务事业的创新与转型方向是正确的，而且已经开始取得了一定成绩，显现了积极的社会效应。

三、慈善服务的发展中断及其深层次原因

抗战胜利后，在中国红十字会总会的指导之下，北平分会基本厘定了慈善服务创新与转型的基本方向和主体内容，而且在医疗、救济、文化等方面皆取得了一定成绩。但社会局势急转直下和慈善环境恶化所造成的普遍经济困境，最终导致北平分会慈善服务活动举步维艰，转型计划搁置断裂。某种程度上，这也是复员时期中国红十字运动的整体问题，其中教训值得深思和借鉴。

（一）经济困境是转型中断的根本原因

应该说，复员初期的北平分会以积极务实的姿态，试图探索出一条明晰的转型模式和转型道路，并取得了诸多领域的重要成绩。但从复员中后期的历史进程来看，却出现了这种发展势头难以为继和不可持续的状况，并由于时局的急剧变化，最终转型进程中断。1947 年 11 月，王正黼会长辞职，由全绍清副会长代理会长，主持会内工作。1948 年 11 月，吕芝山总干事辞职，由凌其峻副会长兼任总干事。此外，部分专职人员也陆续离开分会，自谋职业。这时因人事更迭，人心浮动，会员活动基本停顿，创

---

① 《中国红十字会新闻》，《红十字月刊》1947 年第 14 期。

新与转型的宏伟抱负也暂且搁置。①直至 1949 年 2 月北平解放，北平分会重新焕发生机，又酝酿开始另一次"脱胎换骨"式的新生。

　　仔细分析北平分会转型中断的原因，需要从复员谈起。红十字会的转型是以社会复员为前提的。所谓复员，是对战争状态的告别，有和平肇始和秩序恢复之意。当然，复员也有"复原"之意，即社会的复苏和经济的重振。抗战胜利后，红十字会对复员充满了预期和希冀，并由此制订了宏伟的转型计划，欲继往开来，"对外争放异彩，对内克树良模"②。怎奈复员时期的中国社会并未实现长久复员或者说根本未实现真正的复员，这不仅仅因为之后全面内战的战火重燃，更重要的是，在整个复员时期，社会经济始终未实现真正的"复员"与"复原"。红十字会作为社会组织，始终是社会系统的有机组成部分，不可避免地要与社会环境进行信息交流和资源传递。红十字会欲成为现代化的社会服务团体，首先要有一个安定和谐、有利于现代性成长的社会环境。换句话说，红十字慈善服务的复员，很大程度上依赖社会经济的复苏。但整个复员时期，社会经济的复员未能实现，期望中利好的社会环境也未能获得，最终造成转型的失败。

　　复员时期是中国红十字会发展史上的一个重要时期，但同时也是中国红十字会面临经济困境的一个时期。③ 在整个复员时期，北平分会的经济难题始终存在并不断恶化。复员期间，北平分会虽开展了不少事业，但所举办的活动均为公益服务性质，无论开展救护、救济，还是举办训练班和福利实体，都需北平分会自筹资金。在整个复员时期，北平分会大都处于入不敷出的状态。据 1946 年度统计，北平分会各项收入为 5000 万元，而支出则达到 6000 万元，不得不向中国红十字会总会申请补助才渡过难关。此后几年，分会在财政上基本上都处于赤字状态。"经费为事业之母"，没有基金，红十字会事业无法拓展，转型抱负当然也无法实现。

---

① 孙静敏编纂：《北京市红十字会的 65 年》，文津出版社 1995 年版，第 31 页。

② 蒋梦麟：《中国红十字会之新生》，《红十字月刊》1946 年第 3、4 期合刊。

③ 吕志茹：《"复员"时期中国红十字会的募捐活动》，《史学月刊》2012 年第 2 期。

　　红十字会在一定程度上"虽受着大众的爱护，政府的扶助，和友邦的支持"，但"始终无法独立起来"，其经济状况"贫乏脆弱的使人难以置信"。① 由是，北平分会在复会之后即开始了声势浩大的征募运动，试图首先实现经济复员，以"打定会的基础"。但囿于各种条件，北平分会与各地分会一样，虽然热情满怀，但征募活动并未达到预期目标。1947 年，在中国红十字会总会的号召之下，全国红十字组织进行了较大规模的筹募事业基金运动，虽然总会与各分会进行了较为广泛的动员，但除了南京分会外，多数地区未达到预期的目标。② 从全国范围看，距"五十亿元运动"的期望值相差甚远，对于北平分会而言，募款总数还不足 6000 万，远未达到 4 亿元的目标。此次征募之后，全国形势普遍恶化，战云密布，时局动荡，征募运动更是难以广泛开展，北平分会的征募运动基本处于停滞状态。

　　会费收入是复员时期北平分会的主要经费来源。为弥补经费的不足，北平分会不得不规定会员捐献或提高会费金额，虽然增加了一部分经费，但仍跟不上物价的飞涨及会务活动费用的激增，所收会费及捐款仍不能维持最低限度的开支。"为了发动内战，支撑庞大的军费开支，国民政府中央银行大量印行法币，造成通货膨胀，法币不断贬值"，"物价如脱缰野马，以千倍、万倍、百万倍扶摇直上"，"许多日常生活必需品的价格一路飙升，1947 年 1 月，面粉价格为每市斤 800 元（战前为 4 元），12 月就达到了 13833 元，一年之内竟涨了 17 倍"。③ 正因为如此，虽然会费数额有所增加，但实际购买力却处在不断下降之中。据资料统计，复员初期，北平分会规定会费标准为团体会员缴纳 10 万元以上，名誉会员 5 万元以上，特别会员 1 万元以上，普通会员年纳 2000 元，青年会员年纳 1000元。到 1947 年 6 月 24 日，北平分会规定各类会员除应交纳当年会费外，

①　江声镳：《中国红十字会的经济复员》，《红十字月刊》1946 年第 9 期。

②　池子华：《红十字与近代中国》，安徽人民出版社 2004 年版，第 459 页。

③　赖生亮：《饥寒交迫民怨炽——北平和平解放前夕的市民生活》，《北京档案》2009 年第 3 期。

还附加捐款：普通会员捐款 5000 元，青年会员捐款 3000 元，特别会员捐款 2 万元，团体会员、名誉会员仍自由捐款。1948 年 4 月 15 日，北平分会会费标准再次调整增定为：普通会员年纳会费 5 万元，青年会员年纳会费 2 万元，特别会员一次性缴纳会费 20 万元，名誉会员一次缴纳会费 100 万元，团体会员一次缴纳会费 150 万元以上。[①] 尽管会员积极主动地履行缴纳会费义务并参与捐款，但由于国民政府经济的紊乱和恶性通货膨胀的干扰，分会工作仍然步履维艰。由于经费困难，遏制了会员活动的开展，甚至职员的薪金都难以保证。到新中国成立前夕，北平经济已陷于全面崩溃的境地。[②] 红十字会事业的发展与转型只能归于停顿。

（二）经济困境背后的社会因素解析

由于社会经济未能获得实质性"复员"和"复原"，北平分会征募运动不尽如人意，而且持续性地陷于经济困境，抱负难以施展，转型难以实现。这种情况的出现，除了长期遭受天灾兵燹所导致的社会动荡和民心漂移之外，政府专制独裁下的残暴掠夺和有效治理缺位所造成的经济萧条、民生凋敝是更重要原因。民众的支持是红十字事业的源头活水，由于社会和民众普遍陷于贫困状态，"取之于众，用之于众"的红十字会何来为炊之米，为火之薪呢？正所谓"战后疮痍，民生久困，人怀乐善之心，力有难从之憾"[③]。民众本已贫困，再加之通货膨胀的疯狂掠夺，民众生活已到崩溃之边缘。这一时期，"尽管当局高唱安定民生，实际上民将垂死"，北平民众饱尝着"官发复员财，民遭胜利灾"的滋味。[④] 当时的境况下，"一个公务员，每月收入维持小一家人最简单的衣食已感不足，那（哪）还有余力应付这些善人善事呢"[⑤]？而在北平"吃不饱，穿不暖成为一种普遍的

---

① 孙静敏编纂：《北京市红十字会的 65 年》，文津出版社 1995 年版，第 24—25 页。

② 赵晋：《北平解放前夕经济状况》，《北京党史研究》1993 年第 3 期。

③ 《国民政府蒋主席为中国红十字会募集事业基金题词》，中国红十字会总会编：《中国红十字会历史资料选编 1904—1949》，南京大学出版社 1993 年版，第 99 页。

④ 王琪：《北平的"此风不可长"》，《真话》1946 年第 2 期。

⑤ 朱子会：《本届红十字会的一人一元运动》，《红十字月刊》1948 年第 33 期。

社会现象"，"老百姓整天忍饥挨饿，对吃上一顿饱饭充满了期待"。[①] 在这种境况下，怎能期待民众参与到红十字事业当中呢？

如果透过财源和战争因素深入审视复员后期北平分会慈善服务工作断裂的原因，应该最终归结为复员时期整体社会运行的失序和社会功能的失调。大战之后的复员时期，百废待兴，民生凋敝，国民政府不仅缺乏对社会有效的治理和调控，还大肆"强化"国家机器，为特权群体谋取私利，甚至发动反人民的内战，使社会经济几近崩溃，社会秩序和社会生活极度紊乱。按照社会运行的理论，复员时期的国民政府处于"恶性非协调运行"阶段。所谓"恶性非协调运行"，意指"社会关系内部陷入紊乱状态，而且生产力的发展也遭到严重的抑制乃至破坏。在这种情况下，社会系统功能和作用没有得到维持社会正常运行所必需的最低限度的体现和发挥，社会要素间的正常联系被打破，为体现并发挥其各自功能而协调的行动成为不可能，社会处于有障碍的非协调运行状态"[②]。同时依据组织社会学，环境对组织具有重要制约作用，这种制约来自"环境的容量""环境的稳定程度""环境的集聚程度""环境的紊乱程度"等等。[③] 作为秉承人道主义的慈善组织，红十字会奠基于社会，并与社会同行，为社会服务，社会是红十字之环境与土壤，是力量之源，是决定包括慈善服务在内的红十字事业的根本因素。

抗战胜利后，中国红十字会总会领导之下的北平分会希冀借复员契机，实现创新与转型，以更好地实现其"服务社会，博爱人群"之宗旨，但时局的陡转直下与社会的剧烈震荡使之无法尽展其服务社会的宏图大志。总体说来，复员时期的北平分会坚持"从社会中来，到社会中去"的总体思路，对这一时期的慈善服务有着较高的定位、较好的预期和较为周密的计划，同时在局部领域也取得了一定成绩。但由于财源的匮乏和社

① 赖生亮：《饥寒交迫民怨炽——北平和平解放前夕的市民生活》，《北京档案》2009 年第 3 期。

② 薛春波：《社会运行的基本类型初探》，《贵州教育学院学报（社会科学版）》2000 年第 3 期。

③ 刘祖云等：《组织社会学》，中国审计出版社 2002 年版，第 279—284 页。

会失序所造成的社会支撑力量的不足，北平分会的慈善服务工作虽勉力维持，但整体效果并不理想，其服务的深度和广度皆有待提高。复员时期北平分会的慈善服务工作，某种程度上讲可以说是"成也社会，败也社会"，成于复员时期人心思定后慈善需求和愿望的普遍提升，败于国民党政治腐朽及重燃战火所造成的社会动荡与失序。与社会共进退的红十字组织，需要社会和民众的呵护与支持。在新的历史时期，红十字慈善事业的可持续发展，仍然要紧密贴近社会，从社会需求出发，为了民众，依靠民众，接受民众监督，在此基础上科学管理，有力实践，实现与社会的良性互动和协调发展。

（作者杨红星，燕山大学马克思主义学院教授）

李德全率团首访日本及其启示

徐国普

摘 要：1954 年中国红十字会会长李德全首访日本，揭开了中日关系新的一页。作为"新中国和平外交政策的成功范例"，李德全首访日本的"破冰之旅"，也为我们留下了弥足珍贵的历史经验和启示。

关键词：中国红十字会 李德全 中日关系 破冰之旅

中日一衣带水，两国民间交往源远流长。在中华民族伟大复兴与世界百年未有之大变局发生历史性交汇的当下，由于对历史认知以及美国影响等多种因素，中日关系近年来毋庸讳言再遭冷遇，再蒙阴影。鉴此，在中日已恢复邦交半个世纪后的今天，有必要回顾 60 多年前，1954 年中国红十字会会长李德全成功首访日本的"破冰之旅"，从中我们可以得出一些有益的历史启示。

一

新中国成立后，在华日侨尚有 3 万多人，在押战犯 1000 余人。日侨回国和遣返战犯作为中日外交的一项重要课题，摆到了中央议事日程。1950 年 10 月，李德全在出席红十字会协会第 21 届理事会会议期间，根据周恩来总理的指示，主动和日本赤十字社（即日本红十字会）社长岛津忠承接触，表示我国愿意帮助日侨回国。[①]事实上，从 1949 至 1952 年，中国红十字会曾协助日侨 520 多人分批回国。但由于中日两国还没有建立

---

① 程麻、林振江：《日本难忘李德全》，中国社会科学出版社 2017 年版，第 7 页。

外交关系，以及日本吉田政府执行敌视新中国的政策，大多数日本侨民回国的愿望还是难以实现。

从人道主义出发，1952 年 7 月，中国红十字会和外交部、公安部、总理办公室等部门组成了日侨事务委员会，拟定出协助日侨归国计划。① 同年 11 月 12 日，政务院颁布《关于处理日侨中若干问题的规定》，提出遣送日侨的办法、经费、财产处理和离职日侨待遇等问题。1953 年 2 月，李德全任团长、廖承志为顾问的七人团与来访的岛津忠承为团长的日本赤十字社、日中友好协会和日本和平联络委员会（合称三团体）代表团，就日侨归国问题开始进行多次磋商。3 月 5 日，双方签署了《关于商洽协助日侨回国问题的公报》，商定日本派船到达中国的指定港口，两年左右将 3 万名日侨分期分批接运回国。为表达对中方热诚协助的谢意，岛津忠承当即郑重邀请李德全于秋季率团访问日本。②

紧接着，3 月 20 日至 22 日，第一批 4936 名日侨分别乘上日轮"兴安丸""高砂丸""白龙丸""白山丸"，离开秦皇岛、上海和天津回国。③ 为答谢中方的善意，7 月 2 日和 8 月 26 日，日本两次分别将 560 具和 615 具中国劳工的遗骨送回天津。这样，双方合作呈现出良好的开局。至这年 10 月，共有 7 批 26026 名日侨回国。④

1954 年 7 月 29 日，李德全分别会见来访的日本和平代表团和日本国会议员代表团，表示中国红十字会在受到政府委托后，将和日方三团体联络事务局取得联系，就协助前日军人回国问题进行沟通，并对自己访日事宜尚未能成行，表示遗憾。中国人民以德报怨，在日本友好人士一年多的努力下，8 月 4 日，中国红十字会收到了日本赤十字社获准发出的访问正

① 孙柏秋主编，池子华、杨国堂等：《百年红十字》，安徽人民出版社 2003 年版，第 321 页。

② 《我会代表团与日本代表团就协助日侨归国问题取得一致意见》，《新中国红十字》1953 年第 2 期。

③ 《第一批愿意回国的日本侨民离我国返日本》，《人民日报》1953 年 3 月 24 日；《中国红十字会协助日侨分批回国工作结束》，《人民日报》1953 年 10 月 31 日。

④ 池子华总主编，徐国普：《中国红十字运动通史（1904—2014）》第 2 卷，合肥工业大学出版社 2018 年版，第 245 页。

式邀请。

李德全亲任中国红十字会访日代表团团长，红十字会顾问廖承志任副团长，成员还有红十字会常务理事伍云甫、红十字会顾问赵安博、红十字会副秘书长倪斐君、红十字会国际联络部部长纪锋和随员吴学文以及秘书肖向前、翻译杨振亚和王效贤。因是第一个访日代表团，周恩来总理极为重视，临行前特地接见了他们，指明此行的目的是促进两国发展友好关系，说明我国愿同日本和平共处，长期友好。鉴于复杂的国际环境和两国关系的现状，总理鼓励他们，"只要到达东京就是胜利"。总理的关怀和指示成为代表团首次访日的重要保证。①

二

1954 年 10 月 24 日，李德全率领代表团从北京出发。30 日下午，经香港安全飞抵东京羽田机场。倪斐君、纪锋和吴学文为安全起见，先于 28 日抵达东京。②作为民间使节，中国红十字会代表团是新中国第一个访问日本的团体，两国外交取得了零的突破。李德全成为新中国最早踏上日本国土的贵宾，践行了总理一贯坚持的"以民促官"的对日方针。在羽田机场，日本各界代表 400 多人等候欢迎，李德全发表了热情洋溢的讲话，指出此访表明中日人民的友好往来有了新的发展，同时促成了两国人民进一步的相互了解。

当晚，三团体在东京站八重洲附近的国际观光饭店举办欢迎宴会。岛津忠承致欢迎辞，对中国红十字会大力协助日侨回国，表示衷心的谢意。日本和平联络委员会代表大山郁夫致辞指出，1952 年 6 月周恩来和尼赫鲁发表联合声明，以及 10 月中苏两国政府发表联合宣言，阐明和平共处五项原则，给日本人民带来了深刻的影响。日中友好协会副会长内山完造在

① 纪锋：《揭开中日关系史上新篇章的一次访问》，《中国红十字》1992 年第 4 期。
② 《应日本红十字会邀请到日本访问 中国红十字会访日代表团到东京》，《人民日报》1954 年 11 月 1 日。

致辞时表示，日本人民决心排除一切阻力，和中国人民握手，恢复中日邦
交的活动已在进行中。随后，李德全致辞，衷心感谢三团体的盛大欢迎，
并对三团体协助旅日华侨回国、收殓和送回中国劳工遗骨，致以深厚的谢
意。她说，这次还带来了留在中国的日本战犯的全部名单，其中大部分战
犯将获准我国政府的宽大处理，中国红十字会尽可能地予以照顾和帮助。
此外，越南境内还有一批日侨愿意回国，中国红十字会也愿意协助经由上
海回国。①这次访问对于增进两国人民的友好关系，维护远东和亚洲和平，
具有重要意义。

　　第二天上午，代表团访问日本赤十字社总部，李德全向岛津忠承递交
了《日本侵华战争罪犯名册》和《日本侵华战争罪犯死亡者名册》，这被
日本朝野看作是首访带来的最重要的礼物，也是日方始料未及的"大礼
包"。晚上，日本赤十字社举办了欢迎宴会，气氛热烈。

　　11月1日下午，代表团来到神奈川县藤泽市，参加音乐家聂耳纪念碑
的落成式。仪式上，日本著名音乐家关鉴子指挥歌唱团，演唱《义勇军进
行曲》。李德全致辞指出，聂耳是伟大的人民音乐家，不仅活在中国人民
的心中，也受到日本人民的爱戴。②建立聂耳纪念碑，是中日友好的象征，
表达了和平的愿望。

　　2日下午，代表团参加在东京浅草东本愿寺举行的追悼中国殉难俘虏
全国联合大会，追悼在日牺牲的抗日烈士。3日下午2时，日本赤十字社
举行仪式，赠送影片、书籍、油画等礼物，下午4时还举行了欢迎茶会。
随后，代表团出席旅日华侨在东京日比谷露天音乐堂举行的欢迎会。③

　　4日上午，三团体、拥护和平宪法国民联合会等在东京共立礼堂举行
欢迎大会。李德全致辞强调，中日长久友好、和平共处，是两国人民的共

①　《日本红十字会、日中友好协会等团体 欢宴我国红十字会访日代表团》，《人民日报》1954
年11月4日。

②　《日本各界举行追悼我国抗日烈士大会 中国红十字会代表团参加聂耳纪念碑落成式》，《人
民日报》1954年11月5日。

③　《旅日侨胞热烈欢迎中国红十字会代表团》，《人民日报》1954年11月5日。

同愿望，也是亚洲的和平之路。①下午代表团参观日本赤十字社直辖的中央医院。

5日下午，代表团参观名古屋帝国人造丝公司等，晚上出席爱知县知事、日本赤十字社爱知县分会会长和名古屋市长举办的欢迎宴会。6日上午，代表团参观名古屋电视塔和陶器工场，中午出席26个妇女团体主持的招待会。7日，代表团参观了京都平安神宫、西阵纺织会馆、桂离宫、清水寺、东本愿寺和西本愿寺等名胜古迹，并应邀出席了有15000人参加的"欢迎中国红十字会京都府民大会"②。

8日上午，代表团到达大阪住所后，会见了报界记者和归国日侨代表。下午，李德全和部分人员参观大阪城、电气科学馆和电视工厂，廖承志出席神户的华侨欢迎大会。9日上午，代表团参观大阪市立山田弘济院的孤儿院、养老院等，并出席在外日人家属大会。下午3时，李德全出席大阪市妇女座谈会，回答了代表提出的有关中国妇女在政治、经济、文化生活中的地位问题，受到一致好评；下午6时半，出席大阪市近4万人参加的盛大集会。③

10日下午，代表团出席全日本妇女团体联合会等妇女团体在东京举行的欢迎宴会，晚上出席了"促进邀请中国红十字会代表访问日本协议会"主办的座谈会。11日下午，代表团会见了东京报界记者。在见面会上，李德全指出，最近已和三团体商谈了进一步协助日侨申请回国的问题，双方在努力促进两国经济和文化的交流。④12日上午，代表团圆满完成任务，飞离东京回国。

---

① 《东京各界举行盛大集会 欢迎我国红十字会访日代表团》，《人民日报》1954年11月6日。
② 《日本京都人民盛会欢迎我红十字会代表团》，《人民日报》1954年11月9日。
③ 《大阪市近四万人欢迎中国红十字会代表团 日本关西地区经济界人士设宴招待中国红十字会代表团》，《人民日报》1954年11月11日。
④ 《中国红十字会代表团离东京回国 李德全团长向东京各报记者发表谈话》，《人民日报》1954年11月13日。

三

在日期间，李德全访问了东京、名古屋、京都、大阪等大城市，参观了日本赤十字社的设施、日本陶器工场、人造丝公司以及文化古迹，观看了歌舞伎与"文乐"（木偶戏）的演出，广泛地接触了日本各界人士，如日本赤十字社名誉副总裁三笠宫、高松宫妃，日本拥护和平委员会主席大山郁夫，拥护和平宪法国民联合会主席片山哲，日本政府厚生相草叶隆圆等。[①]代表团总共参加了 19 次各界、团体、地方代表组织的国民欢迎大会和座谈会，17 次宴会和茶会，并举行了 13 次记者招待会、播音和电视广播，充分传递了中日友好的主张和愿望。李德全多次强调和平共处五项原则适用于各国关系，经济和文化的交流深化了中日人民的相互了解，双方应共同努力克服一切阻力，恢复中日关系正常化。

首访成功，引起日本各界的强烈反响，同时揭开了中日关系新的一页。作为"新中国和平外交政策的成功范例"[②]，此行李德全的温和可亲与稳健自信，给日本人民留下了深刻的印象。

李德全首访日本，载入中日关系史册，同时也为我们留下了弥足珍贵的历史经验和启示，这体现在如下两个主要方面。

其一，民间外交，不可替代。新中国成立初期，毛泽东、周恩来都曾提出"民间先行""以民促官"的外交理念，个中蕴涵了中华优秀传统"礼失而求诸野"的文化因子。实际上，民间外交是整体外交不可或缺的重要构成部分，与政府外交相得益彰，互为补充。而民间外交又往往是整体外交长期稳固的基础。从李德全首访日本，终结日方单向来华交流的局面，到中日日益热络的经贸、科技、文化等领域的双向交流，进而实现两国建交，典型地验证了上述外交理念。这一时期中美的"乒乓外交"又是

---

① 李德全：《中国红十字会代表团访问日本报告》，《人民日报》1954 年 12 月 5 日；孙柏秋主编，池子华等：《百年红十字》，安徽人民出版社 2003 年版，第 328 页。

② 池子华、郝如一主编：《中国红十字历史编年（1904—2004）》，安徽人民出版社 2005 年版，第 148 页。

一例。可见，民间外交，凝心聚力，聚集并释放着人民群众丰富的智慧和巨大的能量，其独特作用，不可小觑。

其二，克难前行，所得如愿。新中国的成立，不仅改变了中国的政治版图，而且重塑了亚太地区乃至整个世界的政治格局。新生的人民政权因而遭到了以美国为首的西方国家政治孤立、经济遏制和军事包围，尤其是美国竭力阻挠我国恢复联合国的合法席位，一时间我国外交的处境极为艰难。面对严峻的东西方"冷战对峙"，我国决然施行"一边倒"的外交战略，继而于 20 世纪 50 年代中期首倡、践行和平共处五项原则，让更多爱好和平、民主的国家了解新中国，并建立外交关系。有志者事竟成。即便是在 1951 年的美日签署并生效《日美安全保障条约》之后，中日关系渐趋紧张而复杂的情况下，李德全毅然率团克难前行，成功首访"只要到达东京就是胜利"的日本。其诚意、果敢、毅力和智慧，永远值得我们学习借鉴。

（作者徐国普，历史学博士，浙江科技学院马克思主义学院教授）

第一次世界大战中英国护士及其影响①

李宁　马晓云　李欢

　　摘　要：英国护士在第一次世界大战中扮演了重要角色，不仅在前线和后方医疗机构中照顾伤员，提供急救和医疗服务，而且为伤员提供安慰和支持，帮助他们度过艰难的时刻。许多英国护士在战争期间被派往其他国家，如法国和比利时，培训当地的护士。他们的专业知识和经验对其他国家护士的护理工作产生了积极影响。英国护士在战争期间致力于提高卫生标准，通过教育和宣传来防止疾病的传播。他们还在医疗机构中推广了卫生规范和卫生措施，使医疗机构更加安全和卫生。英国护士为女性在社会上争取了更多的尊重和认可。他们的工作证明了女性在医疗领域中的重要性和能力，为女性争取了更多的职业机会。

　　关键词：第一次世界大战　英国护士　战地救护　红十字会　妇女解放

　　第一次世界大战是一场规模庞大、影响深远的战争，从 1914 年至 1918 年，同盟国和协约国之间的战争持续了四年之久。在这场战争中，英国护士发挥了重要的作用，为伤员提供了关键的医疗服务和精神支持。

一、第一次世界大战中英国伤亡概况

　　在第一次世界大战爆发之前，欧洲的政治局势紧张，并导致了奥地

①　2020 年度安徽省哲学社会科学规划项目《英国脱欧进程及英欧关系前景研究》（项目编号：AHSKY2020D61）阶段性成果。

利－匈牙利帝国向塞尔维亚宣战，而这场战争最终演变成为一场全面的、世界规模的战争。英国作为其中的主要参战国，承受了巨大的军队损失。据统计，英国在战争中共计动员了 888 万人，其中有近 700 万人被送往前线，参加战斗。这些士兵大多来自英国本土和其殖民地，其中包括加拿大、澳大利亚、新西兰、印度等地。英国在第一次世界大战中的死亡人数非常惊人，据统计，英国共有 888246 名军人牺牲在战场上，其中包括了 57470 名加拿大军人、61928 名澳大利亚军人、18166 名新西兰军人、13000 名印度军人等。除了死亡人数外，受伤人数颇多。据统计，英国在战争期间有 240 万人受伤，其中约 6 万人失去了四肢，另有约 8 万人因受到毒气攻击而患上了肺部和呼吸系统疾病。[①] 这些人的伤痛，不仅是身体上的，更是心理上的。除了伤亡外，英国在第一次世界大战中还有大量的士兵失踪。据统计，英国在战争中共有 35 万人失踪，他们的去向不明，可能已经死亡或被俘虏。惨重的损失给整个英国社会带来了深刻的影响，也对整个世界历史产生了重大的影响。

二、第一次世界大战中英国护士的新变化

在战争爆发之前，英国的护理队伍主要由私人护士和慈善机构的志愿者组成。据统计，1914 年，英国的私人护士数量约为 1.5 万人。这些护士大多数受过专业培训，但他们的服务主要面向富裕的患者。英国的慈善机构也拥有自己的护理队伍。例如，英国红十字会在战争爆发前就已经组建了一支由志愿者组成的护理队伍，该队伍主要为军队提供医疗和护理服务。1914 年，在英国陆军中只有 296 名专业的注册护士，这只占到了总人数的 1% 左右。[②]

---

① John Whitaker. "Challenges Faced by British Military Ophthalmic Services during the First World War". *Journal of the Royal Army Medical Corps*, 2011(2).

② Pitt Harding. "A Red Cross Nurse in Belgrade: Mary Gladwin Saw World War I From the Inside of a Hospital. Her Battles were No Easier Than Those of the Soldiers". *American History Illustrated*, 1982(1).

在战争期间，英国的护士机构主要由皇家陆军医疗服务团（Queen Alexandra's Imperial Military Nursing Service，简称QAIMNS）和红十字会等慈善组织管理。这些机构负责招募、培训和分配护士，还负责管理前线医院和后方医院的卫生设施，确保护士们能够安全、有效地工作。

英国护士分为几种类型，其中最为常见的是军队护士和志愿护士。军队护士由QAIMNS招募。这些护士在战争期间被派往前线医院，他们的职责包括提供基本医疗服务和护理，为伤员提供心理支持，以及协助医生进行手术等。随着战争的进行，英国政府开始组建专业的护理队伍，以应对不断增加的伤员数量。1915年，英国政府成立的QAIMNS就是英国历史上第一支由女性组成的专业护理队伍。QAIMNS的任务范围随着战争的扩大也逐渐拓展，包括为其他盟国的士兵提供护理服务。据统计，战争期间，QAIMNS的护士数量由最初的296人增加到1918年的10404人。

除此之外，其他慈善机构和志愿者组织也加入了护理队伍，包括英国红十字会、英国妇女志愿军、妇女医疗志愿服务团等。志愿护士则是由红十字会和其他慈善组织招募的。这些护士通常在英国本土的医院工作，但在有需要的时候，他们也会被派往前线医院提供援助。志愿护士的数量远远多于军队护士，他们在整个战争期间为英国的医疗卫生事业作出了巨大的贡献。其他如皇家海军护士团（Queen Alexandra's Royal Naval Nursing Service）和皇家空军护士团（Princess Mary's Royal Air Force Nursing Service），也为英国的军队提供医疗服务。[1]

在第一次世界大战期间，英国护士中女性占据了绝大多数。据统计，约有80%的英国护士是女性。这是因为当时的社会认为女性更适合从事护理工作，而男性则更适合从事战斗和其他职业。英国军队也组建了一支专门的护士队伍，为士兵提供医疗救援。这支军队护士队伍由女性组成，数量约为1万人。除了军队护士外，还有大量的非军队护士参与了第一次世

---

① Christine E. Hallett. "'A Very Valuable Fusion of Classes': British Professional and Volunteer Nurses of the First World War". *Endeavour*, 2014(2).

界大战的医疗救援工作。这些非军队护士主要来自医院、慈善机构和志愿组织等，数量约为 2 万人，占当时英国护士总数的一半以上[1]。

英国军队中的护士数量不仅包括注册护士，还包括志愿者和非注册护士。在战争初期，大量的志愿者加入了英国军队，其中包括许多护士。一些非注册护士也被招募到英国军队中，这些人通常是在医学院或医院中工作的普通员工。正式招募的军队护士通常是经过专业培训的，他们被派往前线和后方医院，为受伤的士兵提供护理。志愿者护士则是由各种组织和机构招募的，包括红十字会、妇女组织和慈善机构等。志愿者护士通常没有接受过专业培训，但他们在战争中发挥了重要作用。在英国护士中，约80%是志愿者护士，20%是正式招募的军队护士。这些护士的年龄也有所不同，最年轻的只有 16 岁，最年长的则已经超过了 60 岁。[2]

在战争初期，QAIMNS的护士大多来自富裕的家庭，这些女性通常接受过专业的护理培训。然而，随着战争的进行，QAIMNS开始吸收更多的工人阶级女性和中产阶级女性，这些女性通常没有接受过专业的护理培训。一些志愿者组织也开始吸收没有护理背景的女性，这些女性在接受一些简单的培训后就能够为伤员提供护理服务。在英国军队中，护士的比例结构也发生了变化。在战争初期，大部分护士都是来自中产阶级或上层阶级的女性。然而，随着战争的持续，越来越多的工人阶级女性也加入了英国军队中的护理工作。1917 年，英国陆军中的护士中有 70%是工人阶级出身的女性。这种变化使得英国的护理队伍更加多样化，也为更多的女性提供了就业机会。在战争初期，大部分护士都是白人女性，而非白人女性几乎没有机会成为护士。随着战争的持续，非白人女性也开始加入英国军队中的护理工作。此外，护士的数量比例也受到了地区的影响。在英

[1]　Ellen N.La Motte. "The Backwash of War. An Extraordinary American Nurse in World War I". *Medicine, Conflict and Survival*, 2019(3).

[2]　Bridget E. Keown. "'I Think I was More Pleased to See Her Than Anyone 'Cos She's So Fine': Nurses' Friendships, Trauma, and Resiliency during the First World War". *Family & Community History*, 2018(3).

国南部，护士的数量相对较多，而在北部和苏格兰地区，护士的数量相对较少。①

三、第一次世界大战中英国护士面临的挑战和困境

第一次世界大战期间，英国护士们面临着巨大的挑战和困境。他们必须应对战争带来的巨大人员伤亡和疾病暴发，同时还要面对医疗设施和物资的短缺，以及在前线和后方工作时所面临的极端艰苦条件和危险的环境。

英国护士们必须应对前所未有的人员伤亡和疾病暴发。在第一次世界大战期间，英国军队共有超过 80 万人死亡，超过 200 万人受伤。护士们需要处理大量的伤员和病人，包括处理战争中使用的新型武器所造成的伤害。第一次世界大战期间，英国护士的死亡人数高达 3000 人，这个数字虽然相对于士兵们的死亡人数来说较小，但是也足以证明他们在战争中所面临的危险处境。在前线，这些护士们为伤员提供帮助，时常面临着炮火和极端气候的考验，工作环境恶劣。在后方，护士们也需要在艰苦的环境中工作，如在医院里长时间地在疾病和病人的不断威胁下工作。由于战争条件下的环境和不良卫生条件，疾病暴发也十分常见。例如，士兵经常患上肺炎、伤寒、霍乱等疾病，有超过 5 万名士兵死于伤寒和霍乱。许多士兵也患上了其他疾病，包括结核病和肺炎等呼吸系统疾病。②

在战争期间，英国的医疗设施和物资都遭受了巨大的破坏。同时，战争爆发后，大量伤员涌入医院，医疗资源被迅速耗尽。在前线，医疗设施和物资短缺极为普遍，为此他们在野外搭建帐篷和临时医院，使用有限的药品和设备来治疗伤员和病人。在后方，医院也面临着同样的物资短缺问题，护士们必须竭尽所能来为病人提供适当的治疗和照顾，同时还需要在

---

① "Nurses Urged to Unite to Fight for Safe Staffing Levels". *Nursing Standard*, 2016(34).

② Sally Sutherland-Fraser. "Learning from History: Count backwards from 100: Nurse Anaesthetists during WWI". *ACORN: The Journal of Perioperative Nursing in Australia,* 2016(3).

有限的资源下管理病房和医院。在缺乏药品、消毒剂、绷带等基本物资的情况下，英国护士们需要充分发挥自己的创造力，使用各种可用的物品来替代，确保伤员得到适当的医疗救治。①

由于战争的影响，许多护士被征召到军队中，在非常困难的条件下投入医疗救治工作，这对他们的专业技能和心理素质都提出了很高的要求。由于战争的影响，英国护士们面临着生命的威胁，需要时刻保持警惕，确保自身的安全。面对可怕的战争场面，以及严重的战伤、失血、感染和战争造成的身体和心理创伤，护士们不仅需要应对病人的需求，还要忍受巨大的精神压力和心理负担。他们不仅要照顾伤员的身体，还要承担安抚伤员情绪的责任。在这样的环境下，护士们面临着巨大的心理挑战。在战争中，英国护士们经常目睹战场上的惨状和伤员的痛苦，这给他们的心理带来了极大的刺激。许多护士在战争后出现了创伤后应激障碍。他们可能会出现噩梦、失眠、焦虑、恐惧、抑郁等症状。②

四、第一次世界大战中的英国护士作用

第一次世界大战中，英国的护士们发挥了重要的作用。

第一，他们在前线为伤员提供了紧急医疗服务，挽救了许多生命。前线护士们经常需要在战场上进行紧急医疗服务，包括处理伤口、止血、分发药品和照顾病人，经常需要处理严重的伤情，比如截肢和重伤。③他们经常需要在炮火和爆炸声中工作，在恶劣的条件下处理严重的伤情和疾病。他们坚持不懈为士兵和平民提供无私服务，挽救了许多生命。

第二，尽管护士们经常面对危险和艰苦的工作环境，但他们仍然坚持为病人提供最好的护理服务，涌现出许多杰出人物。伊迪斯·卡维尔就是

---

① 张根柱、韩世范：《英国护士处方资格认证历史及现状》，《全科护理》2012 年第 10 期。

② 韩慧慧、韩世范等：《英国护士处方权的历史及现状》，《护理研究》2010 年第 24 期。

③ Richard M. Prior, William Sanders Marble. "The Overlooked Heroines: Three Silver Star Nurses of World War I". *Military Medicine,* 2008(5).

其中之一。她在比利时布鲁塞尔的一家医院为战争中受伤的士兵提供医疗和护理服务，还曾秘密帮助盟军士兵逃离德国占领下的比利时。在被德国军队逮捕后，卡维尔被判处死刑。她的处决引起了国际上的抗议和谴责，成为第一次世界大战中著名的事件之一。艾达·罗沃是一位在前线工作的护士，她不仅为士兵提供医疗服务，还帮助他们给家人写信。另一位护士弗洛伦斯·格林在战争期间参加了英国皇家空军，成为英国历史上第一位女性军官。①如此等等。这些英国护士们的工作和贡献不仅对战争胜利产生了重要影响，也为英国护理业的发展奠定了坚实的基础。

第三，英国护士不仅仅提供护理和治疗，他们在医学研究和发展方面的贡献对于整个医学界的进步都有着深远的影响。在第一次世界大战期间，许多新型武器和战争技术的使用导致了大量的伤亡和残疾。为了解决这些问题，英国护士不断尝试和探索新的治疗方法和手段，以提高治疗效果和缓解病人的痛苦，如使用新型药物和手术技术等，并对伤员的症状和病情进行详细记录和分析，为后来的医学研究提供了重要的资料和数据。当时医疗技术和设备还比较落后，护理工作往往需要依靠手工操作。为了提高护理质量和效率，英国护士积极探索新的护理技术和手段，如使用新型护理器材和药物等。他们还尝试新的护理模式和方法，如团队护理和家庭护理等，以适应不同的护理需求和环境。这些努力为护理业的发展和进步奠定了基础。英国护士还积极推动和参与护理教育的改革和发展，并尝试引入新的教学方法和手段，如模拟训练和实践教学等。这些努力为护理教育的发展和提高护理人员的专业素质作出了重要的贡献。②

第四，许多女性护士在战争期间展示了自己的专业知识和技能，赢得了尊重和认可，社会地位因此得到提高。由于大量的战争伤员需要治疗，许多医学研究项目得到了启动和加速。护士们积极参与了这些研究项目，

① H. W. Bledose. "American Nurses for American Men. A World War I Diary". *N & HC Perspectives on Community: Official Publication of the National League for Nursing*, 1997(1).

② Bnghid Kelly. "Hospital Nursing: 'It's a Battle!' A Follow-Up Study of English Graduate Nurses". *Journal of Advanced Nursing*, 1996(5).

提供了宝贵的数据和经验。例如，英国护士埃塞尔·伍德在战争期间研究了伤员的营养需求，并提出了一套适合战争环境的营养计划。她的研究成果对战争期间伤员的治疗和康复起到了重要作用。她们在研究和治疗战争伤员、发展护理技术和教育等方面坚持不懈的努力和探索，为整个医疗行业的发展和进步奠定了基础。

正因为英国护士在前线和后方医院中发挥了重要作用，他们的勇气、毅力和无私奉献精神得到了广泛认可和赞扬，许多护士获得了荣誉和奖励，成为英国医疗史上的英雄人物。英国于1915年设立了皇家红十字会护士勋章，以表彰在战争中表现出色的护士。这是英国历史上第一个专门为护士设立的荣誉称号。勋章上刻有皇家红十字会标志和"勇敢、忠诚、无私"的字样，象征着护士们的英勇和奉献。有8名护士被授予维多利亚十字勋章——英国最高的军事荣誉，其中包括埃德莉·坎宁安和特蕾西·麦克维特，她们在战场上表现出色，救治了大量伤员，被誉为"战地天使"。还有许多护士以战争中的杰出表现获得了英帝国勋章、大英帝国勋章、军功勋章等荣誉称号。此外，英国护士伊丽莎白·李·甘露被授予了法国荣誉军团勋章，以表彰她在法国战场上的医疗工作。除了荣誉和奖励，英国护士还赢得社会的尊重和赞扬。战争结束后，许多护士成为社会的领袖和先驱，为英国的医疗事业作出了重要贡献。

结　语

第一次世界大战是人类历史上规模庞大、影响深远的一次战争。英国护士们面对着医疗设施和物资的短缺，需要在非常困难的条件下为伤员提供医疗救治。他们不仅要应对大量的人员伤亡和疾病暴发，还要适应新的医疗技术和战地条件。护士们在战争期间发挥了重要作用，他们不仅提供了医疗服务，还提供了心理支持和安慰。他们的工作条件极其艰苦，常常需要在战场上面对极其恶劣的情况，如气味难闻的伤口、感染性疾病、战争创伤等。这对他们的专业技能和心理素质提出了更高要求。在这些困难的条件下，英国护士们表现出了极大的勇气和决心。他们不仅在战场上表现出了出色的医疗技能和组织能力，还对伤员和战争受害者表现出了无私的关爱和同情，展现了英国护士的专业精神和人道主义精神。许多护士在战争期间经历了极其恶劣的情况，这些经历对护士们的心理造成影响，很多人在战后都需要接受心理治疗。

（作者李宁，博士，吕梁学院历史文化系副教授；
马晓云，博士，铜陵市委党校副教授；
李欢，湖北医药学院外语课部讲师）

百家争鸣

国际人道法对新型人工智能武器责任规制研究

范雪珂　姚放

摘　要：随着人工智能技术逐渐运用到军事领域，人工智能武器改变了传统的战争形态，智能化战争也成为未来的作战新趋势，现行国际人道法及国际公约难以应对新型人工智能武器带来的人道主义危机。本文从国际人道法的视角出发，在人工智能武器展现出新态势的背景下，为规制人工智能武器应用过程中存在的人道主义犯罪，强调研发、部署及使用人工智能武器责任归属的重要性，通过构建明确的刑事责任承担机制，确保新型人工智能武器的使用符合国际人道法的基本要求，以更好地应对人工智能武器滥用所带来的人道主义关切。

关键词：人工智能武器　自主武器　国际人道法　刑事责任

人工智能技术的快速发展，使其在军事领域占据一席之地。随着人工智能技术的不断突破，相关武器展现出新的态势，包括自动升级与自我控制（脱离人类指挥官、士兵或研发者的控制）能力。在应用新型人工智能武器过程中，有可能产生违反国际人道法的严重行为，如不分青红皂白地对平民或战俘进行攻击。面对这种犯罪行为，需要明确责任归属与相应的承担机制，以解决人工智能武器在设计上的不足，应对其给现有法律框架、国际人道法及国际公约带来的挑战。本文基于新型人工智能武器在发展中出现的自我升级与自我控制能力，重点研究国际人道法应对新型人工智能武器的责任归属困境与挑战，以及对于可能出现的新型人工智能武器犯罪行为，探析人工智能武器的责任归属与承担。

一、人工智能武器的定义、特点以及法律性质

（一）新型人工智能武器的界定

对于人工智能武器，以往在国际人道法上通常表述为"自主性武器"。人工智能近期出现了飞跃性的新发展，如"CHAT GPT 4"等强人工智能的面世，因此，本文将可能出现的"新型自主武器"称为"新型人工智能武器"。当前，缺乏对自主武器的统一定义，在国际社会上，关于自主武器的定义也一直存在争议，现行国际人道法并未对自主武器系统提供明确的定义。2011 年，红十字国际委员会在专家会议报告中将自主性武器定义为自动武器系统与自主武器系统，将能够学习且根据所部署环境变化，进行自身功能调整的武器或武器系统，以及能够自主选择攻击目标的武器系统，称为自主武器系统。2015 年后，专家在会议上强调不再对自动武器系统和自主武器系统进行区分。

根据定义，将武器系统的智能化程度分为两种：一种是需要在人类规范及限制下运作的武器系统；另一种则无需人类干预，能够自动开展搜索、识别、攻击的系统。[①] 本文所讨论的是后者，在没有人类干预的情形下自行搜索、识别和决定攻击特定目标的武器也称为人工智能武器。这些武器系统利用人工智能技术，具备较高的智能水平，能够更加独立地进行目标的识别与决策，并发动相应的攻击行动。

（二）新型人工智能武器的特点

根据前文所述的定义，我们可以总结出人工智能武器的三个主要特点：自主性、致命性以及类人性。而根据目前的科技更迭，甚至可能出现脱离研发者设定的情形。这些特点在新型人工智能武器中具有重要意义，并对战争与冲突产生深远的影响。

第一，自主性是人工智能武器的核心特质，即自主识别攻击目标、自

---

① CCW: Report of the 2014 Informal Meeting of Experts on Lethal Autonomous Weapons Systems （LAWS）.

主发起对目标的攻击。它使得这些武器能够自主地识别和攻击目标，不依赖人类的指令和干预。人工智能具备自主学习、自动适用的能力，可以通过不断的经验积累实现系统的智能调整变化。[①] 它们能够智能地调整和适应不同的战场环境，这种自主性赋予了人工智能武器更高的作战能力和灵活性。

第二，致命性是人工智能武器的特点之一。它们具备在攻击过程中造成人员死亡的能力。由于人工智能武器的高度智能和准确性，它们能够更有效地选择和打击目标，提高攻击的致命性和精确度，这也使得人工智能武器在战场上具备更强大的杀伤力和威慑效果。

第三，新型人工智能武器的显著特点是类人性，即模仿人类的形态，拥有类人类的信息处理能力、语言输出能力。这种人工智能武器被设计为具有人类特征的机械实体，通过与人类的交互，能够更好地适应和理解人类的需求。但是这种类人性使得武装冲突面临前所未有的挑战，人工智能武器在外形和功能上与人类相似可能导致违反人道主义原则和引发法律责任归属等诸多问题。

（三）人工智能武器的法律性质，属于指挥官、战斗员，还是作战工具？

对于自主武器系统的法律性质，当前理论界观点不一，人工智能武器的责任归属问题，目前尚无明确的共识。第一种观点认为，自主武器系统就是战斗员。自主武器系统的机能逐渐趋向于完全自主，当自主武器系统组成战斗部队加入作战时，此时它成为具有主动性的战斗员，能够代替人类士兵完成一系列作战任务。[②]第二种观点认为，自主武器系统是战斗员和武器装备的结合。因为人工智能武器具有智能化和自主性的特征，能够

[①] 吴钰章：《人工智能武器的法律问题探究——以"致命性自主武器系统"为例》，《湖北经济学院学报（人文社会科学版）》2023 年第 4 期。

[②] Ugo Pagallo, "Robots of Just War: A Legal Perspective", *Philosophy & Technology*, 2011(3).

像人类战斗员一样自主识别和选择攻击目标，并发起攻击。①

另外，由于新型人工智能武器具有智能性与类人性相结合的特征，本文认为将出现新的情形，即人工智能武器在武装冲突中作为"类指挥官"存在的情形。新型人工智能武器目前存在自我升级的可能，有可能脱离设定者、研发者和实际战斗指挥官的控制；同时，人工智能武器可能拥有类人的外观特征，其可能独立自主地根据战场情形作出决策并下达作战指令，令作战人员以为指令由真实指挥官作出而服从命令。

那么，新型人工智能武器可以被认定为战斗员或指挥官吗？

第一，上述观点将人工智能武器拟人化，赋予其人类的身份，是与国际人道法的定义相悖的。本文认为，不应将人工智能武器认定为战斗员。《关于战俘待遇之日内瓦公约》及《第一附加议定书》对战斗员及战俘进行了相应的定义，人工智能武器显然不符合战斗员及战俘的相关定义，将战斗员的定义扩张解释为包括人工智能机械实体也是不合适的。②

第二，本文也不认为人工智能武器具备以指挥官的身份，能够在武装冲突中享有人道权利和承担违反国际人道法的责任。人工智能武器虽然具有自主性的特点，但是其本质上是一种计算机程序，其自主意识的产生与人类有异，是由人类所设计的，离不开人类的干预。实践中，对人工智能体的法律性质无法真正落实，也无法证明人工智能具有完全的行为辨认能力，更无法证实人工智能体可以真正地感知以及同人类一般思考。因此，将人工智能武器视为指挥官，其可以在武装冲突中承担责任的观点不具备充分的基础。

本文认为人工智能武器是一种新型武器，也是一种新型作战工具，红十字国际委员会的《新武器、作战手段和方法法律审查指南》实际上是将

---

① 张卫华：《人工智能武器对国际人道法的新挑战》，《政法论坛》2019 年第 4 期。

② ICRC: Geneva Convention Relative to the Treatment of Prisoners if War; ICRC: Protocol Additional to the Geneva Conventions and Relating to the Protection of Victims of International Armed Conflicts (Protocol I).

武器系统和武器都纳入作战手段和方法。[①] 因此，人工智能武器应作为武器和工具存在，而不能作为武装冲突中权利的享有者和义务的承担者。

人工智能武器的法律性质直接影响了国际人道法的适用，在使用人工智能武器时，必须确保其符合国际人道法的原则，包括区分原则和预防原则，遵循必要性原则和比例原则。

二、现行国际法律对新型人工智能武器的规制、国际反响以及中国的应对

（一）《特定常规武器公约》对新型人工智能武器的规制

1980 年 10 月 10 日，联合国成员国在瑞士日内瓦签署的《禁止或限制使用某些可被认为具有过分伤害力或滥杀滥伤作用的常规武器公约》，也被称为《特定常规武器公约》（以下简称CCW）[②]，这一公约是国际人道法中对作战手段与方法的规定。作为国际军备控制多边条例体系下的重要协定，CCW目的在于在全球范围内禁止、限制关于集束弹药、燃烧武器、激光致盲等非人道常规武器的使用；同时，推行国际人道主义和常规武器的军备控制。[③] 伴随着人工智能逐渐渗透到军事领域，产生了极大的应用风险，致命性自主武器系统（lethal autonomous weapons systems，LAWS）军备控制逐渐被纳入《特定常规武器公约》的讨论议题中。

2014 年，《特定常规武器公约》在日内瓦联合国欧洲总部召开了第一次非正式专家会议，在CCW框架下展开了对LAWS问题的探讨。[④] 在长达四天的会议中，全球相关学界、政界、军方人员讨论了LAWS的技术、伦理、在作战过程中可能产生的军事与实战问题，并基于国际法及国际人

---

① 红十字会国际委员会：《新武器、作战手段和方法法律审查指南》，《红十字国际评论》2006 年第 864 期。

② ICRC: 1980 Convention on Certain Conventional Weapons.

③ 孙雯：《中国对待〈特定常规武器公约〉的态度评析》，《西安政治学院学报》2008 年第 4 期。

④ CCW: Report of the 2014 informal Meeting of Experts on Lethal Autonomous Weapons Systems （LAWS）.

道主义法对其进行了广泛讨论。

2016年，CCW第五次审议大会召开，成立了LAWS技术专家讨论组——GGE on LAWS（group of governmental experts on lethal autonomous weapons systems）。2017年，该讨论组第一次召开会议，对LAWS的应用、技术、道德与法律交叉等问题进行讨论，并试图建立全球管制与国际法的具体操作方案，以遏制LAWS的快速发展与不合理使用。[①]

2019年，CCW的80个缔约国和2个签署国参加会议，另外有4个非缔约国作为观察员参加会议，除了国家之外，欧盟、红十字国际委员会、联合国裁军研究所等国际组织和多数非政府组织和大学、科研机构也派员参与了会议[②]，并达成了以下共识：CCW是讨论LAWS问题的适当平台，现有国际人道法仍旧适用于LAWS的冲突，行动国家对于发展、生产和部署LAWS负有责任，对LAWS的监管措施不能阻碍合理的民用人工智能的开发，禁止在无人干预下使用完全致命性自主武器系统。[③]

这些努力旨在确保LAWS合法、道德和负责任地使用，防止其滥用或产生严重的人道主义后果。通过国际社会的协调和合作，希望能够制定适当的国际法规和相关措施，以引导和规范LAWS的发展和应用，保护人类世界的安全与和平。尽管还存在许多挑战和复杂性，但国际社会对于LAWS的军备控制和法律框架的构建正在逐步推进，以确保新型人工智能武器安全合理地使用，同时避免潜在的违反人道主义法风险。

（二）《致命性自主武器宣言》所映射的国际反响

2018年，麻省理工学院著名物理学家马克斯·泰格马克（Max

[①]　CCW: Report of the 2017 Group of Governmental Experts on Lethal Autonomous Weapons Systems（LAWS）Advanced version.

[②]　CCW: Report of the 2019 Session of the Group of Governmental Experts on Emerging Technologies in the Area of Lethal Autonomous Weapons Systems.

[③]　徐能武、龙坤：《联合国CCW框架下致命自主武器系统军控辩争的焦点与趋势》，《国际安全研究》2019年第5期。

Tegmark）在瑞典的斯德哥尔摩举办了关于国际人工智能的联合会议，马克斯在任职生命未来研究所（Future of Life Institute，FLI）主席期间，起草了全称为《致命性自主武器宣言》的协议。该协议一经发出，便有超过 2000 名人工智能学者共同签署。这一协议的核心内容为承诺永不发展致命人工智能武器，不参与 LAWS 的开发、研制工作，且严格禁止致命性自主武器系统的研发及运用。①

宣言认为人类的个体生死决定权不应该交给机器。在道德层面上，对于他人生死的掌握会让人类产生负罪感，而不能让没有感情的机器作出决定。在此基础上，如果人工智能武器无法由人类干涉、能够自主选择攻击的目标，其产生的后果难以进行责任判定，最终它们将成为暴力活动的重要手段，尤其是在技术发展过程中，数据系统与监控相结合，加大了它的杀伤性。与此同时，宣言强调，致命性自主武器区别于传统的化学武器、生物武器与核武器，因国际社会缺乏对其的管制手段，其研发团队能够单方面进行军备竞赛。宣言中谴责了这一行为，并认为出于全球安全考虑，签署协议后，各国政府应该共同商议并抵制 LAWS 的国际法律法规。对于未参与 LAWS 的人员，应该以更高的标准要求自己，绝对不参与或支持 LAWS 的发展、生产及相关贸易。最后，宣言呼吁企业、组织以及决策者、民众共同履行这一承诺。

《致命性自主武器宣言》是学术界关于致命性自主武器最大规模的一次集体呼吁，也是全球第一个关于人工智能武器开发的民间反对组织协议。它引起了广泛关注，并推动了对 LAWS 军备控制和法律规范的讨论。这一行动体现了学术界和科技界对于确保致命性自主武器安全和道德使用的关注，并呼吁全球共同努力保证人类的生死决策权不落入机器手中。

---

① "No Killer Robots? Thousands of AI Researchers Pledge not to Develop Autonomous Lethal Weapons". https://www.foxnews.com/tech/no-killer-robots-thousands-of-ai-researchers-pledge-not-to-develop-autonomous-lethal-weapons.

（三）中国的应对

我国作为联合国CCW的缔约国，在LAWS议题上采取积极的立场，并参与了多次相关会议和讨论，以推动国际社会对LAWS的规范和控制进行深入研究。

我国主张LAWS应被明确定义，并支持就LAWS的具体定义达成协议。首先，应就LAWS的技术特征进行讨论，如规格、周长等，以便更好地理解和应对人工智能武器的挑战，并在此基础上进行明确的定义。其次，特别强调有意义的人为控制和人为判断等关键概念的阐释和明确，这有助于保障LAWS的使用符合人道主义原则和国际法规定。在采取适当解决办法之前，呼吁所有国家采取预防措施来避免LAWS所带来的问题。再次，对人工智能技术发展应持客观、公正的态度，不应过度担忧或设定可能妨碍其发展的预设条件。中国认为，人工智能技术在各个领域都有广阔的应用前景，但在发展过程中需要平衡利益，尊重伦理和法律原则，同时保持对其潜在风险的警惕。最后，国际人道主义法规则仍适用于LAWS战争，包括预防原则、区分原则和相称原则。[1] 这些原则的遵守对于维护武装冲突中的人道主义标准、减少平民伤亡以及冲突当事人之间的区别待遇至关重要。

中国在国际舞台上积极参与讨论和制定国际规范，并表明了对人工智能技术的审慎和负责任的态度，强调了国际合作和法律规范的重要性。中国支持通过多边协商和合作寻求LAWS的规范和控制措施，保障其符合国际人道主义法和安全、稳定的需求。

---

[1]　CCW: Group of Governmental Experts of the High Contracting Parties to the Convention on Prohibitions or Restriction the Use of Certain Conventional Weapons Which May Be Deemed to Be Excessively Injurious or to Have Indiscriminate Effects :Position Paper Submitted by China.

三、新型人工智能背景下自主武器系统的责任规制

（一）新型人工智能武器是否具有承担人道主义犯罪责任的主体资格？

当前关于人工智能是否具备承担犯罪主体资格，存在两种学说，即否定说和肯定说，本文对这两类说法均不完全认同。

否定说认为：从刑事责任根据以及刑罚目的角度出发，人工智能武器不具有自我意识，对于不法行为的产生缺乏认知。[①] 刑事责任的认定基础不应仅重视在客观层面上讨论侵害行为及其产生的结果之间的因果性，更应从实质上强调对危害行为及其实施主体的主观因素的认定。一方面，人工智能不同于人的认知与意识机制，难以理解其行为具有的实质意义。人工智能武器的运作源于开发者预先设定的指令，这一过程不存在自主性，即使通过深度学习，逐渐脱离人工干预的人工智能武器，也无法从客观上对法益侵害的结果负责。由于人工智能无法理解其外在行为，对于自身行为及客观世界的认知不足，无法和人类一样，对社会性行为进行感知，理解社会意义，也就无法从法律层面上对人工智能武器的实施行为的意志自由与目的性进行评价。另一方面，就人工智能而言，不具备理解与遵循法律规范的能力。[②] 也就是一旦其产生消极的负面评价，人工智能武器只能通过设定的程序决定行为，却没有自由的意志，如同不能履行刑事责任的未成年人抑或是对于法律缺乏认知的精神病人。在这一层面，人工智能武器无法知晓法律的底线，无法从法律规定的范畴执行任务，更无法理解其实施的侵害行为。

肯定说则认为：随着人工智能时代发展到一定阶段，人工智能武器具备一定的自主意识，因而能够超越设定与编制的程序范畴，按照自主意识，实施犯罪行为。这一时期的人工智能武器与自然人一样，具备辨认与

---

① 张镭：《人工智能体可罚性辩疑》，《南京社会科学》2018 年第 11 期。

② 时方：《人工智能刑事主体地位之否定》，《法律科学（西北政法大学学报）》2018 年第 6 期。

控制能力，也就是能够作为刑事责任的主体，承担刑事责任。① 辨认、控制能力是刑事责任主体的基本内涵，将人工智能武器纳入刑事责任主体范畴，有利于维护刑事责任主体基本内涵的统一性，也与罪责自负原则相符。② 此外，肯定说认为人工智能能够感知到刑罚的痛苦，因此，将其纳入刑罚的处罚范畴内，与刑罚的目的及主体拟制的刑事立法规律相符。③

从刑罚的具体内容看，否定说认为人工智能武器无法适用人身刑，人工智能武器本质上是机械实体，而不是有机体，保存方法适宜时并不受生命的限制。更重要的是，人工智能武器代码的可复制性，打破了刑罚主体的独立性与可识别性，不具备承担刑事责任的现实基础。肯定说代表性学者哈利维指出，人工智能可以适用死刑，即具有承担刑事责任的主体资格。对人工智能系统判处死刑意味着它根据法院命令进行永久性关闭，系统不会再实施犯罪或其他任何活动，也再无激活系统的可能。同样的，也可以实施监禁，当人工智能系统被关押，受限制和监督时，它的攻击能力是丧失的。④

本文认为，以上两种观点均不完善，因此采取不完全认同的看法，关于战争罪等人道主义犯罪的责任承担，应具有更严谨审慎的态度。

否定说立足于传统刑法人类中心主义，认为人工智能武器不具有自由意志，无法感知罪与罚，否定了与人类迥然不同的人工智能武器承担刑事责任的主体资格，但其忽略了人工智能武器研究尚处在高速发展的阶段，一定程度上具备根据其深度学习的能力从而产生与人类类似的自由意志的可能性。基于这种可能性与人道主义犯罪的特殊性和危害性，一味地否定人工智能武器的犯罪主体资格存在潜在风险，一方面使得法律归责方面不

---

① 卢勤忠、何鑫：《强人工智能时代的刑事责任与刑罚理论》，《华南师范大学学报（社会科学版）》2018 年第 6 期。

② 刘宪权、林雨佳：《人工智能时代刑事责任主体的重新解构》，《人民检察》2018 年第 3 期。

③ 刘宪权：《人工智能时代我国刑罚体系重构的法理基础》，《法律科学（西北政法大学学报）》2018 年第 4 期。

④ Gabriel Hallevy, *When Robots Kill: Artificial Intelligence under Criminal Law*, Northeastern University Press, 2013.

够明确，可能会造成法律真空等问题；另一方面不利于激发研发者、设计者的积极性，阻碍人工智能技术的发展。

肯定说也存在一定的局限性，人类至今尚未明确意识的本质，而人工智能武器的意志是编程所赋予的机械意志还是其学习产生的自主意志，其中区分界线并不明确，区分标准依旧模糊不清，此时认为人工智能武器具备承担刑事责任的主体资格，显然是不妥当的。此外，由人工智能武器承担刑事责任，不能达到以儆效尤的作用与预防目的，更不会产生刑罚的警示效果。

人工智能武器是否具备承担人道主义犯罪责任的主体资格是一个极具争议的问题，下文将进一步研究和探讨来确定合适的法律框架和责任归属。

（二）人工智能武器承担人道主义犯罪刑事责任探析

在战争中部署人工智能武器，使得现代武装冲突的不确定性和复杂性日益增长，新型人工智能武器能否遵循国际人道法的基本原则，如区分原则和比例原则，是否会违反一系列人道主义所禁止的行为，如不分青红皂白地攻击平民等，面对这种犯罪情势，本文认为需要从三个角度明确责任的承担机制。

第一，对于个人的责任承担而言，需要考虑的是新型人工智能武器的研发者。本文提出以下观点：研发者在设计和开发人工智能武器时，需要遵守道德原则的价值判断和承担相应的法律责任，他们应当确保人工智能武器的程序和设计符合国际人道法的基本要求。开发者应在设计时对人工智能武器作出相应的限制，不应使得其具备超出编程程序的辨认和控制能力，并对人工智能武器自主思维、自发行动的能力进行监管与干预。如果一个程序员恶意编写算法，让机器人不分青红皂白地攻击平民，那么在法理上他既存在主观故意的犯罪意图，同时又造成了可查证的客观伤害，此时研发者具备犯罪主体资格，则依据国际战争法或国内刑事法律可对其进行刑事追责。然而，如果研发者客观上已经穷尽了对人工智能武器的监管措施，由新型人工智能武器的复杂性与智能性造成的研发者无法预见的行为，则研发者不应承担刑事责任。再者，为严格防止人工智能武器出现违反国际人道法的情形，应严格要求研发者穷尽监管措施，如果研发者因不作为抑或未完全尽到监管职责，导致人工智能武器编程存在漏洞或失控，也应承担刑事责任。

第二，指挥官应在指令部署人工智能武器的过程中承担相应的责任。根据《国际刑事法院罗马规约》第 28 条规定，军事指挥官或以军事指挥官身份有效行事的人，如果未对在其有效指挥和控制下的部队，或在其有效管辖和控制下的部队适当行使控制，应对这些部队实施的犯罪负刑事责任。指挥官应当确保人工智能武器的使用符合国际人道法的规定，当人工智能武器进行战争犯罪时，如果是由于指挥官的监管过失或者未能及时中止任务所造成的人道主义犯罪，在现行国际法框架下，指挥官应被追究刑事责任。此外，根据指挥官指令操作人工智能武器的使用者也应承担相应的责任，使用者应当遵循相应的操作规范与使用章程，以保障人工智能武器在使用过程中不会造成人为的伤害与破坏。

第三，根据《国家对国际不法行为的责任条款草案》第 36 条的规定，国家对其机关的行动承担责任。也就是当人工智能武器由国家的军队所部署，在执行任务过程中，其产生了违反国际人道法的行为，那么国家应就该国家不法行为承担赔偿责任。此外，在 1972 年生效的《空间物体所造成损害的国际责任公约》第 2 条也规定，发射国对其地面上的空间物体或者飞行中的航空器所造成的损害，应当承担赔偿责任。虽然，当前国际上不存在对人工智能武器的明确规定，但是人工智能武器所造成的损害可以类比地面上的空间物体或者飞行中的航空器所造成的损害。因此，国家应对人工智能武器所造成的人道主义犯罪承担赔偿责任。换句话说，国家有义务采取一切必要可行的措施，保证其所属部队及指挥官，还有人工智能武器的设计、研发与应用都遵守国际人道法，从而避免人工智能武器在武装冲突中对平民造成不必要的伤害。

综上，确保新型人工智能武器的使用遵循国际人道法的基本原则是至关重要的。在个人层面，研发者应保证人工智能武器的设计符合法律和道德准则，指挥官和使用者负有确保人工智能武器的部署和使用符合人道主义原则的责任，避免人道主义犯罪的发生，否则均应承担个人刑事责任。国家对其机关的行动负有责任，主要是对不法行为的赔偿责任。通过明确责任的承担机制，减少人工智能武器对战争造成的负面影响，并实现人道主义的精神内涵。

（作者范雪珂，澳门城市大学助理教授，澳门大学法学博士、博士后；
姚放，澳门城市大学硕士研究生）

中国红十字会总会救护总队部成立时间和地点的商榷

汤章城

　　摘　要：有学者提出 1938 年 6 月，中国红十字会总会救护总队部在长沙由救护委员会改组或改称而来，1939 年 3 月移驻贵阳图云关。根据新出版的《贵州省档案馆藏中国红十字会抗战救护档案汇编》，本文认为 1939 年 6 月救护总队部在贵阳图云关成立，仍受辖于临时救护委员会。

　　关键词：抗日战争　中国红十字会总会　救护总队部　成立时间　成立地点

一

　　2022 年 6 月，中华书局出版了贵州省档案馆编《贵州省档案馆藏中国红十字会抗战救护档案汇编》，全书是档案原件的影印件，原汁原味，不加修饰，可靠性极强。该书为人们打开了一扇历史宝库的沉重大门，人们可以在数以千计的档案原件中，探寻、认识和了解救护总队部艰难前行的历程和可歌可泣的故事。

　　2023 年 1 月 12 日，《中国档案报》公布了第五批入选中国档案文献遗产目录的档案名称，其中包括"中国红十字会总会救护总队档案"（保管单位为贵州省档案馆和贵州省贵阳市档案馆），这是对中国红十字会总会救护总队部在中国人民抗日战争中发挥救死扶伤重要作用的充分肯定，也是对收集、整理、保管、利用这些档案的工作者和研究者们的肯定和鼓励。

对于中国红十字会总会救护总队部历史的研究，首先要确定其成立的时间和地点。遗憾的是以往的研究对比尚没有得出有实证的确切的结论。

二

截至目前，研究中国红十字会总会救护总队部的历史专著有 2008 年由贵阳市档案馆编、贵州人民出版社出版的《战地红十字——中国红十字会救护总队抗战实录》，以及 2012 年由戴斌武著、合肥工业大学出版社出版的《中国红十字会救护总队与抗战救护研究》，在这两部专门研究救护总队历史的代表性著作中，对于救护总队部的成立时间和地点尚缺乏准确的描述和档案原件的佐证。

在《战地红十字——中国红十字会救护总队抗战实录》的"抗日战争中的中国红十字会总会救护总队概述"中是这样描述的：于 1937 年 10 月在汉口成立了中国红十字会总会战时救护委员会（严格地说应为临时救护委员会——作者注）。1938 年 6 月，中国红十字会总会迁到长沙，特将战时救护委员会及有关救护队、医疗事业的人员、器材、运输工具等，改组成立中国红十字会总会救护总队。1938 年 10 月 27 日，日军占领武汉。1939 年 3 月初，救护总队与训练总所辗转迁移到贵阳市东南郊图云关。[①]

《中国红十字会救护总队与抗战救护研究》一书中写道：有关救护总队成立的时间，贵阳市档案馆馆藏的有关档案没有记载确切的时间，大约是在 1938 年 2 月至 6 月间。综合档案资料和历史文献，可以确定救护总队成立的时间是 1938 年春，并由总会令总干事林可胜将原救护委员会改称为救护总队部。[②]

上述两书的描述，给人的印象即救护总队部是 1938 年 6 月在长沙由

① 贵阳市档案馆编：《战地红十字——中国红十字会救护总队抗战实录》，贵州人民出版社 2008 年版，第 2 页。

② 戴斌武：《中国红十字会救护总队与抗战救护研究》，合肥工业大学出版社 2012 年版，第 38 页。

救护委员会改称（或改组）而来。

三

新近出版的《贵州省档案馆藏中国红十字会抗战救护档案汇编》披露了一些珍贵资料，为重新审视以上问题提供了依据。

1938 年 6 月 10 日，"中国红十字会总会驻汉办事处再行函促中国红十字会救护委员会迅以成立救护队"①。这说明到 1938 年 6 月，中国红十字会救护委员会还在被总会催促成立救护队，因此，救护总队此时应该还未实际成立。

1939 年 1 月至 3 月间，迁移贵阳图云关的上下级行文，都是以中国红十字会总会、中国红十字会总会临时办事处和中国红十字会总会救护委员会出现，文中没有出现过"救护总队部"的字样，似乎迁移贵阳图云关的是临时办事处、救护委员会及其下属部门，与救护总队无关。如：

1939 年 1 月 17 日，"中国红十字会总会关于准予与救护委员会一同迁黔给该会临时办事处的指令"②；

1939 年 1 月 28 日，"中国红十字会救护委员会关于检送迁黔运输车辆分配表事致该会临时办事处的便函"③；

1939 年 2 月 4 日，"中国红十字会总会临时办事处关于告知停止办公日期致该会救护委员会的便函"④；

1939 年 2 月 5 日，"中国红十字会总会临时办事处关于奉准迁黔所有祁阳邮箱及电报挂号移交本会驻祁阳第三大队部办理致汤大队长、祁阳邮

---

① 贵州省档案馆编：《贵州省档案馆藏中国红十字会抗战救护档案汇编》第 1 册，中华书局 2022 年版，第 24 页。

② 贵州省档案馆编：《贵州省档案馆藏中国红十字会抗战救护档案汇编》第 1 册，中华书局 2022 年版，第 68 页。

③ 贵州省档案馆编：《贵州省档案馆藏中国红十字会抗战救护档案汇编》第 1 册，中华书局 2022 年版，第 77 页。

④ 贵州省档案馆编：《贵州省档案馆藏中国红十字会抗战救护档案汇编》第 1 册，中华书局 2022 年版，第 102 页。

局的便函"[①]；

1939 年 3 月 9 日，"中国红十字会总会临时办事处关于奉迁全部抵筑并照常办公致总会理事室秘书长的函"[②]；

1939 年 3 月 9 日，"中国红十字会总会临时办事处关于全部迁黔继续工作日期致贵阳市各机关的函"[③]。

以上档案表明，1939 年 3 月，迁驻贵阳图云关的机构中还没有"救护总队部迁黔"一说，原因应为此时救护总队部并没有实际成立。

在《贵州省档案馆藏中国红十字会抗战救护档案汇编》中，有专门部分汇集了"机构成立及印信启用"的原始档案。在原始档案影印件中，直到 1939 年 6 月 1 日，才出现"中国红十字会总会救护总队部关于临时救护委员会总干事林可胜兼任救护总队总队长并启用图记图章致各所属机构的函"[④]，以及 1939 年 8 月 21 日，"中国红十字会总会救护总队部关于启用总队长衔章致各所属机构的函"[⑤]。如果把对外公开启用机构的图记图章作为机构成立的时间节点，这意味着 1939 年 6 月才正式公开出现"中国红十字会总会救护总队部"之名称。

四

是否如同《中国红十字会救护总队与抗战救护研究》一书中所说由总会令总干事林可胜将原救护委员会改称为救护总队部？似乎不是。在贵州

---

① 贵州省档案馆编：《贵州省档案馆藏中国红十字会抗战救护档案汇编》第 1 册，中华书局 2022 年版，第 115 页。

② 贵州省档案馆编：《贵州省档案馆藏中国红十字会抗战救护档案汇编》第 1 册，中华书局 2022 年版，第 124 页。

③ 贵州省档案馆编：《贵州省档案馆藏中国红十字会抗战救护档案汇编》第 1 册，中华书局 2022 年版，第 126 页。

④ 贵州省档案馆编：《贵州省档案馆藏中国红十字会抗战救护档案汇编》第 1 册，中华书局 2022 年版，第 27 页。

⑤ 贵州省档案馆编：《贵州省档案馆藏中国红十字会抗战救护档案汇编》第 1 册，中华书局 2022 年版，第 29 页。

省档案馆的原始档案中可见，直到 1943 年 1 月 12 日，还出现"中国红十字会总会救护总队部关于启用新图记日期祈鉴核备案致该会临时救护委员会的呈"①。1940 年 6 月 10 日，在图云关救护总队部召开的一次会议上，救护总队总队长林可胜明确地说：总会迁驻重庆后，本总队系受辖临时救护委员会。中国红十字会总会常务理事王晓籁在会上指出：总会移驻重庆，临时委员会图记经移渝，临时救护委员会无秘书处兼理，救护总队行文先呈重庆临时救委会，由秘书处呈送主席委员所在地核办。②这一切都明确地显示在中国红十字会总会内部，救护总队部是临时救护委员会的下属机构，不存在救护委员会改称或改组为救护总队部。

综合以上原始档案，可以认为中国红十字会救护总队部实际成立于贵阳图云关，仍受辖于临时救护委员会。可能的情况是，早在 1938 年 6 月前，中国红十字会总会就有成立救护总队部的意图，但未能实现，直到 1939 年 6 月，救护总队部才成立。当然，这仅是推测，有待于进一步挖掘资料，加以证实。

（作者汤章城，中国科学院上海分院原院长，中国科学院
上海植物生理研究所原所长，研究员）

---

① 贵州省档案馆编：《贵州省档案馆藏中国红十字会抗战救护档案汇编》第 1 册，中华书局 2022 年版，第 57 页。

② 贵阳市档案馆编：《战地红十字——中国红十字会救护总队抗战实录》，贵州人民出版社 2008 年版，第 142 页。

学术评论

聚焦中国共产党与近代中国红十字运动研究

李欣栩

摘　要： 推进中国共产党与近代中国红十字运动研究是当代中国红十字事业全面加强党的领导的必然要求。目前，中国共产党与近代中国红十字运动作为一项重要课题已引起学界关注，相关研究也取得了显著进展。为了推动课题的进一步深入，亟应加强资料的整理、拓宽内容覆盖面、增强学理性剖析，以期更好地揭示和阐释中国红十字事业发展的历史规律，坚定历史自信。

关键词： 中国共产党　近代中国　红十字运动　历史渊源

中国红十字会是党和政府在人道领域联系群众的桥梁和纽带，在社会主义现代化建设中发挥着不可替代的作用，为推动乡村振兴、实现共同富裕、建设健康中国等重要战略、发展规划的实施贡献人道力量。在此背景下，深度思考中国共产党与近代中国红十字运动之间的密切联系和深厚渊源，再现中国红十字会史上的红色足迹，揭示当代中国特色红十字事业发展的历史逻辑，不仅是增强历史自信的需要，也是推动红十字事业更好地融入社会主义现代化建设的需要，不失为一个新的学术视点。

一、研究的重要意义

近代中国红十字运动的发展，离不开社会各方面力量的支持。1921 年中国共产党诞生后，在红色革命的潮流中逐渐建立起与红十字会的密切联系。如今，系统梳理中国共产党与近代中国红十字运动之间的历史，无论是从学术研究角度还是现实应用角度而言，都具有重要意义。

第一，可以呈现更为立体全面的中国红十字会史。近年来，随着红十字运动研究的发展，近代中国红十字运动的人道、博爱精神逐渐为人所熟知。纵然，中国红十字会在历次战争救护中的人道行动值得关注，但新民主主义革命的历史大环境同样需要重视。在新民主主义革命中，国共两党的合作与否是中国红十字事业能否顺利推进的重要因素，中国共产党的领导与决策对红十字工作的开展有直接影响。因此，对中国共产党与近代中国红十字运动的联系进行探究，可以生动地展现近代中国红十字运动的政治环境，从而给我们呈现更富多重色彩的中国红十字会史。

第二，可以在大历史观下回答当代中国红十字事业特色之所在。在百余年的发展中，中国红十字运动随着世情、国情、民情的变化而逐渐形成自己的组织体系、文化体系、制度体系。中华人民共和国成立后，在党的领导下，中国红十字事业繁荣发展，呈现出鲜明的中国特色，而最大的特色就在于坚持党的领导。如何阐释这一特色，是学界、业界不可回避的问题。为此，以党史视野审视近代中国红十字事业，展现民族危难之际中国共产党与中国红十字会同仇敌忾的民族气节，一定程度上能够帮助我们更好地理解中国红十字事业特色之所在的历史渊薮。

第三，可以再现中国共产党人的红色信仰与人道主义情怀。1921年以来，中国红十字运动与中国共产党团结带领全国人民实现民族独立、国家富强的伟大事业相伴相随。中国红十字人见证了中国共产党的成长，对共产党人的红色信仰及人道主义情怀有着真切的感悟。在革命环境下，红色精神融入中国红十字会每一个爱国志士的血液里，特别是抗日战争期间，中国共产党的红色信仰坚定了郭步洲、金茂岳等红十字人对共产主义理想的追求，让革命的红色信仰与红十字事业的人道主义情怀相得益彰。因此，党史视野下的红十字运动研究有助于我们进一步感悟党的信仰与情怀。

二、研究的显著进展

近代中国红十字会秉持人道、博爱之旨，积极从事战地救护、灾害救济等工作，但是不可避免地受到政治环境的影响。就目前而言，围绕着中国共产党与近代中国红十字运动这一课题，学界的研究内容主要侧重于以下几点。

中国红十字会救护总队对中国共产党的医疗援助。戴斌武、任中义先后论述了红十字会救护总队对八路军、新四军的医疗援助，称红十字会救护总队提供的医疗援助无疑是雪中送炭。[①]池子华亦称 1937 年至 1945 年，中国红十字会向八路军、新四军派出了 20 多支医疗队，"抗日根据地飘扬的红十字旗帜向世人展示了人道的力量"[②]。

中国共产党在红十字会成立党组织的历史地位。李筑宁、丁英顺、郭绍兴、李朝贵、池子华等人分别记述了中国共产党在救护总队设立支部的历史过程及相关活动。[③]池子华评述红十字会救护总队党支部的成立与发展，称其在郭绍兴领导下完成了它在抗战时期的历史使命。[④]任中义特别强调中共红十字会地下组织的宣传动员活动为救护总队的医疗援助"提供了思想、组织保障"[⑤]。

中国红十字会与中国共产党密切关联的代表性机构或人物。李筑宁、任中义、池子华、商东惠等先后评述了林可胜、史沫特莱、罗生特等人对

① 戴斌武：《中国红十字会救护总队与抗战救护研究》，合肥工业大学出版社 2012 年版；任中义：《抗战时期中国红十字会救护总队对中共的医疗援助》，《湖北大学学报（哲学社会科学版）》2016 年第 3 期。

② 池子华：《1937—1945：红十字在敌后战场》，《中国红十字报》2017 年 8 月 1 日。

③ 李筑宁：《图云关的"红会"支部——抗战时期我党在救护总队的工作》，《党史纵横》1997 年第 9 期；丁英顺：《抗战时期的中共红会特支》，《百年潮》2015 年第 8 期；郭绍兴：《抗战时期党在中国红十字会救护总队的工作》，中共贵阳党史研究室编：《抗战大后方——贵阳》，中共党史出版社 2015 年版；李朝贵：《红会特支——纪念抗日战争胜利六十周年之十》，《当代贵州》2005 年第 22 期。

④ 池子华：《红十字救护总队里的党支部》，《中国红十字报》2020 年 6 月 30 日。

⑤ 任中义：《抗战时期中国红十字会救护总队对中共的医疗援助》，《湖北大学学报（哲学社会科学版）》2016 年第 3 期。

中国共产党领导的人民军队的支持，特别是在推动红十字会援助新四军、八路军中的积极作用。① 池子华还另文评述了共产党员高恬波、章文晋与红十字会的渊源。② 另外，李祖荫梳理了八路军贵阳交通站支持红十字会救护总队抗日医疗救护活动的史实。③

区域红色革命与中国红十字运动的地方实践。乐时鸣、池子华等人回顾了"八一三"淞沪抗战爆发后中国红十字会与上海煤业救护队的历史，记述了上海沦陷后上海红十字会煤业救护队队员或投奔新四军，或奔赴延安的"红色征途"④。任中义、王帅亦先后探讨了中国红十字会救护总队及金茂岳、诺尔曼·白求恩、马海德等人在延安的医疗救护活动。⑤

红色精神、红色基因与中国红十字运动的内在联系。当然，还有学者另辟蹊径，从红色信仰、红色故事、红色精神的角度展开对近代中国红十字事业的"红色"解读。⑥ 池子华探索了"图云关"精神的深刻内涵，肯定中国共产党在图云关建立的红十字会总支委员会开展了卓有成效的"统战"工作，称挖掘救护总队的"红色基因"对于拓展中共党史研究不无

① 李筑宁：《知识分子的楷模 爱国华侨的英杰——救护总队总队长林可胜先生》，贵阳市档案馆编：《抗战时期的中国红十字总会救护总队》，1995 年编印；任中义：《试论史沫特莱对新四军医疗卫生工作的历史贡献》，《延安大学学报（社会科学版）》2016 年第 4 期；池子华：《救死扶伤的圣歌——林可胜与中国红十字会救护总队的故事》，山东画报出版社 2018 年版；商东惠：《罗生特：新四军中的"大鼻子神医"》，《文史天地》2023 年第 2 期。

② 池子华：《高恬波：北伐救护队女队长》，《中国红十字报》2018 年 9 月 28 日；池子华：《章文晋：一位地下党员的红十字记忆》，《中国红十字报》2021 年 6 月 8 日。

③ 李祖荫：《八路军贵阳交通站在抗战中的贡献及其对贵阳抗日救亡运动的影响》，中共贵阳党史研究室编：《抗战大后方——贵阳》，中共党史出版社 2015 年版。

④ 乐时鸣：《中国红十字会和上海煤业救护队》，《上海党史资料通讯》1987 年第 3 期；池子华：《中国红十字会党建史上的壮举——从上海红十字会煤业救护队队员到新四军战士的华丽转身》，《中国红十字报》2021 年 8 月 13 日；池子华：《"到敌人后方去"——一支红十字救护队的红色征途》，《中国红十字报》2021 年 8 月 17 日。

⑤ 任中义：《抗战时期中国红十字会救护总队对中共的医疗援助》，《湖北大学学报（哲学社会科学版）》2016 年第 3 期；王帅：《试析抗日战争时期中国红十字会在延安的救护活动》，《赤峰学院学报（汉文哲学社会科学版）》2019 年第 4 期；王帅：《金茂岳：毛泽东朱德周恩来题词的"红都名医"》，《中国红十字报》2018 年 4 月 20 日；池子华、王帅：《他是一只"不死鸟"，毕生致力于全人类解放事业》，《中国红十字报》2018 年 11 月 13 日；王帅、池子华：《马海德："医林乔木，友好飞鸿"》，《中国红十字报》2019 年 1 月 18 日。

⑥ 李欣栩：《中国红十字会史的"红色解读"》，《中国红十字报》2022 年 2 月 11 日。

裨益。①

由上可知，以池子华、任中义等人为代表，党史视野下的近代中国红十字运动研究已受到学界关注，取得了一定的成果，为我们进一步深入探究二者在近代民主革命中的联系与互动奠定了基础。

三、推进研究深入的几点思考

中国共产党与近代中国红十字运动之间有着特殊的缘分。但从现有成果看，研究的空间还很大，还有诸多议题值得探究，如共产党人在大后方红十字事业发展中的影响力、红十字人道救护工作与早期中国共产党人的红色革命等。因此，有鉴于上述研究态势，要推动该领域研究的深入，可从以下几方面着手。

一是加强资料的整理。近年来，以苏州大学红十字运动研究中心为代表的学术团队展开关于近代中国红十字运动的史料整理研究工作，对中国共产党所办第一份全国性政治机关报——《新华日报》上的"红十字"也做了系统整理。此外，贵阳市档案馆所编《战地红十字——中国红十字会救护总队抗战实录》以及《延安时期红十字运动研究》编写组对相关资料也有部分整理收录。但总体而言，对于党报党刊、革命根据地的"红十字"史料整理甚少。有鉴于此，学者应广泛搜罗与红十字运动有关的中央和地方档案、各个历史时期的党报党刊、党的历任主要领导人的文集及日记、民间散藏资料等，为深入研究相关课题提供史料支撑。

二是拓宽内容覆盖面。不难看出，当前的研究集中于抗日战争期间大后方中国红十字会救护总队的医疗援助活动以及中共红十字会党组织在救护总队的政治宣传活动。虽然成果内容中关于该阶段的史实记述已很详致，但也暴露出党史视野下近代中国红十字运动研究的局限性：从时间上说，自中国共产党的创建到抗日战争全面爆发前，中国红十字会便与党领

---

① 池子华：《历史精神的当代传承》，《中国红十字报》2022 年 8 月 19 日。

导下的革命工作产生交集，然而关于这方面的学术成果不多；从空间上说，除了大后方，上海、天津等地党组织活动中的"红十字"镜像则探究力度不足。因此，应充分挖掘史料，拓宽视野，助推相关课题成为新的学术增长点。

三是增强学理性剖析。近代中国红十字运动的表征不仅在于医疗救护，还包括组织网络的推广、人道文化的传播等，红十字会是促进不同文化融合、凝聚社会力量的重要载体。现有成果再现战火硝烟之下红十字会与中国共产党的互助与合作，然而对于这些互动背后的深层次原因和影响，则较少进行论证。例如，关于救护总队医疗援助工作对根据地医疗卫生事业、对根据地红十字事业的潜在影响，便有阐释力度不足的缺憾。因此，相关课题研究亟应由表及里，利用政治学、心理学、社会学等交叉学科理论与方法，揭示中国共产党领导下的中国红十字事业发展的本质规律。

总之，当代中国红十字事业的发展，离不开中国共产党的全面领导。同样地，近代中国红十字运动的推广，也离不开中国共产党的大力支持和深刻影响，二者之间的时空互动由来已久。只有做好、做透这方面研究，才能更好地认识和阐释当代中国特色红十字事业发展的历史属性和鲜明特征。

（作者李欣栩，苏州大学中国史博士后，浙江、河南红十字运动研究中心兼职研究员）

倾听历史的回声

——写在《红十字运动：历史与文化》出版之际

池子华

摘　要：《红十字运动：历史与文化》论文集，收录文章八篇，从不同角度呈现了中国红十字运动发展历程中的几个侧影，有助于拓展红十字运动研究的领域，对当代红十字事业发展亦不无借鉴价值。

关键词：中国红十字会　论文集　人道事业　历史研究

《红十字运动：历史与文化》一书，作为"红十字文化丛书"之一种，2021 年由合肥工业大学出版社出版发行。这是一本论文集，26 万字。按照论文的性质，文集分为特刊、专题研究、公信力建设、人道教育与实践、会长研究、附录，共六个栏目，收录文章八篇。除了本人的《红十字会，不只战地救护——纪念抗战胜利 75 周年》《"三十年代青年的光辉榜样"——中共组织煤业救护队参与淞沪会战救护述论》《闪光的"红十字"——中国红十字会国际医防服务队参与抗美援朝出国作战往事》《新的转变 新的征程——纪念红十字运动研究中心成立 15 周年》四篇文章外，《中国红十字会公信力建设的历史考察（1904—1949）》（沈璐）、《民国小学教材中的慈善教育研究》（宗娇娇）、《伍哲英护理教育实践研究》（沈妙妙）、《蒋梦麟与中国红十字会研究》（牟若玮）四篇文章为硕士学位论文，均由本人担任指导老师。虽然写作方面不够完美，但从不同角度呈现了中国红十字运动发展历程中的几个侧影，有助于拓展红十字运动研究的领域，对当代红十字事业发展亦不无借鉴价值。

选题新颖，视角独到

这四篇硕士学位论文有一个共同的特点，就是选题新颖，视角独到。

2011 年"郭美美事件"后，中国红十字会公信力遭受重创，也将红十字会推向了舆论的风口浪尖，来自各方质疑的声音层出不穷，引发社会普遍关注。学术界迅速作出反应，就有关慈善组织公信力建设议题展开讨论，取得不少成果。虽然时过境迁，但公信力建设无疑成为红十字会生存与发展的关键。这是其安身立命之本。然而从历史角度考察中国红十字会公信力建设的学术成果极为缺乏，尚无系统性研究。以史为鉴才能更好地面向未来，《中国红十字会公信力建设的历史考察（1904—1949）》聚焦于此，选题的学术价值不言而喻，且有着深沉的时代价值。

民国时期不仅政治、经济、思想文化等领域发生了巨大变化，教育领域也革故鼎新。慈善教育作为革新的重要内容成为教育界关注的热点。为了适应时代的需要，民国小学教材增添了慈善教育的相关知识，其中包括对博爱、人道、奉献等公益慈善理念，红十字会、孤儿院等慈善教育机构以及慈善家事迹的相关介绍。这些包括红十字会在内的公益慈善课文的增添有利于公民完整人格的养成，有助于推动民国公益慈善事业的发展。民国小学教材中有关慈善教育的课文，内容丰富饱满，但学界对此研究较少，《民国小学教材中的慈善教育研究》弥补了相关研究之不足，选题的学术价值及现实意义值得肯定。

近代以来，随着西方医疗卫生事业的传入，中国的护理事业也逐渐发展起来。在传播西方医学建设中国人自己的医疗卫生事业中，早期的护理传播者发挥着重要的作用，伍哲英就是中国早期护理传播者之一，被誉为"中国护士之母"。她是中国红十字会总医院护士学校校长，中华护士会的会长，对中国护理事业的发展作出卓越贡献，而相关研究却很不充分。《伍哲英护理教育实践研究》，对丰富中国护理史和中国红十字运动史研究的内容，应该说有所裨益。

蒋梦麟是我国现代著名的教育家，1943 年民族危难之际出任中国红十字会会长后加强战时组织建设，指导中国红十字会开展战事救护及医疗服务，为抗战救护事业作出卓越贡献，并首次当选国际红十字协会（现为红十字会与红新月会国际联合会）副主席。1946 年中国红十字会进入复员时期，蒋梦麟蝉联会长，为此他制定了"打定会的基础"和"促进社会安全"的工作目标，积极推进红十字会各项规章制度的建立，并手订"服务信条"，指导红十字工作人员开展更为广泛的社会服务。蒋梦麟所倡导的红十字社会服务理念以及具体实践对于近代中国红十字运动具有重要的推动作用，同时对当今红十字事业健康发展亦具有借鉴意义。《蒋梦麟与中国红十字会研究》命意在此，新人耳目。

资料翔实，内容丰富

选题虽好，但如果没有较为丰富的史料支撑，也无法完成学位论文的写作。好在红十字运动研究中心一直注重资料建设，搜集整理并出版了《〈申报〉上的红十字》《〈大公报〉上的红十字》《〈新闻报〉上的红十字》以及《中国红十字运动史料选编》等大型图书，为论文的写作奠定初步基础。加之四位研究生勤奋好学，在资料的搜集上颇为用功，爬梳剔抉，整理出了较为详尽的资料。正因为如此，论文的内容总体而言，均较为丰富饱满。

《中国红十字会公信力建设的历史考察（1904—1949）》分为四部分：第一部分探讨中国红十字会公信力建设的背景，从公信力的基本内涵着手，一方面从现实角度出发，通过红十字会战地救护的特殊性和征募工作开展的需要探究公信力建设对红十字会生存发展的重要性；另一方面从历史角度出发，与同时期的善会善堂进行比较，揭示红十字会公信力建设的独特性。第二部分缕述中国红十字会公信力建设的发展历程，按照公信力建设的主要特征，以时间为节点分为摸索、独立探索、巅峰、转型四个阶段。第三部分缕析中国红十字会公信力建设的主要途径，从提升业务能力、完善监督机制、加强信息公开透明和树立良好形象四个维度进行阐述。第四部分主要对中国红十字会公信力建设的成效与缺失进行综合评析。

《民国小学教材中的慈善教育研究》分为三部分：第一部分围绕民国小学教材中慈善教育的背景展开，从中西方的慈善思想渊源和民国慈善教育出现的原因两方面来论述民国时期独特的社会环境对慈善教育的呼唤。第二部分以民国小学教材中的慈善课文为载体探讨民国慈善教育的主要内容，分别从慈善理念、慈善机构和慈善行为等三方面进行分析，着重强调了其对公众慈善意识的培养、慈善情感的塑造以及民国慈善事业和教育事业发展的积极作用。在此基础上，第三部分总结并归纳了民国小学教材中的慈善教育功能，论述其对当今基础教育改革和慈善事业发展方面的借鉴意义。

《伍哲英护理教育实践研究》分为三部分：第一部分分析伍哲英投身护理教育实践的背景及思想基础，阐述伍哲英的护理理念，分析伍哲英护理教育管理思想。第二部分考察伍哲英的护理事业实践，着眼于伍哲英参与护理教育与护理管理实践，包括其出席国际护士会和其扮演的角色。第三部分对伍哲英护理实践进行评价，主要探讨伍哲英护理教育实践对中国护理事业的积极影响。

《蒋梦麟与中国红十字会研究》分为四部分：第一部分临危受命出任中国红十字会会长，从蒋梦麟卓越的社会成就、蒋梦麟与红十字会的渊源等方面入手，说明其出任会长的内在逻辑。第二部分抗战时期蒋梦麟对红十字事业的推动，分别从组织建设、战事救护、人道救助三个维度进行具体分析。第三部分从"服务社会，博爱人群"宗旨的确立、建章立制、手订服务信条、社会服务广泛开展等方面分析复员时期蒋梦麟红十字理念及践行。第四部分蒋梦麟对中国红十字事业的贡献，分别就其对近代红十字事业及社会的影响、对于当今红十字事业的重要启示两个方面进行归纳总结。

由于占有较为充分的历史资料，上述问题的探讨、解析基础较为扎实，立论可靠，内容显得充实而饱满。

守正创新，有所超越

守正创新是论文写作的立足点和出发点。在历史唯物主义指导下，在前人研究成果的基础上，通过深挖资料，转换视角，精耕细作，取得新的超越，学位论文才有价值。四位研究生秉持这一理念，做了力所能及的努力，也取得一定的进展。

《中国红十字会公信力建设的历史考察（1904—1949）》，从内容上看，首次对近代中国红十字会公信力建设的主要途径、取得的成效和存在的缺失进行全面系统考察，丰富了红十字运动研究的内容。从方法上看，以历史学为基础，同时借鉴社会学、传播学等学科的理论和方法，对公信力建设的基本途径进行分析，揭示不同时期红十字会公信力建设的特点。文章提出：红十字会公信力建设是一项艰巨而复杂的任务，不可能一蹴而就。建设的过程是漫长的，只有"进行时"，没有"完成时"。公信力攸关红十字会的生存与发展，是红十字会的"生命线"，这就决定了"公信力"建设永远"在路上"。这是耐人寻味的。

《民国小学教材中的慈善教育研究》，从内容上讲，在前人研究成果的基础上转换视角，以民国小学教材为切入点透析民国慈善教育事业的发展。通过对民国时期慈善教育出现的时代背景、主要内容、价值与作用等方面的研究，认识其对当今基础教育改革、慈善事业发展以及慈善文化传播方面的重要借鉴意义。从方法上讲，文章不仅采用历史学的方法进行史料的考证和引用，同时吸收经济学、社会学乃至文化学等学科的理论和方法，对民国小学教材中的慈善课文进行跨学科研究，揭示民国教材中的慈善教育与社会政治、经济、文化之间的密切联系。研究内容、研究方法，令人耳目一新。

伍哲英是中国近代史上杰出的护理教育家，对于她的研究，大部分研究者的关注点在于她是中华护士会的第一任中国人会长，作为代表参加国际护士大会走上国际舞台，或者注重她的生平、求学经历，在抗战时期穿梭在火线上，而对于她的护理教育实践研究显得比较零散。《伍哲英护理教育实践研究》在现有研究成果的基础上，力图较为全面地再现伍哲英本人及其所奉献的护理事业发展状况，分析她对于我国近代护理事业发展所作出的贡献，在一定程度上弥补前人研究的不足。这是本文的重要"创新点"。同时，把历史学与护理学结合起来进行综合研究，方法可取，有一定的创新性。

学术界对蒋梦麟的研究侧重于教育方面，而对于蒋梦麟之于中国红十字事业研究重视不够，仅有几篇文章涉及，且尚未有对此问题的系统研究。《蒋梦麟与中国红十字会研究》对蒋梦麟红十字理念以及相关活动进行专门性、深层次探析，有助于认识蒋梦麟在中国红十字运动史上的重要地位，为现如今红十字会开展各项服务活动提供有价值的指导，填补以往在此领域的研究缺憾，丰富了红十字运动研究的内容，相对以往研究，取得了一些进展。

存在缺陷，瑕不掩瑜

四篇硕士学位论文虽然有所开拓，有所创新，有所超越，但都多多少少存在这样那样的问题。

《中国红十字会公信力建设的历史考察（1904—1949）》，由于这一历史时期中国红十字会公信力建设研究可资借鉴的成果较少，也缺乏理论性的著作作为参考，所以理论性稍显不足。同时，档案史料没有开放，有些关键资料无法利用，影响对问题分析的力度。

《民国小学教材中的慈善教育研究》在研究理论和方法上，虽然尝试进行历史学、教育学、教材教法等的综合研究，但多学科综合能力有待提高。虽然前期搜集了较多资料，但仍有不少史料尚未被整理和使用。同时在文献阅读方面广度和深度还不够，在史料的解读和取舍上难免有疏漏，对史料的利用难以做到驾轻就熟。

《伍哲英护理教育实践研究》涉及历史学、护理学、教育学和红十字学等方面的理论和方法。"跨学科"要求知识结构的提高完善，这方面该文还有比较大的提升空间，分析问题的视角和深度都还不够。原本题目为《伍哲英护理教育思想与实践研究》，但"思想"提炼不够，只好淡化，仅就其护理教育实践进行展开，不免留有遗憾。同时受疫情影响，无法外出查阅相关资料，有些资料搜罗不够全面，史料的取舍方面也不能尽如人意。

《蒋梦麟与中国红十字会研究》对于问题的分析角度与深度都有待提高，"问题意识"不够强，论文的写作显得学理性较弱，对于文献内容的解读与使用也存在疏漏，史料阅读与分析能力还有待提升。

上述问题的存在，说明四篇论文的写作都存在缺陷，有的是理论方面的，有的是技术方面的，有的是写作方面的。尽管四篇论文都有遗憾，或者说都不够成熟，但瑕不掩瑜，对中国红十字运动研究的深入不无益处。

（作者池子华，浙江大学城市学院讲座教授，
苏州大学红十字国际学院教授，博士生导师）

《中国红十字运动史料选编（第十四辑）》评介

郎元智

摘　要：《中国红十字运动史料选编（第十四辑）》收录了 1944 年 4 月至 1945 年 12 月间中国红十字会的相关史料，并依据内容分为会务讯息、工作报告、人道文苑、公牍选载和杂俎五个专题。该资料集的出版为中国红十字运动的研究，特别是中国红十字会及其西南各分会在 1944 年至 1945 年抗日战争反攻阶段的研究提供了宝贵的资料，同时对该时段中国人道救助史的学术研究也起到了积极的推进作用。

关键词：中国红十字会　史料选编　抗日战争　历史研究

由池子华、刘思瀚主编的《中国红十字运动史料选编（第十四辑）》（以下简称《选编（十四）》），作为池子华总主编的"红十字文化丛书"之一种，已于 2020 年 11 月由合肥工业大学出版社出版发行。该资料集收录了 1944 年 4 月至 1945 年 12 月间中国红十字会的相关史料，近 35 万字。

一、内容概要

《选编（十四）》辑录的资料依据内容主要分为会务讯息、工作报告、人道文苑、公牍选载和杂俎五个专题。每个专题均按时间先后顺序排布（内容具有延续性的材料按时间顺序单独排布），每条资料后均注明资料来源。

该资料集的会务讯息专题共计辑录资料 87 条，其中关于重庆、大理、丰都、灌县、安康、万县、昆明、内江、雒南、邕宁等分会的资料尤显珍贵。这些资料的整理和辑录，对学术界研究抗日战争后期中国红十字会西南各分会的会务活动及救护工作具有无法替代的作用。

该资料集的工作报告专题共计辑录资料 38 条，其中"救护总队部业务概况" 8 条，为研究中国红十字会救护总队部在抗战后期所开展的一系列救护活动提供了较为坚实的史料基础。而《在缅北山岳丛林中怎样保持健康——记远征军的卫生勤务》一则史料更是为数不多的对中国远征军卫生勤务工作的直接记录，这对于全面研究中国远征军的卫生救护工作具有极高的史料价值。

该资料集的人道文苑专题共计辑录资料 64 条，主要为关于中国红十字运动的专论及红十字的相关知识。其中汤蠡舟的《日本投降以后的救护动向》一文对在抗战胜利后中国红十字会救护工作的主要方向和内容进行了初步的探讨，指出"当以善后救护为中心。凡还乡之人及复员之兵，其途中疾苦，皆为红十字会战后救护之对象。更当本万国红十字会公约立场，对于战俘卫生，及盟军所至各地之救护，皆须协助办理，以竟其功"①。该文的辑录对研究中国红十字会在抗战胜利后开展的复员工作裨益较大。

该资料集的公牍选载专题共计辑录资料 8 条，主要为 1943 年至 1945 年间由国民政府相关部门所颁布的关于中国红十字会的法令及公文，这些资料可补档案资料之不足，亦为不可或缺之材料。

该资料集的杂俎专题共计辑录资料 9 条，主要为关于红十字的新闻、故事及趣闻，亦可在研究中作查缺补漏之用。

---

① 汤蠡舟：《日本投降以后的救护动向》，池子华、刘思瀚主编：《中国红十字运动史料选编（第十四辑）》合肥工业大学出版社 2020 年版，第 259 页。

二、特色与价值

作为系统爬梳整理中国红十字会在抗日战争后期相关史料的史料集，《选编（十四）》有其鲜明特点，主要表现在以下几个方面。

首先，资料的收集范围广泛，收集难度较大。随着抗日战争最终进入战略反攻阶段，中国红十字会的人道救护活动已形成了较为完备的体系，相关资料十分丰富，但分布广泛，且散逸较多。该资料集借助于上海晚清民国数据库、大成老旧数据库等资源，广泛搜罗与中国红十字运动相关的讯息，在故纸堆中爬梳剔抉，多方考据，去伪存真，增删校订，最终辑录成册，其收集难度较大，编辑工作亦属艰辛。

其次，丰富了中国红十字运动的基础研究资料，有助于促进中国红十字运动研究的深入。中国红十字运动研究虽经数十年的发展，并在诸位先进的引领和学界同仁的共同努力下，取得了一系列辉煌的研究成果，但在基础史料方面，仍有较大的提升空间。该资料集的出版为中国红十字运动的研究，特别是中国红十字会及其西南各分会在1944年至1945年抗日战争反攻阶段的研究提供了宝贵的资料，同时对该时段中国人道救助史的学术研究也起到了积极的推进作用。

再次，丰富了抗日战争研究的基础资料，开拓了抗日战争研究的新视角。改革开放以来，学术界对于抗日战争的研究多聚焦于政治、军事及外交层面，并取得了较为丰硕的研究成果。近十年来，随着研究视角的"下移"，学术界开始逐步关注抗战时期的民众生活、医疗卫生保障、社会心理等诸多方面，而中国红十字会在抗日战争期间所开展的人道救助活动亦涉及民众生活、医疗卫生保障、社会心理等诸多方面。因此，该资料集的出版不仅为中国红十字运动研究补充了基础资料，也为现阶段的抗日战争研究提供了新的基础资料，如中国红十字会辅助中国远征军卫生勤务工作的相关资料就为全面研究中国远征军的历史提供了有力的史料支持。由此可见，《选编（十四）》的出版对于开拓抗日战争研究的新视角具有较大的学术价值。

最后，宣传了中国红十字会的光辉历史，为中国红十字会开展各项工作提供助力。抗日战争时期是中华民族最困难最艰苦的时期，也是中华民族生死存亡的关键阶段。中国红十字会在抗日战争期间高扬人道主义旗帜，积极开展战地救护、难民救济、疫病防治、灾害救援等人道救助活动，"拯黎民于水火，救兵士于战火"。前事不忘，后事之师。《选编（十四）》将抗日战争后期中国红十字运动相关历史资料进行收集与整理，并辑录成册，有助于宣传中国红十字会的光辉历史，并为当下中国红十字会开展各项工作提供借鉴。

三、不足之处

虽然《选编（十四）》在资料的收集和编辑上颇具特色，许多资料较为珍贵，值得称道，但在个别地方也存在着些许不足，如部分史料的归类就有可斟酌之处，"工作报告"中的《揭阳分会之回顾与前瞻》《大理红十字会之缘起及经过事略》《新疆医事近貌》等篇目，就内容而言划归"会务讯息"栏目或更为妥帖，《二十里长途旅行记——由泸县蓝田坝到万县陈家坝》《千山万水到贵阳》《黔南前线行》《中印公路一滴汗》等篇目，划归"人道文苑"栏目或更为妥帖。

尽管存在些许不足之处，但瑕不掩瑜。《选编（十四）》作为一部系统辑录汇编1944年4月至1945年12月间中国红十字会相关史料的史料集，仍可称得上是一部质量上乘的精品之作，其所展现出的创新性和现实性是颇具学术价值和现实意义的。《选编（十四）》的出版不仅填补了1944年4月至1945年12月间中国红十字会相关研究资料的不足，更为深入开展针对该时段中国红十字运动的历史研究提供帮助，乃至对开拓抗日战争研究的新视角亦有所裨益。

（作者郎元智，辽宁社会科学院副研究员）

《中国红十字运动史料选编（第十五辑）》述评

商东惠

摘　要：《中国红十字运动史料选编（第十五辑）》主要记录了复员初期中国红十字会各项事业的进展，并分专题论综、工作纲要、法规选辑、康乐文勺、分会园地、内外动态六大专题展开。作为研究复员时期中国红十字运动的基础资料，本书的出版不仅进一步深化了红十字史料建设，也拓宽了红十字运动研究的领域。

关键词：中国红十字会　史料选编　复员时期　历史研究

史料作为史学研究的基础，向来为历史研究者所倚重。自 2014 年出版《中国红十字运动史料选编（第一辑）》以来，红十字运动研究中心持续推进中国红十字会史料的挖掘与整理工作，为红十字运动研究的不断深入奠定了坚实的基础。《中国红十字运动史料选编（第十五辑）》（以下简称《选编（十五）》）为该系列中的第十五辑，由池子华、郎元智主编，全书 30 余万字，于 2020 年 11 月由合肥工业大学出版社出版发行。本文略作述评，以飨读者。

一、内容概况

抗战胜利后，中国红十字会进入复员时期。除继续开展人道救护、医疗卫生、组织建设等工作外，中国红十字会重点开展对日伪财产的接收事宜，同时大力拓展青年、妇女及各种社会服务工作，适应新时期的社会需求。《选编（十五）》主要记录了复员初期中国红十字会各项事业的进展，并分专题论综、工作纲要、法规选辑、康乐文匀、分会园地、内外动态六大专题展开。

"专题论综"在全书中占据了最大的篇幅，是《红十字月刊》第1期至第12期中专题文章的集锦。其中，既有对全面抗战期间中国红十字会救护工作的回顾，也有对战后各项活动如基金筹募、分会组织建设、社会服务等方面的展望，更有对红十字会历史、服务信条、性质与任务等相关知识的普及。内容上以红十字会相关材料为主，但也有战后国民保健、儿童福利方面的介绍，如《护士与民族健康之关系》《家庭福利与儿童福利》等文。

"工作纲要"是对复员时期中国红十字会总会及分会工作计划的一个综合呈现，包括复员时期总会第一次常务理事会议事录、第一次会务座谈会记录、初步工作实施计划纲要、分会工作纲要以及红十字会服务中心实验区计划纲要、中央大学服务站工作大纲、南京玄武湖服务站设置计划等，从中可以全面地了解复员时期中国红十字会的各项工作展望与规划。此外，该栏目也辑有两篇中国红十字会战时工作简报，对于有意了解全面抗战初期红十字会战时救护工作、救护总队部的调整、卫生材料的储运、重庆医院的兴建、经济收支的概况、公立大学教授医药的补助等方面内容的读者颇有助益。

"法规选辑"在全书中所占篇幅最小，主要包括复员时期中国红十字会管理办法、总分会组织规程以及总会主要人员名单。抗战胜利后的一段时期内，全国各地、各组织团体的重建工作亟待开展，红十字会亦不例外。为此，各项办法、规程陆续出台，其共同的特征在于"至复员业务终了时废止之"，具有鲜明的过渡性特点。

"康乐文匀"栏目的内容，实际是各种有关康乐知识的集合。其中既包含有如《公共卫生是一种战争——为全国公共卫生行政会议以后而作》《青霉素药糖》《漫谈Rh血液型》等医药卫生方面的科普文章，也有

如《人类体格形态与心理行为之关系》等心理卫生方面的知识普及，以及
《茶的营养观》《人生大事——睡眠》《钞票上的危险——它常带着恶病而
来！》等涉及行为习惯方面的生活常识。

"分会园地"主要辑录了1946年间各地分会的工作报道，其中以南京
分会为代表。1946年5月，国民政府还都南京，红十字会总会也随迁南
京。相较于其他各地分会，南京分会的工作进展神速，在医疗救济、儿童
营养、妇女保健、红十字青年工作等方面均有出色表现。其中亦有数篇其
他分会如於潜分会、武进分会、西京分会、长春分会等的报道，内容集中
在对其历史的回顾与未来前瞻。

"内外动态"栏目的设置，与中国红十字会时任会长蒋梦麟"须使中
国红十字会之成就，外谋国际红十字会之互通，内求国内红十字会之发
展，庶几对外争放异彩，对内克树良模"①的目标一致，主要汇集了《红
十字月刊》第1期至第12期中关于中国红十字会的新闻报道和国际红十
字会的工作讯息，并按照时间顺序，分国内、国际两个部分进行编排。不
过，由于《报刊上的国际红会》一书曾以专辑的形式收录了绝大部分国
际红十字会的内容，该栏目内的相关资料较少，而以中国红十字会新闻为
主。复员以来，中国红十字会根据《复员期间管理中华民国红十字会办
法》的规定改以行政院为主管官署，在内部也进行了积极调整，一方面调
整总会组织，添设新的青年妇女工作部门，增进分会机能，促进其向现
代化服务团体的转变；另一方面则大力开展征募运动，征求会员、募集基
金，推动红十字会的经济复员。这些工作的推动与发展情况，在该栏目中
可尽窥其貌。

特色评析

作为一部史料集，《选编（十五）》编排有序，内容充实，具有鲜明的

---

① 蒋梦麟：《中国红十字会之新生》，《红十字月刊》1946年第3、4期。

时代特征。主要特色体现在以下两个方面。

第一，编排得当，兼具资料性与可读性。

根据所辑录资料的内容，《选编（十五）》设置了专题论综、工作纲要、法规选辑、康乐文勺、分会园地、内外动态六大专题，并将《复员期间中华民国红十字会总会第一次常务理事会议事录》置于各专题之前，以示复员期间总会"第一次常务理事会议"之重要地位。其余六个专题并列而存，各专题内除个别内容为阅读方便而前后衔接外，其余均按时间先后顺序排布，对于纵向了解1946年间红十字会复员工作的各项安排与进度大有裨益。在资料辑录过程中，编者以"忠实原文"为根本准则，按原意进行分段并按现行规范加上标点符号，明显的错字在"（　）"中纠正，多字、少字以"［　］"表明，无法辨认的字则用"□"表示。通过编者的努力，这些跨越70余年时光的史料重新以崭新的面貌呈现于读者面前，在保证资料原始性与真实性的前提下，更符合现代阅读习惯，不仅便利了研究工作的开展，于普通读者而言也可轻松阅读以拓宽视野。

第二，内容充实，时代特征显著。

《选编（十五）》以中国红十字会主办的《红十字月刊》杂志为资料来源，辑录了该刊第1期至第12期中有关中国红十字运动的史料。1945年抗战胜利后，中国社会进入战后重建阶段，万象更新，红十字会的会务重心也随之发生变化。在此形势下，中国红十字会总会于1946年1月发行了首期《红十字月刊》，"以尽指导宣传之使命"[1]。因此，《选编（十五）》收录的12期内容，亦即对1946年红十字会各项动态的跟踪记录。在这一时期，中国红十字会的复员工作有序展开，在"变消极性为积极性，变慈善性为社会性，变局部性为普遍性"[2]的总体目标下，强化分会组织建设，促进战争期间受打击之分会的恢复与发展，同时大力推进基金征募工作，

---

① 《发刊词》，《红十字月刊》1946年第1期。

② 《复员期间中华民国红十字会第一届理事会议事专页》，《红十字月刊》1946年第5期。

为红会后续工作的开展奠定基础。在社会安全教育方面，红十字会亦有不少建树。1946年的中国，战火断绝未久，百姓困厄，田地荒芜，素以扶危救困为己任的中国红十字会，不仅面临着战争遗留下来的各种挑战，更担负着新时期赋予的转型压力。透过红十字会一系列的复员工作，读者不仅可以窥得战后初期百废待兴的社会状态，亦可深入地认识红十字会所具有的重要社会价值。

三、价值及不足

作为研究复员时期中国红十字运动的基础资料，《选编（十五）》的出版，不仅进一步深化了红十字史料建设，也拓宽了红十字运动研究的领域。其以资料的形式，向读者展示了中国红十字会因应战后社会需要做出的适应性转变，再现了复员时期红十字运动的推进过程及红会人员的苦心擘画，是首部以"1946年的红十字会"为主要对象的史料集，可谓价值突出、特色显著。尽管如此，其中亦有美中不足之处。

一是史料来源太过单一。从《选编（十五）》的内容来看，其集中反映了抗战胜利后的首年，即1946年间中国红十字会的各项工作进展，既如此，自然是1946年的资料讯息愈翔实，愈能全面反映该年红十字运动的情况。但是，本书仅辑录了《红十字月刊》中有关红十字会的内容，或限于篇幅，有关档案、文集或其他同时期报刊资料没有能够收录。

二是未收录的资料影响内容的完整性。该书在前言中即指出，凡是与已出版资料选编有所重复的内容，均不再收录。若从避免资料重复的角度而言，此举并无任何不妥，甚至可以从中窥得编者的谨慎与用心。但从读者的角度，本书内容的完整性不免有所欠缺——不仅无法从中了解到《红十字月刊》第1期至第12期的全部内容，对遗漏之处亦无从寻获。在这方面，如参考《中国红十字运动史料选编（第七辑）》的做法，于附录部分设"已辑录出版资料目录"，以便读者查阅，可能更好。

红十字史料的整理工作，重要且艰巨。《选编（十五）》的出版，是该工作的又一优秀成果，或有微瑕，却未稍减其研究价值。同时，亦期待有更多优秀的史料集面世，助推红十字运动研究的长远发展。

（作者商东惠，苏州大学社会学院博士研究生）

中国红十字运动史料建设的新成果

——《中国红十字运动史料选编·湖北专辑二》简评

戴少刚

摘　要：《中国红十字运动史料选编·湖北专辑二》时间段为 1950 年至 1965 年。全书内容丰富、条理清晰，包括会务讯息、工作汇报、公牍选载、统计图表、人道文苑、杂俎六个专题。本书的出版对于加强中国红十字运动资料建设、深化区域红十字运动研究和推动中国红十字事业改革发展具有重要意义。

关键词：湖北　红十字运动　史料选编　历史研究　文化传播

2022 年 7 月，湖北省红十字会、红十字运动研究中心联合编写的《中国红十字运动史料选编·湖北专辑二》（以下简称《湖北专辑二》）由合肥工业大学出版社出版发行，该书由湖北省红十字会党组书记、常务副会长涂明珍和苏州大学红十字国际学院教授、博士生导师池子华共同主编。作为池子华总主编的"红十字文化丛书"之一种，该书的出版为红十字运动区域研究资料建设添砖加瓦。

一、内容概述

《中国红十字运动史料选编》是红十字运动研究中心推出的大型资料汇编，《湖北专辑二》是该系列的第十七辑，时间段为 1950 年至 1965 年。全书内容丰富、条理清晰，包括会务讯息、工作汇报、公牍选载、统计图表、人道文苑、杂俎六个专题。

　　"会务讯息"部分涉及中华人民共和国成立后至"文革"前,湖北各地红十字会落实中国红十字会总会(以下简称总会)部署,进行改组整顿和会务建设的举措和成效,参与抗美援朝医防服务、爱国卫生运动和"大跃进"等重大事件,以及开展急救训练、灾害救助、医防服务、对外交往等工作的情形。这些资料大多选自湖北当地档案馆保存的档案和当时出版的《人民日报》《新中国红十字》等报刊,具有可信性和可读性,使读者对这一时期湖北红十字运动发展情况有一总体了解。

　　"工作汇报"部分可以分为三类:一类是总会工作总结和报告中涉及湖北省各地红十字会会务和业务工作举措与成效的部分;一类是湖北省红十字会成立后组织建设、业务开展情况的报告,以及该会举办的重要活动和重要会议等的总结;一类是湖北省各市、县红十字会及其所属基层红十字会和红十字医院等开展协商改组、会员发展、干部培养、医防服务、急救训练、先进表彰等方面工作的总结以及年度工作总结。所有这些,都展现了湖北各地红十字会积极响应党和政府的号召,落实总会的工作部署,开拓进取,无私奉献,在组织建设、业务工作和服务国家经济社会发展方面取得的丰硕成果和作出的重要贡献。

　　"公牍选载"部分记录了湖北各地红十字会与总会、当地政府和社会团体在工作中沟通、协调等方面的情形,既有总会、湖北省红十字会下发的工作计划、工作通知、指示批复、规章制度、表彰决定,也有地方红十字会和基层红十字会向上级报送的请示、报告等文件,展现了红十字会系统的运行和管理机制。例如,《湖北省编制委员会关于红十字会编制问题的批复》体现出湖北省政府对该省红十字运动的关心和支持;《总干事王同报告愿自五月份起停薪、义务服务由》反映出红十字工作者高风亮节、无私奉献的精神风貌。这为我们认识地方红十字会内部生态、日常运作及其与总会、地方政府的关系提供了依据。

　　"统计图表"部分记录了湖北各地红十字会组织发展、经费收支、干部培训、急救训练、医疗服务等方面的情况,使读者对红十字事业发展成效有直观的感受。其中节选收录的麻城县各地红十字急救站名册，记录信息详细、完整，展现了普通民众参与急救训练的热情以及对红十字运动的认可和支持。

"人道文苑"部分记录了湖北各地红十字工作者参与红十字工作的成绩、经验和感悟，有些是他们创作的诗歌、散文和通讯稿。例如，《我怎样做一个急救训练班的小先生》讲述了武汉市红十字会急救训练班学员唐琬在急救班学成毕业后继续担任急救班助教，协助训练群众的经过；《参观麻城县红十字会》是孝感县红十字参观团成员在参观完麻城县红十字基层工作后创作的组诗，表达了作者对麻城县红十字工作成绩的赞美与肯定。这些反映出红十字工作者对红十字工作的崇敬和热爱，读之让人感动并给人以巨大鼓舞。

"杂俎"部分所辑内容最为宽泛，包含湖北各地红十字会制定的规章制度、红十字学员学习证明、会议资料、报刊评论、会议手册等，可谓纷繁复杂，兹不一一列举。

二、特色评析

《湖北专辑二》作为史料集，资料丰富，编排有序，特点鲜明，可以归纳为如下几点。

一是资料丰富，来源较为广泛。在本书编写过程中，参与编写的人员远赴湖北省收集各类资料，并得到湖北省红十字会、湖北省档案馆、武汉市档案馆等给予的大力协助。所辑录的资料以湖北省档案馆、武汉市档案馆馆藏档案为主，不仅有文件（含草稿）、电报、信函、工作简报、统计报表等，而且许多是首次披露的手稿等珍贵资料。同时，《人民日报》数据库、《光明日报》数据库收入的相关资料，以及《湖北日报》《新中国红十字》《中国红十字》等报刊资料和政协文史资料也被大量搜集引用，再现了这一时期湖北红十字运动波澜壮阔的历史场景，对研究新中国成立初期湖北红十字运动具有重要的参考价值。

二是内容翔实，体现时代背景。《湖北专辑二》与《中国红十字运动史料选编·湖北专辑一》衔接，经编者的多方查找和严格筛选，最终成稿有44万余字。在每个专题内，该书不仅辑录湖北各地红十字会的资料，还辑录总会有关资料；不仅以红十字会与政府往来公文、信函揭示两者之间的关系，还从湖北各地红十字会参与重大事件、经济建设、医疗服务等再现其历史面貌。例如，书中有大量反映抗美援朝运动、爱国卫生运动、"大跃进"运动等运动中湖北各地红十字会相应情况的资料，体现出时代背景和特征。

三是布局合理，遵循规范。《湖北专辑二》所辑录资料除个别内容为阅读方便而前后衔接外，其余均按时间先后顺序排布，既能再现中华人民共和国成立后湖北各地红十字会改组、建设、发展的历程以及与此相关的史事，也能重点突出、层次分明地描绘湖北红十字运动的各个侧面和细节。这有利于研究者把握湖北红十字运动的发展脉络，并通过相应专题对湖北各地红十字会改组、内部运行、制度建设、业务工作成效等开展深入研究。该书所辑录资料的来源，均在资料末注明原载报刊名称和刊载日期。对于不同报纸中完全重复的资料，选载其一，并存另一目录；对不同报纸中关于同一事件有部分区别的报道，全部选入，便于读者对照阅读，对材料内容有全面、准确的把握。在辑录过程中，对资料按原意分段并按现行规范进行标点；对于前后顺序颠倒的词语，直接进行改正；对于明显的错字，在原文中进行纠正；对于缺漏之字，在"（ ）"中予以注明；对于模糊不清之字，则以"□"表示，以尽量保持资料的原始性、真实性。

三、价值显著

该书以资料的方式重现区域红十字运动的实践，具有较高的价值。

一是打开了考察地方社会的"窗口"，有助于深入了解中国社会。全书多方位、全角度地展现了中华人民共和国成立后湖北各地红十字会新生与探索发展的历程，使红十字会的组织建设、内部运行、业务推展和参与经济社会建设等情形跃然纸上，加深了人们对红十字运动重要价值的认识。该书冠以红十字运动资料之名，却在描绘区域红十字会发展历程的同时，展现出政治史、经济史、灾害史等多方面的内容。《武汉分会积极组织赴朝国际医防服务工作》《热烈展开捐献救护机运动——孝感分会各理事员工们均已展开捐献》《关于武汉市分会组织及领导关系问题的通知》《湖北省一九五二年红十字分会人员经费及事业费补助预算表》《武汉市红十字工作者和急救员在防汛中贡献出力量》《防汛卫生都是为了人民健康》等篇反映了湖北红十字运动史的一个横断面，有助于了解当时中国社会发展的面貌。

二是拓宽了研究视角，提供了红十字运动研究的新途径。该书辑录了湖北各地红十字会规章制度、对外信函文件、预算报表以及该会干部、会员所作诗歌和心得体会等资料，通过对这些文本的解读，可以挖掘红十字会的内部治理、对外关系和收支状况，了解湖北各地红十字会工作人员和会员的心理状态及对红十字会宗旨的认识，以及红十字运动对社会变迁的影响等，将红十字运动研究引向深入。例如，从《麻城县红十字急救总站及各站暂行组织细则》《中国红十字会武汉市分会急救站工作制度通则（1953年12月10日）》可知，虽然两处急救站的组织、经费、人事等规定略有不同，但两地红会对急救站制度建设都很重视，建站宗旨都是为了推行救护工作，确保广大劳动人民健康及配合国家大规模经济建设，防止及减少因意外伤害而造成死亡和残废。通过对红十字工作者和民众关于红十字工作的认识、态度，可以探究他们对红十字运动的接受史和心灵史。

三是以古鉴今，为当前红十字事业改革发展提供借鉴。该书辑录了湖北各地红十字会组织建设、经费收支、制度建设、选举程序、救护培训、医疗防疫、社会服务等多方面资料，对当今红十字事业发展皆有借鉴意义。从红十字会内部治理看，该书辑录的有关湖北各地红十字会改组、整顿和理顺管理体制等内容，可以为当前红十字会开展相关工作提供指导。从社会服务工作看，该书有关湖北各地红十字会以农村红十字会建设为抓手，促进农村发展的经验做法值得借鉴吸收，如《孝感分会的乡村卫生工作》《麻城县分会组织送粮急救站为农民服务》《我们怎么样在农村进行医防工作的》等篇可以为红十字会改进农村卫生工作、服务乡村振兴提供参考。从社会救济工作看，该书辑录的部分红十字会的赈灾事迹、方法和经验，可以为今天的政府救济和社会救济提供思路。

四、美中不足

尽管《湖北专辑二》特色明显，价值突出，但受制于主、客观因素，该书亦有美中不足之处。就资料种类而言，该书主要是档案、报刊等资料，略显单一。遗憾的是，由于年代久远以及当时未妥善保存等原因，目前在当地档案馆、图书馆、档案室未能发现相关的照片、个人回忆录、口述史料、信件、日记等资料，而且有关当事人大多离世，相关资料查找起来难度极大。同时，该书资料来源主要是湖北省档案馆、武汉市档案馆所藏湖北省红十字会和武汉市红十字会档案，如果能尽量增加其他市、州、县以及基层红十字会相关资料将更能展现湖北红十字会工作全貌。此外，由于资料整理任务繁重，字斟句酌需要耗费大量时间和精力，该书难免在字词、句读方面存在疏漏。

当然，白璧微瑕不能掩盖该书的价值。《湖北专辑二》的出版对于加强中国红十字运动资料建设、深化区域红十字运动研究和推动中国红十字事业改革发展具有重要意义。

（作者戴少刚，安徽工业大学马克思主义学院讲师）

国内历史最悠久的人道组织

——写在《中国红十字运动简史》出版之际

池子华

摘　要：《中国红十字运动简史》全面展示中国红十字会百余年风雨历程。本书具有时空交错，立体呈现；重点突出，简洁明快；廓清迷雾，求真立信；图文并茂，可读性强；穿越历史，回归现实等特点，有助于红十字文化传播。

关键词：中国红十字会　历史研究　文化传播　人道事业

中国红十字会成立于 1904 年 3 月 10 日，迄今已有 119 年的历史。百余年来，中国红十字会本博爱襟怀，救死扶伤，扶危济困，谱写出一曲曲人道赞歌，在中国近代史和中华人民共和国史上都留下了闪光的足迹。全面展示中国红十字会百余年风雨历程，不仅是红十字学学科建设的需要，社会化传播的需要，更是红十字事业承前启后、继往开来、踔厉奋发、勇毅前行的需要。出版《中国红十字运动简史》（以下简称《简史》），目的正在于此。作为红十字国际学院"红十字交叉学科基础研究丛书"（中国红十字会会长、红十字国际学院名誉院长陈竺院士为丛书作序）之一种，《简史》日前由苏州大学出版社出版发行。

时空交错，立体呈现

作为国内历史最悠久的人道组织，中国红十字会历经百年沧桑。每个时期的事业发展都呈现出不同的特点，显示出独特的"新面相"。《简史》

精心梳理，向读者展示了中国红十字运动发展变迁的"时间表"和"路线图"。清朝晚期，红十字运动艰难起步，经历了三个阶段：启蒙运动，开通民智（1904年之前）；上海建会，中外合办（1904—1907）；独立自主，奠定初基（1907—1911）。民国时期，中国红十字会在灾难救护中成长，也经历了三个阶段：民国初期的"内外兼修"（1912—1931）；抗战救护的"伟绩宏效"（1931—1945）；战后"复员"与"服务社会"（1945—1949）。中华人民共和国成立后，红十字事业在曲折中砥砺前行，经历了四个发展阶段：中华人民共和国成立初期的辉煌（1950—1965）；拨乱反正，迎来事业发展的春天（1966—1993）；依法建会，焕发青春（1993—2018）；深化改革，走向未来（2018—）。《简史》即以此为"纲"，纲举目张，时空交错，尽可能动态、立体地呈现中国红十字运动波澜壮阔的多彩画卷。

重点突出，简洁明快

中国红十字运动纷繁复杂，多姿多彩，内容丰富饱满。红十字运动研究中心曾出版八卷本《中国红十字运动通史》，洋洋数百万字，犹感难以面面俱到，不足35万字的《简史》更不能和盘托出。以时间为"经"，以重大事件为"纬"，突出重点，做到简洁明快，为《简史》不二之选。按照中国红十字运动发展的历史逻辑，《简史》在谋篇布局上，将三个时期分为上中下三编，又按照事业发展进程共析分为十章，聚焦重大事件和关键人物，对史实进行剪裁加工，提炼出"知识点"，以便读者掌握。考虑到《简史》的教材性质，书中没有大段引用原始资料，所引资料都是关键的文字，可以起到画龙点睛的作用，简洁明快的编写原则不受影响。不过，因篇幅所限，蜻蜓点水、畸轻畸重之处，或在所难免。

廓清迷雾，求真立信

在中国红十字运动史上，总有一些迷雾让人无所适从，比如中国红十字会成立的时间一直流传 1904 年 5 月 29 日说（实为 1904 年 3 月 10 日）；1907 年中国红十字会改名大清红十字会之说长期"霸屏"（1910 年盛宣怀出任会长之后才有易名大清红十字会之举）；只有中国红十字会没有加入国际红十字组织的无稽之谈（实际上早在 1912 年中国红十字会就得到红十字国际委员会的正式承认成为国际红十字运动的成员），也迷惑不少公众；如此等等。《简史》立足事实，廓清迷雾，还原历史的本来面目。求真是历史研究的"灵魂"。《简史》以"求真立信"为基本遵循，探赜索隐，爬梳剔抉，正本清源，目的就在于告诉人们一个"真实可信的红十字"。

图文并茂，可读性强

为了增强可读性，《简史》精选近 50 幅图片，插入书中，有人物肖像，有事件场景，有珍贵资料，图文并茂，生动直观，令人印象深刻。同时，《简史》摒弃了学术专著的书写方式，将一些晦涩难懂的史料进行通俗化转化，尽可能采用清新活泼的文笔，娓娓道来，使《简史》具有一定的"故事性"。这种写作方式，本身就是一种超越，有助于扩大该书的社会发行，助力红十字文化传播，而不将该书局限于一般性的教材。

穿越历史，回归现实

历史是现实的自然延续，不能割裂。正因为如此，《简史》从 1894 年甲午战争后兴起的红十字启蒙运动落笔，一直写到 2019 年红十字国际学院的创建，主体内容的时间跨度有 125 年，实现了历史与现实的"贯通"。让历史照亮现实，从历史中汲取智慧和力量，坚定文化自信、道路自信，也是《简史》题中应有之义。以史为鉴，毫无疑问，对推进中国红十字事业可持续发展有所裨益。希望本书的出版，能够受到红十字人和社会公众的喜爱，以激励更多的人投身到红十字人道事业中去。

（作者池子华，浙大城市学院讲座教授，苏州大学红十字国际学院教授、
博士生导师，红十字运动研究中心主任）

"河南红十字运动研究中心成立仪式暨红十字运动研究前沿与前景研讨会"会议综述

温雪瑶

摘　要：2023 年 5 月 13 日，由河南省红十字会与郑州轻工业大学共同主办的"河南红十字运动研究中心成立仪式暨红十字运动研究前沿与前景研讨会"在郑州轻工业大学成功举办。来自全国各地高校红十字运动研究领域的知名专家与河南省红十字系统精干业界人士，会聚一堂，会议通过主题报告与专题探讨的形式，围绕"红十字制度与实践""红十字文化与地位"共同探讨红十字运动的前沿与前景。本次会议标志着河南红十字运动研究中心的成立，对于促进红十字运动理论与实践研究具有重要意义。

关键词：红十字运动　河南　会议综述　前沿　前景

2023 年 5 月 13 日，由河南省红十字会与郑州轻工业大学共同主办，郑州轻工业大学社会科学管理处、马克思主义学院共同承办的"河南红十字运动研究中心成立仪式暨红十字运动研究前沿与前景研讨会"在郑州轻工业大学成功举办。来自苏州大学、郑州大学、河南大学、西北政法大学、河南财经政法大学、信阳师范学院、阜阳师范大学、苏州幼儿师范高等专科学校等各高校红十字运动领域的研究专家及河南新乡、濮阳、漯河、周口等市红十字系统代表共计 50 余人，齐聚一堂。本次会议分为揭牌仪式、主题报告、专题研讨三个阶段。

一、中心成立仪式

河南红十字运动研究中心成立仪式上，河南省红十字会党组成员、二级巡视员郭巧敏与郑州轻工业大学党委副书记孙爱芳代表合作双方签署框架协议、为"河南红十字运动研究中心"（以下简称研究中心）揭牌并作大会致辞。

郭巧敏指出，近年来，河南省红十字会秉承红十字精神，以保护生命健康、维护人的尊严为工作主线，发挥了红十字会的独特作用。如今，新时代红十字会工作的环境、任务、对象、要求发生了深刻变化，机遇与挑战并存，如何在理论方面，以习近平新时代中国特色社会主义思想为指导，创新省域范围的红十字事业发展体制机制，是摆在红十字会面前的重大课题。希望通过会校合作，汇聚双方优势，为助力中国式现代化河南实践贡献更多力量。希望研究中心立足河南，以建设全国红十字运动文化研究高地为己任，共同促进红十字事业健康持续发展。

孙爱芳指出，双方合作建立研究中心，是对郑州轻工业大学的高度认可和肯定。希望研究中心能立足学科优势，深化合作交流，加强红十字运动理论与实践研究，不忘初心，慎终如始，不辱使命，继往开来，在推进河南省红十字事业发展中将研究中心发展成为国内红十字运动研究重镇和国际红十字交流驿站。

研究中心成立仪式上，聘请苏州大学红十字国际学院教授、中国红十字会理事池子华任学术顾问，郑州轻工业大学社会科学管理处处长周广亮教授任学术委员会主任，另为学术委员会成员及专兼职研究员颁发聘书。

二、大会主题报告

揭牌仪式后，池子华教授作大会主题报告：《红十字运动的历史与文化》，由郑州轻工业大学马克思主义学院院长闻英教授主持。

池子华教授的报告分为五部分：红十字起源及其在中国的传播、中国红十字会的诞生及其在近代的历史发展、中华人民共和国时期的中国红十字会、中国红十字会的现状、良好的发展环境。池子华教授首先从一场战争（索尔弗利诺战役）、一个人（亨利·杜南）、一本书（《索尔弗利诺回忆录》）、一个组织（红十字国际委员会）、一个公约（《关于改善战地武装部队伤者境遇之日内瓦公约》）勾勒了红十字会的诞生历程，进而详细讲述了红十字在中国的传播态势及其在中国近120年的发展历程，包括中国红十字会的组织建设及其开展的救灾、救助、救难等人道活动，弘扬了红十字会的"人道、博爱、奉献"精神，体现了红十字会人道、公正、中立、独立、志愿服务、统一、普遍的七项基本原则。最后，通过解读国家陆续出台的、日渐完善的红十字会规章制度，彰显党中央对红十字事业的高度重视，展现红十字事业发展的良好环境。

与此同时，池子华教授为研究中心定位及其未来建设提出了参考建议。第一，关于研究中心定位，他提出"立足中原，面向全国，放眼世界，广泛开展红十字运动理论与实务的研究，把河南红十字运动研究中心建设成为在海内外具有重要影响的学术机构"。第二，谋篇布局做好规划。他指出，既要有短期目标，又要有长远规划。其中短期目标方面，可结合大学生暑期社会实践安排调研课题，解决红十字会面临的一些重要问题，以供决策参考，比如申请国家级、省级、校级大学生创新实验计划。长远规划方面，可围绕重大课题展开，如河南红十字运动系列研究，进而从中分解出"河南红十字运动简史""河南红十字运动通史""河南红十字会志""河南红十字运动史料集成""河南红十字运动专题研究"诸多子课题。第三，立足河南特色，打造"博爱"品牌，运作"五个一"。鉴于河南博爱县的历史意义，池子华教授建议合作双方共同打造"博爱"的红十字文化名片。具体落实可通过出版一套丛书、创办一本杂志、建立一批研究基地或分中心、创建一批博爱文化传播教育基地、创办一个博爱文化博物馆来实践。

三、会议专题研讨

随后，来自各高校红十字运动研究领域的学界专家与红十字系统的业界人士，围绕"红十字制度与实践""红十字文化与地位"两个专题，聚焦档案利用、研究视角、研究方法、未来走向等方面展开专题研讨。

"红十字制度与实践"的专题研讨由《郑州大学学报》编辑部副编审郑良勤主持。

苏州大学红十字国际学院博士后李欣栩围绕《中国红十字制度史研究现状与展望》，提出目前学界相关研究取得些许成果，但仍存在研究立足点不平衡；跨学科研究不成熟，阐释力度不够；论证视角略显狭隘，多停留在条例内容的解读，对制度何以订立、演变过程缺少历时性考察等问题。对此，她提出，推动资料建设，构建资料共建共享平台；鼓励研究理论的创新，形成富有中国特色的红十字研究体系；推进红十字智库建设，多学科交流，组建专业化、国际化研究队伍，推动成果转化。

郑州轻工业大学马克思主义学院特聘教授丁泽丽围绕《中国红十字会公共卫生事业研究检视》，指出公共卫生视角下，红十字会研究只是一股社会力量；红十字运动视角下，公共卫生研究侧重疫病防治研究，抑或是红十字会战事救护的附属品，有种雾里看花之感。她认为这种研究困境在于档案文献挖掘整理不充分，研究方法略显单一，研究视野有待拓展，研究内容有失均衡且重点问题论证不够深入。为此，她从这四方面提出研究展望。

阜阳师范大学商学院副教授王萍围绕《红十字志愿服务项目设计与管理》进行探讨，指出目前志愿服务面临人才短缺、资源短缺、监管不足、供需错位和市场冲击等五方面困境。鉴于此，她提出志愿服务的项目化运作，借此使志愿者组织或个人在服务的过程中逐步专业化、专家化、品牌化。

信阳师范学院宣传部副部长何晓坚围绕《创新与转型：复员时期北平

红十字慈善服务述论》，论述了复员时期北平红十字分会的传承与创新、拓展与转型、经济与社会、机遇与挑战四方面，指出该会在抗战胜利后将慈善服务内容在传承中进行创新、在拓展中进行转型，其慈善创新与服务转型既有重要的示范性意义，又有重要的探索性意义，为慈善事业实现从传统到现代的生成发展提供了历史借鉴。

西北政法大学人权研究中心副教授文姚丽以《20世纪上半叶美国红十字人道主义援助》为题，论述了美国红十字会国际人道主义援助的思想根基、历史环境、组织成立、活动开展等。她认为，美国红十字会的海外平民援助促进了美国的战略和社会利益，成为美国外交关系的重要组成部分，实现了这一时期的外交目标，对于美国公民而言，则通过提供救济和援助找到了与外国平民互动接触的一个重要途径，传播了他们医疗卫生、慈善和社会组织的观念。

新乡市红十字会党组书记、常务副会长马云就实际工作中的困境，提出红十字会影响力不够，如何增强红十字事业的统一性、会员发展与红十字志愿者的招募等问题，建议加强地市级以下红十字运动研究，借鉴慈善总会相关工作策略等。濮阳市红十字会党组书记、常务副会长薛全奎交流了工作经验，讲述了该市红十字会的工作现状、群众参与度及利用春节、中秋等传统节日形成品牌化的服务项目等。漯河市红十字会党组书记、常务副会长李凤霞表示，中国红十字会自"郭美美事件"后，在"危机中育新机"，但红十字事业发展明显存在党政机关重视不够等问题。

"红十字文化与地位"的专题研讨由《郑州轻工业大学学报》编辑部副主任赵长太主持。

苏州幼儿师范高等专科学校副教授郭进萍围绕《中国红十字文化史反思与展望》，提出当前研究存在研究视角和方法比较单一；研究成果缺乏系统性和深入性，研究内容有待拓展；研究资料征引范围不够广博，史料整理有待深入等问题，进而表示应组织人员，对红十字档案、文史、口述、方志、图像和外文资料进行深入挖掘及实现新文化史、微观史学、大众文化史、全球史观的学术转向。

河南财经政法大学素质教育中心讲师张帆博士就《文学作品与红十字文化传播——以马伯庸〈大医〉为例》发表见解，指出红十字文化对于高校精神文明建设、红十字精神在高校大学生中的普及、提升大学生综合素质、促进大学生健康成长成才，均发挥着重要作用。他认为《大医》记录了红十字会史实、饱含着红十字精神，是红十字文化传播、红十字精神培育的重要组成部分，可借其艺术魅力吸引更多公众接触红十字文化，进而扩宽红十字文化的传播面，引导大家以实际行动践行红十字"人道、博爱、奉献"的理念。

郑州轻工业大学马克思主义学院讲师桑慧荣博士以《近代中国红十字文化中的红色基金》为题进行考察，认为中国红十字会与中国共产党的革命历程紧密联系，红十字精神与中国共产党的革命精神高度契合。她认为，中国特色社会主义进入新时代，应继续挖掘红十字文化中的红色资源，传承红色基因，推动红十字精神与中国文化精神有机融合，进而促进红十字文化融入新时代，传承创新红色基因，构建具有中国特色的"红十字"品牌。

河南大学慈善公益研究中心副教授岳鹏星围绕《新时代推进河南慈善文化传承与创新》，指出河南省具有丰富的慈善文化资源，不管是慈善人物、慈善思想还是慈善实践，在中华慈善文化中均扮演着重要的角色，建议新时代应结合河南省自身的客观实际，通过推进中原慈善公益历史、慈善公益文化、慈善公益实践三方面研究，促进河南慈善公益事业的发展，并以河南省委"兴文化工程"为切入点，加强河南慈善文化的传承与创新工作，助力于"两个确保"，为中原慈善风尚提供支持。

郑州大学马克思主义学院讲师贾浩博士围绕《国际关系学三大流派对红十字会作用的阐释》，通过解读国际关系学中现实主义、自由主义、建构主义三大主要流派对红十字会作用的理论分析，指出随着国际关系学理论的不断深入发展，红十字会在国际关系中所起的作用得到了越来越多的认可。

周口市红十字会常务副会长郭宇交流了该市红十字会成立以来的工作与成绩。

最后，河南省红十字会组织宣传部副部长梁宗飞、郑州轻工业大学马克思主义学院副院长杨晓代表主办双方进行了会议总结。梁宗飞基于学界与业界的交流探讨及自身的工作实践，讲述了河南省红十字会组织医疗服务队的特色工作，并指出当前该省红十字会工作存在公开透明度不够、管理体制尚未完全理顺、红十字会本身是"弱势群体"、人道资源动员能力不足等问题，期待学界、业界加强交流，以推进河南红十字运动理论与实践研究。杨晓表示，研究中心的成立对河南红十字运动研究意义重大，此次研讨会主题报告与专题研讨相结合，紧紧围绕前沿与前景的主题，学界业界共同探讨，借以实现理论研究创新实践工作，相信研究中心将不断深化研究的深度和广度，以高质量的研究成果助力河南省红十字事业蓬勃发展。

（作者温雪瑶，郑州轻工业大学马克思主义学院硕士研究生）

他山之石

电报与救灾

——以1906年苏北水灾救济为例[①]

王琰

摘　要： 1906年，位于江苏省北部的徐州府、海州府、淮安府等地发生特大水灾，亟须开展快速且有效的救灾活动。此次救灾事件中，电报首次被大规模应用于灾害信息传播，成为各级政府、民间义赈团体及西方传教士之间信息交流的主要媒介，传播内容涵盖灾情状况、救灾活动、赈灾进度等方面，体现了电报信息传播速度快、传播范围广、传播区域大等传播优势，大大提升了救灾成效，推动了赈灾工作的顺利开展，反映出近代救灾技术和手段的进步。

关键词： 苏北水灾　电报　灾害信息传递　救灾

自1906年4月起，江淮地区遭到强降雨的持续侵袭，湖泊满溢，洪水横流。具体而言，受灾地区主要集中于苏北，其中"海州直隶州及其所属之赣榆、沭阳；淮安府属之安东、清河、桃源、阜宁、山阳；徐州府属之铜山、萧县、宿迁、睢宁、邳州十三州县，灾情最重"[②]。突如其来的洪水不仅导致粮食严重减产甚至绝收，更使大批饥民流离失所，严重威胁灾民生命安全，据各官绅调查称，"难民通共不下千万，其被灾处所，广袤约四千里"[③]。灾况之严峻如办赈主要官员杨文鼎所说："本年江北灾广且

① 本文系国家社科基金一般项目"中国近代灾害信息传递与灾害治理研究"（项目编号：21BZS015）阶段性成果。

② 朱浒：《民胞物与：中国近代义赈（1876—1912）》，人民出版社2012年版，第202页。

③ 《译电》，《大公报》1907年1月17日。

重，自来未有。"①灾情发生后，清朝各级政府官员、民间义绅团体与华洋义赈会首次大规模通过电报进行救灾信息往来，传递内容包括官绅对救灾的组织筹措、流民的安置、各种救灾事项的安排等多个方面。借助电报传播信息快速且广泛的优势，加快了信息的流动速度，扩大了信息的传播范围，有利于各级政府及时掌握最新救灾动态，适时调整救灾政策，实时监督救灾官绅，极大提高了行政决策与理事效率。

目前学界对 1906 年苏北水灾的研究成果主要集中于讨论其发生的原因、产生的影响、社会各界的救济措施等传统问题②，从传播学角度分析 1906 年苏北水灾时期国内的灾情信息传递的研究并不多见。本文主要以督办此次赈务的淮扬道员杨文鼎亲自整理的《江北赈务电报录》为主要史料依据和研究对象，结合《愚斋存稿》《端忠敏公奏稿》《华洋义赈会报告》等其他救灾资料，以电报所见的各类灾害信息沟通与传递为切入点，拟对这一灾害事件中所见的电报传递灾害信息的条件与收发对象，电报传递的官赈、义赈、洋赈信息，电报传递灾害信息的优势与影响等方面进行梳理分析，以期为我国灾害信息传递体系的完善和灾害防控工作的开展提供一些借鉴。

一、电报传递灾害信息的条件

在电报进入中国之前，官方信息传递主要依靠驿站和邸报，借助于马

---

① 杨文鼎辑：《江北赈务电报录》，李文海等主编：《中国荒政书集成》第 11 册，天津古籍出版社 2010 年版，总第 7641 页。

② 与本选题相关的研究成果主要有，堀地明：《光绪三十二年江北大水与救荒活动》，李文海、夏明方主编：《天有凶年——清代灾荒与中国社会》，三联书店 2007 年版；王叶红：《光绪三十二年徐淮海灾赈中的官义合办》，《江西社会科学》2001 年第 12 期；王丽娜：《光绪三十二年江皖水灾与粮食危机研究》，《江西社会科学》2001 年第 12 期；安北平：《无力与无奈——从〈大公报〉看清政府 1906 年江南北大水灾采取的赈济措施及态度》，《开封大学学报》2009 年第 4 期；袁飞：《光绪三十二年苏皖水灾中的救济差异及皖北困境》，《清史研究》2014 年第 4 期；樊超杰：《光绪三十二年苏北水灾赈济研究》，山东师范大学 2014 年硕士学位论文；安北平：《盛宣怀与光绪三十二年（1906）江南北水灾赈济》，河南大学 2006 年硕士学位论文；等等。

力、人力等古老通信手段，囿于其传播介质的生物属性，"虽日行六百里加紧，亦已迟速悬殊"①。简言之，这种几乎将自然工具的传递速度发挥到极限的传播方式存在较大时空局限性。作为第一种具有现代性特征的电传播媒介，电报摆脱了传统信息传播方式在物质工具与手段等方面的束缚，"无论隔山隔海，顷刻通音"②，使信息传递速度有了飞跃性提升，极大方便了晚清社会灾害防治等活动的开展，使中央政府得以在最短的时间内获知灾情，及时开展救灾工作，在改进中国传统防灾赈灾手段的同时，使得这一时期的灾害赈防初步具备近代特征，特别是在电报传递灾害信息的主客观条件日臻完善的影响下，1906 年苏北水灾赈济成为近代第一次大规模利用电报传递灾害信息的救灾活动。

首先，江苏电报线路建设逐渐完善。1880 年，在充分认识到电报的军事价值与国内大规模引入电报条件基本成熟的双重影响下，李鸿章奏请置办天津至上海的陆路电报线，并在电报线路建成后组织选拔人才，设立电报局及电报学堂，掀起了晚清大规模建设电报活动。其中，江苏因其地理位置的军事意义，成为较早开始建设电报线路的地区之一。1881 年，随着津沪线的兴办，江苏沿线区域内设置镇江、苏州等四处电报分局。同年，由镇江至南京、镇江至扬州等地的电报线路相继开通。至 1906 年，江苏已建成以津沪线、沪粤线为主干线，以江宁线、江阴线、吴淞线等线为支线的通达电报网络。于省内，连通苏州、镇江等苏南地区，南通、扬州等苏中地区，以及宿迁、清江浦等苏北地区重要城镇的电报线路均已建成。于省外，不仅连接杭州、广州等南方要地，还能与北京、天津、济南等北方腹地直接沟通，联系地区包括北京、天津、山东、浙江、广东等多个省市，线路通畅，贯通南北，为苏北水灾利用电报传递灾害信息提供了便捷的信息通道。

---

① 《光绪六年八月十二日直隶总督李鸿章片》，中国史学会主编：《洋务运动》第 6 册，上海出版社 1961 年版，第 335 页。

② 《论中国兴电报之益》，《万国公报》1893 年 5 月 11 日。

其次，受灾地区处于南北电报枢纽位置。在苏北受灾地区中，淮扬道署、江南河道总督衙门及漕运总督衙门所在的清江浦的地理位置尤为重要。清江浦位于苏北平原中心地带，处于黄河、淮河、运河三河汇合处，居于南北冲要的关键方位。自明至清前期，清江浦逐渐兴起并发展成为京杭大运河沿线著名的交通枢纽与重要的漕粮储地。同样由于地理位置优越，清江浦成为近代电信开办较早的地区之一。1881 年 4 月，随着津沪线的建设，清江浦电报局成立，是中国最早的 8 个电报局之一，清江浦的电报线路建设也始于此。至 1906 年，随着电报业的逐渐发展，清江浦电报局已下设窑湾店、宿迁店等多所局房，域内已建成清江浦至徐州线、板浦至赣榆线等多条电报线路，收发电报较为方便。苏北水灾救济期间，各地的救灾电报或是直达淮扬道署所在的清江浦，或是由清江浦转送发出，为苏北水灾利用电报传递灾害信息提供了天然的地缘优势。

再次，清政府对救灾电报拍发的重视。具体而言，一是将救灾电报列为头等官报。对于待寄电报，规定将其分为四等，并按等级依次寄发。第一等为军机处、总理衙门、各省督抚、出使各国大臣等寄发的公务电报，第二等为各电局间的公务局报，第三等为加费电报，第四等为普通电报。在实际执行过程中，规定"凡有'急'字者，另立一类，提前发递，无'急'字者稍后"①。其中，救灾电报是头等加急电报的主要代表之一，《各省报灾暂行章程》中规定"各省地方遇有洪水暴发情事，准该处道府镇将以下各文武官及印委各员用加急一等官电发送，以期迅速"②。二是对救灾电报实行半价收费，1887 年，李鸿章提出"军机处、总署、海军衙门、出使各国大臣头等官报，按月结算报资，一半由众商报效，一半援照递寄外

---

① 台湾"中研院"近代史研究所编：《海防档·丁·电线》，台湾"中研院"近代史研究所 1957 年编印，第 638 号文，第 982 页；第 650 号文，第 992 页。

② 交通部、铁道部编：《交通史·电政编》第 2 集，交通部总务司 1936 年编印，第 104 页。

洋电报章程，归出使经费项下按月核给"①。各省救灾电报作为头等官报的重要组成部分，亦实行"半价收费，由局汇报各该生督抚衙门呈领"②。可以说，救灾电报的等次规定和收费标准为苏北水灾利用电报传递灾害信息提供了有力的制度支持。

最后，中国电报业发展的关键人物盛宣怀，同时亦是此次救灾的主要组织者。1880 年至 1902 年，盛宣怀先后以总办和督办的身份负责电报总局的经营管理工作。他在借鉴西方经验的基础上，结合当时中国的实际情况，摸索并制定出包括电报线路扩展、电报专业人才考核、电报学生培养在内的，适应中国本土电报事业发展的经营管理方法，为中国电报事业发展作出了突出贡献。同时，盛宣怀亦是晚清灾害赈济事务中不可或缺的重要人物。"光绪二十三（1897）年以后，盛宣怀开始担负起全国范围的赈灾工作"③，彼时他既是掌控电报局等洋务企业的中央高官，又是领导江南绅商的义赈头目，这一特殊的官商身份使他可以广泛沟通中央、各省督抚、洋人和绅商等多种救灾力量，及时处理赈灾中的各种问题，在拯救灾民、稳定社会等方面功绩突出。1906 年苏北水灾发生时，盛宣怀虽暂时失去对电报局的控制权，但还是勇担义赈重任。他不仅直接出面向曾经掌事的电报局劝捐，"务恳电饬两局总、会办员董加函分致，俾资集腋，以济冬春两赈，每一两银可救一民命"④，还积极凭借从事电报业的相关经验，通过电报多方联系救灾力量，调配救灾资源。这是苏北水灾利用电报传递灾害信息的重要主观条件。

上述主客观条件的结合，使 1906 年苏北水灾赈济开始大量利用电报传递灾害信息，不仅实现了灾区信息快速达至中央的可能，而且使各省之

① 台湾"中研院"近代史研究所编：《海防档·丁·电线》，台湾"中研院"近代史研究所 1957 年编印，第 905 号文，第 1413—1415 页；第 906 号文，第 1416 页；第 909 号文，第 1418—1422 页。

② 交通部、铁道部编：《交通史·电政编》第 2 集，交通部总务司 1936 年编印，第 104 页。

③ 冯金牛、高洪兴：《"盛宣怀档案"中的中国近代灾赈史料》，《清史研究》2000 年第 3 期。

④ 盛宣怀：《愚斋存稿初刊》第 69 卷，1939 年思补楼藏本，第 22 页。

间的救灾信息往来速度大大提升，大量救灾信息得以快速流通，为社会各界及时商量救灾对策提供便利。

值得一提的是，在经由电报传递灾害信息的过程中，产生了大量电文资料，对研究 1906 年苏北水灾大有裨益。其中最具代表性的是由时任淮扬海道员且督办此次赈务的杨文鼎，亲自收集并整理的《江北赈务电报录》。杨文鼎，字俊卿，在苏北水灾发生且前任淮扬道员丁葆元办赈"未能得力"[①] 的情况下，紧急受命前往清江浦接任淮扬道员，兼领总赈务。他到任后立即投身赈灾工作，承担起联络各方救灾力量的重任，通信对象不仅包含直属上司、同僚道台、府县级部下等政府官员，还包括转运局等企业与热心助赈的华洋义赈会，是此次救灾活动重要的信息枢纽。苏北水灾赈济工作顺利结束后，他将其与社会各界之间往来的赈灾电牍"择其要者撮而录为一书"[②]。经其亲自整理的电报录内容翔实，完整呈现了从水灾发生到结束的全过程。自 1906 年第一封电报《十月十五日电南京》起[③]，至 1907 年最后一封电报《六月初四日南京电》止[④]，一年多的时间内共收发电报 1500 余份，通信字数少则十余字，多则数百字。通信内容包括官绅对救灾的组织筹措、流民的安置、各种救灾事项的安排等多个方面。通信地区不仅包括救灾领导者两江总督端方所在的南京、江苏巡抚陈夔龙所在的苏州、义赈组织者盛宣怀与商约大臣吕海寰所在的上海等非灾区，也包括救灾官绅所在的海州、徐州等灾情严重区域，凸显了电报在 1906 年苏北水灾中的救灾价值与传播优势。此外，《愚斋存稿》《端忠敏公奏稿》《华洋义赈会报告》等资料也收录了盛宣怀、端方、传教士等中西救灾人员的大量救灾电文。

---

① 端方：《请奖办赈人员折》，《端忠敏公奏稿》第 9 卷，文海出版社 1966 年版，总第 1170 页。

② 杨文鼎辑：《江北赈务电报录》，李文海等主编：《中国荒政书集成》第 11 册，天津古籍出版社 2010 年版，总第 7633 页。

③ 杨文鼎辑：《江北赈务电报录》，李文海等主编：《中国荒政书集成》第 11 册，天津古籍出版社 2010 年版，总第 7637 页。

④ 杨文鼎辑：《江北赈务电报录》，李文海等主编：《中国荒政书集成》第 11 册，天津古籍出版社 2010 年版，总第 7851 页。

二、灾情电报的收发对象

清朝地方的救灾工作由各级主政官员直接负责管理，省一级由督抚负责，省以下道、府、县三级的救灾工作，分别由道员、知府、知县主管。1906年10月，两江总督端方向清廷上报灾况，言明"本年小满前后阴雨连绵，闰四月二十四五等日，烈风猛雨历数十昼夜之久，盐池冲毁，一片汪洋，尽成泽国，乃自五月起至八月上半月大雨时行，迄无旬日之晴"①。在上报信息的同时，端方令道员杨文鼎及以下辖知府、知县等立即开展办赈工作，并强调"如有办理不善及款项不敷，立即电达查夺"②，开启了清朝各级官员之间、义绅与义绅之间、官员与义绅之间有关1906年苏北水灾的救灾信息传递。

1906年苏北水灾期间的电报收发较为多样。就官方之间灾害信息传递中的电报通信而言，可分为上行电文、下行电文和平行电文。上行电文是指下级官署向上级官署报送的公务文书，下行电文主要是指上级官署向下级官署传达的公文电函，平行公文是同级官署之间平等往来的政务电牍。就民间义绅之间灾害信息传递中的电报通信而言，包括前方办赈义绅向后方筹款义绅传递的电文，与后方筹赈义绅向前方办赈义绅传递的电文。此外，还有官义合赈中各级官员向义绅传递的电文，以及义绅向各级官员传递的电文。

首先，官方之间的电文收发。一是上行电文，此次救灾活动中的官方灾害信息传递流程也与清朝传统文书的层级传递制度大体相同，较为完整的上行信息流动流程一般是受灾地区海州府、淮安府、徐州府知府收集所在地区及其下辖赣榆、宿迁等地知县报送的灾情信息，并向负责督办总赈务的淮扬道员杨文鼎报送。在接收信息并处理信息后，杨文鼎的身份则转

---

① 端方：《截漕赈抚并展办各捐折》，《端忠敏公奏稿》第7卷，文海出版社1966年版，总第860—861页。

② 杨文鼎辑：《江北赈务电报录》，李文海等主编：《中国荒政书集成》第11册，天津古籍出版社2010年版，总第7723页。

换为信息发送者，向信息接收者端方、陈夔龙发送电报并及时汇报赈灾工作进度。最后则由端方、陈夔龙向清廷上报灾情、说明灾况并请求钱粮救济。二是下行电文，与上行信息流动流程相比，较为完整的下行信息流动流程则呈现出反方向传播与层层下达的特点。清廷在接收相关信息并作出救灾批示后，则成为最初的救灾信息发送者，其发送的救济信息依次流经端方、杨文鼎与各地知府，并由他们在信息接收者与发送者的身份转换中实现救灾信息的层级传递，最终使各受灾地区知县获知清廷救灾批示，从而及时开展救灾活动。三是平行电文，在此次灾害信息传递活动中则主要见于受灾各府、各州、各县官员之间的平级灾害信息往来。需要指出的是，无论是以上哪种电文通信，清廷各级官员在灾害信息上传下达过程中的每一次信息传递身份转换，均见证了清朝政府为救灾所做出的努力，更在一定程度上推动了灾害信息的流动。

其次，民间义绅之间的电文收发。早在水灾发生之初，盛宣怀就已派出"唐锡晋、刘令康遐、柳牧遏等义赈熟手，分派徐海查放"①，前线各士绅在深入灾区办赈后，第一时间向坐镇上海的盛宣怀电报灾况与办赈进度。随着灾情恶化，又陆续派出"萧县，湖北实用知县韩景尧……直隶候补直隶州章钧"等大批义绅前往灾区办赈②，负责复查官府先期所造官册，严格选别户口与放赈等工作。此后，唐锡晋等前线义绅与远在上海筹赈的盛宣怀便通过电报进行救灾信息沟通，形成两种义绅灾害信息收发模式。一是前方办赈义绅向后方筹赈义绅传递的电文，主要集中于汇报灾情状况与赈灾工作进展等内容。二是后方筹赈义绅向前方办赈义绅传递的电文，在收到救灾信息后，盛宣怀根据不同的信息内容进行相应的处理并立即发出回复。如对义绅汇报的赈灾工作进展指出疏漏并提出建议，协调官员与办赈义绅之间的关系，处置办赈不力的义绅等，使义赈工作得到了端

---

① 盛宣怀：《南京周玉帅继方伯来电》，《愚斋存稿》第 69 卷，文海出版社 1975 年版，总第 1497 页。

② 杨文鼎辑：《江北赈务电报录》，李文海等主编：《中国荒政书集成》第 11 册，天津古籍出版社 2010 年版，第 7732 页。

方"本年冬赈，义绅之力居多"的肯定。[①]

最后，官义合赈中的电文收发。在地方官员办赈延误、义赈筹款并不顺利、"化官为义"施行效果不尽如人意等因素的影响下，经与盛宣怀商议后，端方会同陈夔龙请奏清廷实行"官义合办"，开启了以义赈为主导的赈灾活动，使义绅与各级官员之间的电报往来频增。具体而言，一是义绅向各级官员传递的电文，除盛宣怀与杨文鼎、端方等赈灾领导者之间往复电商救灾事宜外，前方办赈义绅也可以直接与各级官员进行信息往来，通信对象不仅包括杨文鼎与各州县官员，与端方之间也存在一定通信。二是各级官员向义绅传递的电文，多见于杨文鼎、端方与盛宣怀之间的电文往来，和各级官员对前方义绅所发电文的回复，其余情况下各级官员一般直接向相关官员发送信息，较少主动专门发送电报至办赈义绅，除非被要求电文转达。此次救灾活动中的电文转达，多见各方救灾力量向在清江浦的杨文鼎发送的电文，前文已述，清江浦是重要的南北电报枢纽，盛宣怀、端方等救灾领导者的电报均主要发送至清江浦，再由杨文鼎转达至前线办赈官绅。

三、电报传递的灾害信息

在苏北水灾救济期间，作为灾害信息的主要传播媒介之一，电报记录了大量赈灾活动的细节，传播的信息不仅涵盖灾情变化、粮食减产、人口死亡等灾况信息，还包括官义合赈模式下的截留与资遣，蠲缓、平粜与当田，冬赈、春赈与工赈等传统救灾政策，更有突发事件处理及并发灾害防治等其他救灾信息，为赈务活动的顺利开展提供全面信息支持。

电报传递的灾况及其危害信息。早在1906年5月开始，苏北地区就已开始出现持续降雨、洪水横流的现象，彼时水患之严重不仅体现在田间

---

① 盛宣怀：《端午帅来电》，《愚斋存稿》第72卷，文海出版社1975年版，总第1546页。

路面大幅积水上，"平地水深四五尺，不分高下，尽成泽国"①。在河湖水位之猛涨中也可窥一二，如江北提督荫昌就曾发送电报至清廷奏称"洪泽湖来源甚旺，有涨无消，积至一丈六尺一寸……为数十年罕有之奇涨"②。此次来势汹汹的水灾对苏北地区的社会生活产生危害极大，从相关电报中可以概括为如下三点。一是直接导致以小麦为主要农作物的苏北地区粮食减产甚至绝收，农业受灾具体情况如海州地区"种植杂粮之荡地，因夏秋淫涝为灾，被淹甚重，收成极薄，阖境牵算约计四分"③。二是对民众生命健康的摧残，粮食的大范围减产使人民无以为食，导致这一时期人口死亡率和流亡率居高不下，如"聚集在清江一处的灾民，每日饿毙二三百人，沭阳一县灾户约三十余万，每日饥毙亦三数百人"④。三是对社会正常秩序的破坏，大量外逃的难民开始自发或有组织地夺取食物，使抢劫、偷盗事件频发，严重破坏社会治安，社会之乱象如"灾民遂行凶门狠，乡间亦聚众抵敌，以致互有伤损"⑤。

面对如此严重的水患灾害及日益增多的灾民，如何采取相应的救灾措施缓解灾情、稳定社会秩序，避免突发事件和民变，是此次官义合赈活动中亟待解决的主要问题。从电报内容来看，当时各方利用电报传递的灾害信息主要有以下几个方面。

第一，截留与资遣灾民信息。以清江浦为例，清江浦是难民逃往扬州、南京等地的首要关口。为防止逃难饥民蜂聚各地，引发骚动，影响当地社会秩序，8月末陈夔龙即电示"如发现通过饥民，勿使南下，随时由当地收留，给付路费，使之归乡，勿致滋事"⑥。清江浦随即修建80所难

① 《睢宁水患》，《申报》1906年7月3日。

② 水利电力部水管司、水利水电科学研究院编：《清代淮河流域洪涝档案史料》，中华书局2005年版，第1049页。

③ 水利电力部水管司、水利水电科学研究院编：《清代淮河流域洪涝档案史料》，中华书局2005年版，第1047页。

④ 李文海等：《近代中国灾荒纪年》，湖南教育出版社1990年版，第723—724页。

⑤ 《灾民滋事》，《申报》1906年10月12日。

⑥ 《禀复截留徐海淮饥民办法》，《申报》1906年8月29日。

民收容留养厂，堵截并接收来自各地的灾民，"每大口日给钱三十、小口二十……另给柴盐钱文，以示体恤"[①]。饥民听到风声后纷纷前来，给清江浦的截留工作带来极大挑战，加上留养如此规模的灾民导致每日花销甚巨，遣返灾民回原籍的工作必须及时开展。然而，资遣活动开展却并不顺利。11月初，杨文鼎给端方发去电报言明如今的棘手形势："清江饥民现将四十万，而来者尚多，何所底止！若不收养，则特众抢夺，势必扰及商民，负咎更重。然收养太多，向来无此办法。职道逐日苦劝回家就赈，舌敝唇焦，坚不肯动，实已计穷力竭。"[②]几日后，杨文鼎决定"停止收厂，专办资遣"[③]，在各地设置资遣局分局，给予灾民十日口粮与护照，劝令他们就近赴局领钱，回籍就赈。在杨文鼎和其他办赈官绅的共同努力下，12月2日，杨文鼎电秉"遣散共四十七万三千九百余人……饥民领钱领照，各归故里，无不忻然就道，感颂宪恩"[④]。资遣工作的顺利完成，为苏北水灾救济的成功奠定了基石。

第二，蠲缓、平粜与当田信息。根据相关电文，1906年苏北水灾中的救济措施有蠲缓、平粜与当田三项。蠲缓是中国传统社会农业面临灾害与歉收时政府让利于民的重要制度，11月25日，端方、陈夔龙向杨文鼎发送电报，指示"所有徐属之铜山、萧县……十三州县本年应征忙漕两项，应即一律停收，缓至明年秋后待征，以示体恤"[⑤]。平粜是古代官方政府经常采用的赈济手段，为了使更多的赈米快速达到灾区，清政府立即对苏北地区实行免厘政策，"凡里下河米粮运往徐、淮、海者，又长江米粮由瓜

---

① 杨文鼎辑：《江北赈务电报录》，李文海等主编：《中国荒政书集成》第11册，天津古籍出版社2010年版，第7637页。

② 杨文鼎辑：《江北赈务电报录》，李文海等主编：《中国荒政书集成》第11册，天津古籍出版社2010年版，第7647页。

③ 杨文鼎辑：《江北赈务电报录》，李文海等主编：《中国荒政书集成》第11册，天津古籍出版社2010年版，第7655页。

④ 杨文鼎辑：《江北赈务电报录》，李文海等主编：《中国荒政书集成》第11册，天津古籍出版社2010年版，第7663页。

⑤ 杨文鼎辑：《江北赈务电报录》，李文海等主编：《中国荒政书集成》第11册，天津古籍出版社2010年版，第7750页。

州进口运往徐、淮、海者，自瓜州起沿途各关卡，无论官运商运，有照无照，米麦或杂粮，一概免完厘税，迅速放行"①。此外，还在各处设立平粜局，"所有运到米粮，即分拨各处设局平粜，一律放钱，不必放粮。粜出之钱，即充作赈款"②。饥民用政府给的赈钱换政府的平价粮食，政府再用粜出的钱买粮食，有利于维持饥民温饱。当田，即土地典当，是我国传统社会中一种常见的经济行为，在资遣活动大致结束后，考虑到大部分回籍灾民可能面对无田可种的窘境，救灾官绅专门设置当田局办理当田事宜。"本年秋收取赎，并不取息；明年麦收取赎，每当本一千，取息一百文；明年秋后取赎，每当本一千，取息一千五百文；后年麦收取赎，每当本一千，取息二百文，以示体恤。"③此外，更"通饬各州县剀切示谕，各典所当一切农具，凡在本年五月以前取赎者，一概免利"④，为灾民农业生产的从事和灾区社会秩序的重建提供了保障。

第三，冬赈与春赈活动信息。政府在开展资遣活动的同时，还对已经资遣回籍的灾民和在原籍灾民实施冬赈救济。《官义两赈合办章程十七条》中规定："此次地广人多，只能专放极贫，每大口给钱一千，小口减半，次贫不给。向来义赈亲查之际，遇有口少而病苦、非一千不能活者，准酌加口，略为通融。"⑤即官义合赈模式下的冬赈专赈极贫，随查随放，且义绅在查户发给赈票时，可根据灾民实际受灾状况酌情多给赈款。然而，该章程在实际执行过程中却出现了查户不严、放赈尺度宽泛、灾民人数多且冒滥等问题，导致各处基本没有达到每口给钱 1000 文的标准，甚至前线

① 杨文鼎辑：《江北赈务电报录》，李文海等主编：《中国荒政书集成》第 11 册，天津古籍出版社 2010 年版，第 7731 页。

② 杨文鼎辑：《江北赈务电报录》，李文海等主编：《中国荒政书集成》第 11 册，天津古籍出版社 2010 年版，第 7651 页。

③ 杨文鼎辑：《江北赈务电报录》，李文海等主编：《中国荒政书集成》第 11 册，天津古籍出版社 2010 年版，第 7827 页。

④ 杨文鼎辑：《江北赈务电报录》，李文海等主编：《中国荒政书集成》第 11 册，天津古籍出版社 2010 年版，第 7820 页。

⑤ 杨文鼎辑：《江北赈务电报录》，李文海等主编：《中国荒政书集成》第 11 册，天津古籍出版社 2010 年版，第 7735 页。

义绅电云："宿迁得赈之户，有将赈钱买皮衣、乌龙、烟灯者。"①至开年春赈之时，在吸取冬赈经验教训后，盛宣怀对春赈人员进行了调动，"海州添朱祖荫与宋治基合办，桃源派冯嘉锡接办，原办桃源义绅廉兆铺派往安东，辅助唐锡晋，绍闻洛不愿再继续睢宁，调韩景垚赴睢宁"②。全部由义绅亲自查户，因此春赈开展较为顺利与切实。冬春两赈的相继进行，让留在原籍的灾民得以顺利度过难挨的冬季和青黄不接的春季，为此次水灾赈济工作的顺利结束创造了有利的条件。

第四，突发事件处理信息。一是暴力事件应对，除前文已提到的灾民自发或成规模的抢劫外，苏北地区甚至出现了持枪械抢劫并欺害百姓的恶性事件。如位于清河四乡的匪徒聚集数百人执持枪械分股抢劫，甚是猖獗。在接到相关电报后，杨文鼎立即派文武兵队分投驰往拿办，提到审讯，讯明后就地正法，一面派队巡缉，令十三协巡防队各拨兵弁，自清江浦起，至宿迁县境，沿途分假扼扎，来往防获。一面出示晓谕灾民，勿为所煽。③纵观此次暴力事件的处理过程，以杨文鼎为代表的办赈官员处理及时且妥善，起到了稳定社会秩序和安定民心的双重作用。二是霉米事件处理，12月，七万石运往清江浦的赈米出现发霉成块的现象，在查明赈米霉变原因后，杨文鼎马上发送电报指示"收米委员逐包查验，干洁之米随验随收，湿霉之米概行剔出，俟收齐之后实亏短若干，再令赔补"④。并严厉惩治涉事船户，不仅在最大限度内减少了霉米带来的损失，更在一定程度上避免了类似事件的再次发生。三是贪腐事件惩罚，此次办赈活动中所查处的贪腐人员不胜枚举，沭阳县富户秦以孝、秦仕进等人即为典型代

---

① 杨文鼎辑：《江北赈务电报录》，李文海等主编：《中国荒政书集成》第 11 册，天津古籍出版社 2010 年版，第 7751 页。

② 杨文鼎辑：《江北赈务电报录》，李文海等主编：《中国荒政书集成》第 11 册，天津古籍出版社 2010 年版，第 7784 页。

③ 杨文鼎辑：《江北赈务电报录》，李文海等主编：《中国荒政书集成》第 11 册，天津古籍出版社 2010 年版，第 7685 页。

④ 杨文鼎辑：《江北赈务电报录》，李文海等主编：《中国荒政书集成》第 11 册，天津古籍出版社 2010 年版，第 7769 页。

表，他们虽坐拥厚资，却并不抚恤受灾百姓，反而囤积米粮，抬价牟利。在接到电报后，端方立即指示从重处罚，"此等为富不仁，天良丧尽，应即由道委提来浦，从重罚究详报，以谢灾黎"①，并对富绅提出"凡赈款未放之前，由本地绅富将附近饥民设法拯济……倘任其饥毙，定提案究罚"的要求②，不仅给绅富以极大警示，还为百姓争取更多生机。

第五，其他救灾信息。水灾带来的其他并发灾害预防。一是疫灾。杨文鼎等人早在灾情之初就设法预防疫灾，不仅"设医局施治，广购义地掩埋百姓尸体"③，还向上海医会请求医疗援助。收到电报后，上海医会迅速"派医生袁依琴、倪颂兼、张芹孙于二十五动身赴浦，备带药物，考察病情，预防春疫"④。此外，盛宣怀还向灾区输送大量防疫药品："兹有灾区需用纯阳正气丸、藿香正气丸、玉雪丹等各药丸……准于初十、礼拜一交装轮船招商局江裕轮船运赴镇江，转运灾区。"⑤二是蝗灾。在赈灾即将结束之际，为预防蝗灾发生，端方电饬"各地方官立即通查境内，如有蝗子踪迹，立即一面申报，一面前往督捕，并出价收买，务期捕除净尽"⑥。善后工作的开展。一是电示收回各地剩余赈款，"所有官拨赈款项下余存银钱两项，随时解交省城裕宁官钱局，不得借口地方善举任意截留，并责成该道府等切实清查缴款，以重官款"⑦。二是造册嘉奖与报销，在办赈活动

① 杨文鼎辑：《江北赈务电报录》，李文海等主编：《中国荒政书集成》第11册，天津古籍出版社2010年版，第7808页。

② 杨文鼎辑：《江北赈务电报录》，李文海等主编：《中国荒政书集成》第11册，天津古籍出版社2010年版，第7810页。

③ 杨文鼎辑：《江北赈务电报录》，李文海等主编：《中国荒政书集成》第11册，天津古籍出版社2010年版，第7747页。

④ 杨文鼎辑：《江北赈务电报录》，李文海等主编：《中国荒政书集成》第11册，天津古籍出版社2010年版，第7752页。

⑤ 杨文鼎辑：《江北赈务电报录》，李文海等主编：《中国荒政书集成》第11册，天津古籍出版社2010年版，第7766页。

⑥ 杨文鼎辑：《江北赈务电报录》，李文海等主编：《中国荒政书集成》第11册，天津古籍出版社2010年版，第7841页。

⑦ 杨文鼎辑：《江北赈务电报录》，李文海等主编：《中国荒政书集成》第11册，天津古籍出版社2010年版，第7850页。

结束后，杨文鼎电明"所有办赈文武员绅，敝处已衔名造册，廪请督帅咨部立案，分别奖叙"①；同时，电促各属将冬赈、春赈、平粜、河工等项用款分案造册，用以赈务报销核对，为苏北水灾救济活动画下了较为完满的句号。

四、电报与华洋义赈的合作

苏北水灾赈济活动中，亦可见到不少传教士的身影，他们积极从事慈善救济工作，身体力行地对中国民间救济事业产生影响。1906 年 12 月，在西商李德立的倡议下，盛宣怀、吕海寰与各国驻沪领事、官商以及传教士在上海商议成立华洋义赈会，并推选吕海寰为会长，盛宣怀与好博逊为副会长。此外，还有许鼎霖、施则敬、虞洽卿等知名义赈士绅担任董事，是洋赈与义赈之间规模空前的合作，吸引了越来越多的中西好善人士参与到苏北水灾救济中。

华洋义赈会成立后，在清江、宿迁、窑湾、徐州等处设立分局，开办赈务。"每一赈会所，由许观察选择当地衿绅二人，由承办西教士选择二人。诸君既组织赈会后，即将四华董姓氏，开送本会。本会即可承认贵教士、华绅等为当地义赈会之代表。"②此外，中国相关企业亦为华洋义赈会从事赈灾活动提供了电报费用与交通费用等方面的优惠，即"中国电报局免收本会赈务电费"③，"各轮船公司，除募集多金外，复承运本会粮米载至镇江，以达灾区，不收运费，以尽义务，并免收来往灾区办振各员川费"④，缓解了传教士在救灾通信和粮食运输方面的经济压力，使深入灾区的传教士可以通过电报向端方等政府官员、各国官绅以及后方义赈会同

---

① 杨文鼎辑：《江北赈务电报录》，李文海等主编：《中国荒政书集成》第 11 册，天津古籍出版社 2010 年版，第 7715 页。

② 窦乐安编译：《放赈之方法》，《华洋义赈会报告》，1907 年编印，第 30 页。

③ 窦乐安编译：《募集赈款之踊跃》，《华洋义赈会报告》，1907 年编印，第 17 页。

④ 窦乐安编译：《募集赈款之踊跃》，《华洋义赈会报告》，1907 年编印，第 17 页。

人，就筹集赈款、放赈安排、放赈方法等救灾事宜进行多次沟通，为苏北水灾赈济提供了更多的人力、物力和财力支持。

首先，传教士与救灾官员之间的灾害信息通信。一是传教士与救灾官员之间就救灾人员安排的电文沟通。起初，李德立向端方申请派遣传教士亲往灾区办赈，端方以恐滋事端为由拒绝，并建议将赈款发交当地绅士代为散放。几日后，李德立电至端方，详述传教士亲自放赈的必要性，即"是项赈款，大半为余等董事所募集，因外洋捐款各户，皆信由中国内地各西教士经赈是款，故慷慨乐输……倘余董事承认江督意旨，款归各地华绅赈给，则必大违各捐户之心，既教士不预赈务，则余侪亦不能复向外洋募捐"①，并对端方恐滋事端的担忧提出了解决办法，即传教士在当地官绅的保护下办赈，同时"令教士等，但在本境办赈，勿深入荒僻之区，以便华官得以保护"②，保证"如在办赈所西教士，或因传染疾病，及灾民所害而死，皆愿不向中国索赔"③，使端方最终同意了这一提议。二是传教士与救灾官员之间就救灾粮食运输的电文沟通。3月，端方向杨文鼎发送电报，讲明华洋义赈会准备用小轮将赈粮由天妃闸西运至窑湾，因恐民阻止而寻求帮助，指示杨文鼎妥善办理此事。在查明相关情况后，杨文鼎立即向李德立电告此事有碍河道、恐难畅行。然而，7日后，杨文鼎"又接义赈会来电，云待振孔急，万难延搁。现备小轮前往拖带，倘有意外，自行担任"④。见义赈会执意如此，杨文鼎只能周全安排运粮一事，并向义赈会电明政府对此事的支持。可以看出，华洋义赈会进行的救灾活动，"均禀告江督，皆蒙允准"⑤，且前方传教士办赈工作得到了"地方官协助"⑥，为中西

---

① 窦乐安编译：《设立赈会之困难》，《华洋义赈会报告》，1907年编印，第13页。

② 窦乐安编译：《设立赈会之困难》，《华洋义赈会报告》，1907年编印，第13页。

③ 窦乐安编译：《设立赈会之困难》，《华洋义赈会报告》，1907年编印，第15页。

④ 杨文鼎辑：《江北赈务电录》，李文海等主编：《中国荒政书集成》第11册，天津古籍出版社2010年版，第7707页。

⑤ 窦乐安编译：《放赈之方法》，《华洋义赈会报告》，1907年编印，第34页。

⑥ 窦乐安编译：《放赈之方法》，《华洋义赈会报告》，1907年编印，第34页。

合作办赈提供了不可多得的宝贵经验。

其次，传教士与各国官绅之间的灾害信息通信。一是传教士向各国政府发送的劝捐电报，华洋义赈会成立后，李德立"恳英美德法日五国领事，电告伦敦府尹及纽约、柏林、巴黎、东京绅富捐足"①。其中，美国官民表现最为突出，在收到义赈会发来的求助电报后，罗斯福立即传谕国民，号召踊跃捐款："今我友邦中国，天灾流行，灾情甚巨……今吾国日臻富强，资力雄厚，且适逢基督圣诞，例行慈善事业，故吾等当竭力设法，以助中国灾民。"②并对捐款事宜进行了具体安排，"吾意于下议院开会第一日，即请下议院允准以海军运舰载运赈粮，前往灾区。凡我美国人，慨捐银米者，可送交美国红十字会，以便汇解至中国"③。在罗斯福的呼吁下，美国人无不慷慨乐施，"本会所收赈款总额，美国捐集者计有三分之二"④。二是各国好善人士向义赈会发送的办赈建议电报。在得知义赈会遍求办赈良法后，一位西国工程师主动向该会发报，提议采用以工代赈之法，他认为"施赈之法莫善于以工代赈，可免虚糜账款之事。鄙意此次饥荒，既因水灾而致，则救灾之事即当注意水道，以为善后之策"⑤，并详述工赈于社稷民生大有裨益，使义赈会采纳了他的建议，"未几，即在清江浦照此办理"⑥。

最后，传教士与义赈会同人之间的灾害信息通信。一是传教士向义赈会同人传递的工赈电文，前文已述，清江浦在西国工程师的建议下开办工赈。赈务结束后，负责人林嘉美教士立即向义赈会电报具体情形："所有工程计开河一百九十九英里，筑路一百二十四英里，筑堤二十一英里，造桥三十七座……所用工人，常工共九万三千二百六十八人，有仅作

---

① 窦乐安编译：《筹办淮徐海义赈函》，《申报》1906 年 12 月 7 日。
② 窦乐安编译：《募集赈款之踊跃》，《华洋义赈会报告》，1907 年编印，第 22 页。
③ 窦乐安编译：《募集赈款之踊跃》，《华洋义赈会报告》，1907 年编印，第 22 页。
④ 窦乐安编译：《募集赈款之踊跃》，《华洋义赈会报告》，1907 年编印，第 22 页。
⑤ 窦乐安编译：《清江浦义赈分会报告》，《华洋义赈会报告》，1907 年编印，第 51 页。
⑥ 窦乐安编译：《清江浦义赈分会报告》，《华洋义赈会报告》，1907 年编印，第 51 页。

工一日或两日者，合而计之，曾经作工之人数，在十万以外。每人每日所得之工钱，可养家中二人。故只就工赈一端而论，其所救济者，盖已三十三万九千五百五十六人云。"①同时，对因老弱废疾而无法作工者，"则有施给面粉票之法，先遣司事一人，将理应施票之人，亲往查明其住处，然后给予，以免浮滥"②，"统计此两种票，共发去三万六千零五十四纸，被赈者十七万一千九百人"③。二是义赈会同人向传教士传递的辟谣电文，当时社会流传一则谣言，称传教士只赈非教民，却对教民不闻不问。在听闻这则消息后，义赈会董事立即向前方办赈传教士司铎发送电报询问情况，得到了他"情知为虚妄不根之谈"的回复④，并坚定称"以教士充放赈委员，而谓其袒非教民，而薄待已教人，必不可信"⑤，及时澄清了谣言。

1907 年秋熟之际，各局义赈传教士纷纷向义赈会发送电报，请示停办赈务。在确认苏北赈务停办不影响灾民正常生活后，义赈会立即向端方电陈此事，"江北灾荒现已了结，不复需赈。敝会拟于七月中旬将赈务停办，理合奉闻"⑥。据统计，苏北水灾救济期间，华洋义赈会"收支账款共一百六十万元，被赈者共一百万人"⑦，不仅使灾区人民"无一不感激义赈会"⑧，还得到了端方的高度赞许，"蒙贵会慨办义赈，良深感极"⑨，更在上海基督教百年大会中受到了认可，"会中颇称赞义赈会之办事，并驰书各处，嘉勉办赈之诸教会"⑩。这是一次获得中国官民与西方社会一致好评的洋赈活动。

---

① 窦乐安编译：《清江浦义赈分会报告》，《华洋义赈会报告》，1907 年编印，第 54 页。
② 窦乐安编译：《清江浦义赈分会报告》，《华洋义赈会报告》，1907 年编印，第 58 页。
③ 窦乐安编译：《清江浦义赈分会报告》，《华洋义赈会报告》，1907 年编印，第 58 页。
④ 窦乐安编译：《放赈义举不分民教》，《华洋义赈会报告》，1907 年编印，第 90 页。
⑤ 窦乐安编译：《放赈义举不分民教》，《华洋义赈会报告》，1907 年编印，第 91 页。
⑥ 窦乐安编译：《灾荒最后之情状》，《华洋义赈会报告》，1907 年编印，第 94 页。
⑦ 窦乐安编译：《灾荒最后之情状》，《华洋义赈会报告》，1907 年编印，第 95 页。
⑧ 窦乐安编译：《灾荒最后之情状》，《华洋义赈会报告》，1907 年编印，第 94 页。
⑨ 窦乐安编译：《灾荒最后之情状》，《华洋义赈会报告》，1907 年编印，第 96 页。
⑩ 窦乐安编译：《灾荒最后之情状》，《华洋义赈会报告》，1907 年编印，第 93 页。

五、电报传递灾害信息的优势与影响

"因灾情一播，则电传报载，立达各省，人皆知有此巨灾，故捐募迅速、以拯灾民。"[1]相较于其他灾害信息传递方式，电报凭借其传播速度快、传播范围广、传播区域大的传播优势，在苏北水灾救济期间，首次成为近代救灾官绅之间大规模信息传播的媒介之一，在沟通救灾信息、监督救灾人员、分配救灾物资、加强中外联系等方面发挥着重要作用，使赈灾工作得以快速开展，减轻了灾区灾民的损失，实现了较好的灾情信息传播效果，更在一定程度上促进了救灾效率的极大提升。

（一）电报传递灾害信息的优势

1. 传播速度快

电报出现以前，官方信息传递主要依靠驿站和邸报，时速较慢，救灾信息来往周期较长。"闻诸办赈者言，往时筹办赈务，苏申扬三处互相函商，需七八日一往还，豫赈筹商五六次，历四十余日之久，晋赈筹商八九次，历七十余日之久始得成行。"[2]电报技术因其"达军情、传警信，神速不测，呼吸相通"的速度优点[3]，使清朝公文传播方式实现了效率突破，提升了信息传播的时效性，降低了灾情信息传递的时间周期。就此次赈灾活动而言，电报传播灾害信息速度快的显著优势贯穿了全程，不仅使同一人可在一日之内收发多条电报，上报期限也提升到了"两三日内即见复"[4]，办赈效率更因之极大提升，如端方令朱刘二位士绅，查明界首杨令如何散放冬赈一事，一日后二位士绅即查明并回复："遵查积谷五六千，杨令饬仓董陈仰承径拨各董；宪发五千，亦由该董领存钱店，各董随领随发，均

---

① 窦乐安编译：《江北水灾记》，《华洋义赈会报告》，1907年编印，第1页。

② 《电报神速》，《申报》1882年7月21日。

③ 中国近代经济史资料丛刊编辑委员会主编：《帝国主义与中国海关》第12编，科学出版社1961年版，第95页。

④ 杨文鼎辑：《江北赈务电报录》，李文海等主编：《中国荒政书集成》第11册，天津古籍出版社2010年版，第7723页。

有领状收条可凭。"①

2. 传播范围广

清廷传统信息传递方式不仅存在速度慢这一缺陷，传播范围也相对较窄，把统治集团内部的信息传播范围局限于一对一的模式之中，无论是清廷的信息上达、下达抑或是平行传播方式，均囿于单线联系的桎梏。电报技术的广泛应用，使得同一封电文可以不顾及形式的差别，分别拍发给不同等级的官吏，省去了逐一写信送信的不便，信息传播趋于简洁化。此次苏北水灾救济活动中的部分电报，亦可体现电报灾害信息传播范围广，传播模式一对一、一对多交织的优势，如 1907 年 1 月 16 日，端方发送的"杨道台、徐道台分送安东、桃源、山阳、阜宁各印委义绅，海州汪直牧、宋绅分送沭阳、赣榆各印委义绅，徐州袁道台、田守、吴丞、宿迁黄令、柴绅分送萧县、窑湾各印委义绅"②，这一封电文的发送范围不仅包含苏北地区的各级官员，还有众多前方办赈义绅。电报传播范围之广可见一斑。

3. 传播区域大

前文已述，清廷的传统信息传播方式存在较大时空局限，即传播地区间隔越远，传播速度越慢，传播周期越长。加之一封书信只能在信息发送者所在地与接收者所在地之间流通，使得等级越低的官员获知的信息越少，传统信息传递模式因传播区域小而造成的信息不对称的弊病越发明显。电报不仅实现了不同地区的信息即达，而且使同一封电文可以突破地区的限制，同时发往各级官员所在的不同地区，使各级官员都能尽可能掌握更多的灾害信息，信息传播区域得以扩大。在此次救灾过程中亦有所见，一是使北京、天津、南京、上海、苏州等距离差异较大的南北方地区之间信息即达，二是使得一封电文可以同时送达至多个地区，如 1907 年 5 月 15 日，端方下达的"顷电清江、山阳、安东、桃源、阜宁、铜山、邳

① 杨文鼎辑：《江北赈务电报录》，李文海等主编：《中国荒政书集成》第 11 册，天津古籍出版社 2010 年版，第 7785 页。
② 杨文鼎辑：《江北赈务电报录》，李文海等主编：《中国荒政书集成》第 11 册，天津古籍出版社 2010 年版，第 7761 页。

州、宿迁、睢宁、萧县、海州、沭阳、赣榆各州县云"①，这一封电文的传播区域涵盖苏北地区的 13 个受灾区县，传播区域不可谓不大。

（二）电报传递灾害信息的影响

1. 有利于及时沟通救灾信息，调整救灾政策

经由电报的传播速度优势，可使各级办赈官员在最短的时间内了解灾况信息，掌握灾情全貌，根据各州县具体情况的不同灵活制定最适合的救灾政策。以灾情相对较轻的桃源为例，在桃源办赈的义绅廉兆铺电称该地极贫 20 万，严剔极难。面对这种棘手情况，一方面，盛宣怀认为此地"来电拟照册口二十万人，大口放钱四百，小口二百，实属冒滥而不足救极贫"②，立马电饬印委三日内复查，同时告知廉兆铺待复查后再核实散放。另一方面，杨文鼎向端方请示桃源办赈之策"可否饬令仿照安东，变通办法，分作几等，按户而不按口，总要随查随放，方能速拯民命"③。三日后端方回复安东救灾政策有其特殊性和不可借鉴性，并提出桃源可仿照海州、沭阳的办赈办法，即"以八万为极贫，每口给钱一千。此外作为次贫，每口给钱五百"。短时间内实现了官绅之间就救灾政策的多次商榷，对救灾效率的提升大有裨益。

2. 有利于实时监督救灾人员，提升救灾质量

从古至今，地方官员的个人行为均在一定程度上影响灾区救灾效率的快慢。实时监督救灾人员，全面掌握各灾区官员的办赈信息，根据办赈人员的行为及时给予处罚或奖励，是救灾过程中举足轻重的工作之一。经由电报，使杨文鼎、端方等人得以快速获知各地官员的办赈行为，及时奖惩。一是处置玩延官员，如杨文鼎查知沭阳县令的昏聩行为后，及时上

---

① 杨文鼎辑：《江北赈务电报录》，李文海等主编：《中国荒政书集成》第 11 册，天津古籍出版社 2010 年版，第 7842 页。

② 杨文鼎辑：《江北赈务电报录》，李文海等主编：《中国荒政书集成》第 11 册，天津古籍出版社 2010 年版，第 7752 页。

③ 杨文鼎辑：《江北赈务电报录》，李文海等主编：《中国荒政书集成》第 11 册，天津古籍出版社 2010 年版，第 7659 页。

报端方，"乃倾据沭阳县令俞都申缴排单七件到道，忽将原文七件一并缴回，查阅各文，并未注到，尚有两件未拆封"①，请示处罚该令。一日后端方回复："似此玩视民瘼，深可痛恨……应将俞令摘去顶戴，记大过二次，交给该道留心察看。倘再不知振作，即行详请撤任。"②二是奖励办赈过程中表现突出的官员，如资遣之事顺利结束后，杨文鼎向端方提出："所有尤为出力之清江赈局提调候补同知蓝均、魏大综、江西补用知县王祖琛……始终勤奋，劳绩卓著，可否俯准按异常劳绩由职道详请奏奖，以示奖励？"③三是办赈过程中的人事调动，即根据官员的工作表现给予相应的处理，如"桃源县孙令，人本庸疲，既被劾，更难任事，实恐延误。赈务吃紧，拟由道札委查赈委员任令乃霁就近代理，迅速查放。如能得力，再请改署"④。

3. 有利于合理分配救灾物资，优化资源配置

救灾过程中，面对有限的物资，如何尽最大可能合理分配，是救灾从事者的难题之一。个人认为，如要使物资得到最大程度的利用，不仅需要宏观掌握灾况全貌，更需要细致了解各地的灾情状况、办赈状况以及现存物资状况，电报的广泛应用使得这一构想成为可能。就此次苏北水灾救济活动而言，通过电报这一信息传播媒介，各级官员得以更加全面且合理地分配救灾物资，实现资源利用的最大化。一是端方等救灾领导者对各灾区的物资分配，如淮海各属春赈开查在即时，端方认为应先将各地情况拨定赈款，如"赣榆灾情较轻，冬赈共放钱二万二千余串，春赈即使加倍，当亦不过四五万串，查该县已有冬赈余款钱三万串、义赈钱二万串，益以该

---

① 杨文鼎辑：《江北赈务电报录》，李文海等主编：《中国荒政书集成》第11册，天津古籍出版社2010年版，第7659页。

② 杨文鼎辑：《江北赈务电报录》，李文海等主编：《中国荒政书集成》第11册，天津古籍出版社2010年版，第7652页。

③ 杨文鼎辑：《江北赈务电报录》，李文海等主编：《中国荒政书集成》第11册，天津古籍出版社2010年版，第7664页。

④ 杨文鼎辑：《江北赈务电报录》，李文海等主编：《中国荒政书集成》第11册，天津古籍出版社2010年版，第7664页。

县积谷钱三四万串，散放春赈已可有盈而无绌，官款银两暂从缓拨，应先拨给米千石，办理平粜"①。二是各州县办赈工作者对灾民的物资分配，如"海州灾情以皂王河、平明……高桥为最重，若与其余各镇每大口给赈前文，恐不能全活，拟将第二次春赈改放钱为放粮，所有被灾最重之皂王河等七镇，与兴谷东半迤东各庄以及新坝镇西北各庄第二次春赈，每大口给官斗包谷二斗，小口减半。其余被灾稍次各镇村第二次春赈，每大口给官斗包谷一斗四升，小口减半"②。

4. 有利于加强中外赈灾联系，推动中西关系

苏北水灾以前，中国各项救灾活动中，鲜少出现中西之间真正平等意义上的大规模义赈合作，中西赈灾人员之间通信不便且并不多见。苏北水灾发生后，在李德立、盛宣怀等中西好善人士的共同努力下，华洋义赈会成立。此后，凭借电报传播速度快且义赈会收发救灾电报免费等便利条件，西方传教士与中方官绅之间能够展开及时有效的救灾沟通，拉近了中西赈灾人员之间的距离，有利于中西关系的友好发展。一是深入灾区的西方传教士与义赈官绅的关系推进，如在徐州办赈的传教士葛马可，在听闻同在徐州办赈的义绅范瑞澜即将前往其他灾区办赈后，立即向义赈会发送电报，希望将范瑞澜继续留在徐州办赈，并提出"希代电江督，留范君在徐藉资臂助云云"的请求③，收到电报后义赈会立即照电端方，端方欣然同意。二是义赈会与救灾官绅之间的关系推进，如在赈务告竣后，义赈会向端方发送的电报中，不但肯定了此次中西合作的救灾成果，还对几位救灾官员特别表示感谢，如"镇江官吏禀承大帅之训示，助敝会转输赈品，尤为敝会所深感。除奉函台端，展陈谢悃外，并已电致常镇道声谢。"④可见，

---

① 杨文鼎辑：《江北赈务电报录》，李文海等主编：《中国荒政书集成》第 11 册，天津古籍出版社 2010 年版，第 7799 页。

② 杨文鼎辑：《江北赈务电报录》，李文海等主编：《中国荒政书集成》第 11 册，天津古籍出版社 2010 年版，第 7814 页。

③ 窦乐安编译：《华友协助办赈之热心》，《华洋义赈会报告》，1907 年编印，第 89 页。

④ 窦乐安编译：《灾荒最后之情状》，《华洋义赈会报告》，1907 年编印，第 95 页。

苏北水灾赈济中，电报的广泛应用有利于中西赈灾人员之间关系的进一步发展。

结语

在苏北水灾赈济过程中，作为近代信息传播媒介，电报首次大规模应用于灾害信息传递，达到了其他灾害信息传递方式所无法比拟的信息传播效果。具体而言，电报是政府、义绅与西方传教士之间的主要救灾通信媒介，不仅记录了各级政府官员之间的上行、下行与平行传递，还包括前方办赈义绅与后方筹赈义绅之间的信息传递，甚至还有政府官员与义绅、西方传教士之间的信息传递与电文转达。传播内容不仅包括灾情变化、粮食减产、人口死亡等灾况信息，也包括截留、资遣、蠲缓、平粜、冬赈、春赈等传统救灾政策，甚至还有突发事件处理、并发灾害防治等其他救灾信息。经由此次救灾活动，电报充分展现了其传播速度快、传播范围广、传播面积大的传播优势。于国内，不但有利于及时沟通救灾信息、调整救灾政策，而且有利于实时监督救灾人员、提升救灾质量，更有利于合理分配救灾物资、优化资源配置。于国际，有利于加强中外赈灾联系，推动中西关系，体现了电报这一新兴传播媒介对救灾成效的重要影响。

（作者王琰，山东师范大学历史文化学院中国近现代专业硕士研究生）

全面抗战时期安徽妇女战地服务团的伤兵救助活动述论

汪颖　孙慧

摘　要：伤兵救助是战时救援及社会救助的重要组成部分。爱国青年知识分子、先进女青年和广大农村妇女组成的安徽妇女战地服务团，是全面抗战时期安徽省的重要爱国团体。该团体以救助伤兵为核心工作，主要包括战地救护、护理医院伤兵、为伤兵代写书信等前线救护和后勤保障工作。其活动不仅有利于及时救护战场上的伤兵群体，鼓舞军队士气，广泛动员安徽妇女参与实际抗日，也为新四军的妇女工作提供了经验借鉴。

关键词：抗日战争　伤兵救助　安徽妇女　战地服务团

全面抗战时期，不仅南京国民政府对伤兵采取一系列保障措施，其他社会团体对伤兵也开展了有效救援，妇女战地服务团就是其中之一。作为抗日战争时期的重要爱国团体，1938 年 4 月，安徽妇女战地服务团（以下简称妇战团）在六安成立[1]，其最初由六安县"青抗战地服务团"改编而来[2]，是安徽省统战组织民众总动员委员会（以下简称省动委会）下辖的一个抗敌协会。"省动委会成立后设立直属机构与 70 多个工作团，妇女战地服务团便是其中一个团。"[3]在中共党组织的领导下，安徽妇战团有效地

---

① 《省工作团和外地抗日团体在六安的活动》，六安市政协文史资料委员会编：《六安抗战史料汇编》，安徽人民出版社 2015 年版，第 214 页。

② 《安徽省动委会直属工作团成立原委》，安徽省档案馆编：《安徽省动委会档案史料选编》，安徽人民出版社 1991 年版，第 211 页。

③ 安徽省地方志编纂委员会编：《安徽省志·政党志》，方志出版社 1998 年版，第 144 页。

动员女性力量支援抗战。后因日军逼近安徽，妇战团团址先后迁移到独山镇、立煌县西高庙。1940 年 3 月，国民党顽固派发动第一次反共高潮后，妇战团面临局势日益严峻，离开立煌县陆续分期分路地撤到淮南、淮北、皖中根据地，并最终向新四军根据地转移[①]，大别山区的妇战团也随之转入地下。

学界对各地的妇战团已经有了一些探究，但以伤兵救助活动为中心的成果甚少，且在地域范围上集中研究湖南、西北、上海等地。[②]有鉴于此，本文以安徽妇战团为中心，利用档案、报刊和妇战团成员的回忆录等资料，对安徽妇战团的伤兵救助活动进行考察，以期丰富对全面抗战时期妇战团与伤残军人救助活动的研究。

一、安徽妇战团的组织情况

安徽妇战团作为省动委会领导下的战时重要妇女组织，成立于 1938 年 4 月。初期有成员 12 名，后随着宣传工作的开展，渐增至 140 余人，影响范围日益扩大，其以六安为主要工作地，辐射霍山、立煌、霍邱、寿县、合肥、舒城等地。妇战团的成员中百分之八十为农村妇女，百分之二十为知识妇女。[③]皖北、皖中的流亡妇女亦被动员参与到抗日救亡活动中，如王宝霞、王宝云、王维芝、王维兰四姑侄从沦陷区合肥来到六安

①　中国人民政治协商会议安徽省金寨县委员会：《金寨文史》第 9 辑，政协安徽省金寨县委员会 1995 年编印，第 34 页。立煌县即今六安金寨县，是抗战时期安徽省会的临时驻扎地。1932 年，蒋介石为表彰"剿共"将领卫立煌，将金家寨镇命名为"立煌"，1947 年立煌县解放后改名为"金寨"。

②　李常宝：《抗战期间的国军伤兵群体考察——以军政部荣誉军人第十八临时教养院为中心》，《近代史研究》2012 年第 4 期；苏旸：《抗战时期湖北地区的伤病军人救助、慰劳研究》，华中师范大学 2011 年硕士学位论文；吕文洁：《抗战时期伤残军人的救助问题研究》，辽宁大学 2017 年硕士学位论文；游海华：《战地服务团与社会动员——上海劳动妇女战地服务团考察》，《安徽史学》2018 年第 2 期；万琼华、马艳彩：《妇女从军与战地服务——以湖南妇女战地服务团为中心的考察》，《中华女子学院学报》2021 年第 4 期；宋青红、叶蔚林：《丁玲与西北战地服务团探微》，《宝鸡文理学院学报（社会科学版）》2020 年第 3 期。

③　《安徽省妇女工作概况》，《妇女新运》1940 年第 2 期。

后，集体加入妇战团。① 当时安徽省各县成立了妇女抗敌协会，妇战团的主要任务是协助妇女抗敌协会工作，"动员妇女支援抗日，培训妇女干部，发展党的组织"②。妇战团的宗旨是发动妇女群众，协助政府动员参加抗战工作，为谋其自身之解放。就实际工作内容而言，妇战团的成员主要加入妇女抗敌协会下设的各类组织开展活动，有慰劳组织，包括征募队、书信队、缝纫队、洗衣队及炊事队；有关于防护警卫组织，其下有空袭防护队、防毒工作团、战地工作团、伤兵看护队、难民卫生队、粮食保管队、输送交通队以及战地儿童输送队；还有教育方面的组织，其下又有妇女训练班、特别训练班、抗战常识训练班、妇女战时俱乐部、军事政治训练班、看护训练班、抗敌工作干部训练班、伤兵难民教育队、战地儿童教养院、战时妇女图书馆和妇女生产技能教育队。③ 此外，妇战团还协助省动委会的后方勤务部门"掌理伤兵难民救护并协助政府办理粮秣及一切军需用品运输事宜"④。

安徽妇战团前期的实际工作主要是在中共领导下开展的。省动委会的妇女工作委员会是妇战团的上级领导机构，动委会的成员中，中共党员的比例占绝对优势。据曾任动委会妇工会常委、妇战团支书的孙以瑾回忆："省、县级动委会和工作团（即妇战团——引者）的领导人多数是共产党员或党的同情者。各工作团一面学习，一面宣传抗日，发动群众，同时发展党的组织。鄂豫皖边区和安徽的抗日民族统一战线，是在共产党主动倡导、国民党赞同的情况下建立起来的。"⑤ 中共安徽省工委在动委会及各工

① 中共蚌埠市委党史办公室、蚌埠市民政局编：《长淮英烈》，安徽人民出版社1993年版，第33页。
② 《省工作团和外地抗日团体在六安的活动》，六安市政协文史资料委员会编：《六安抗战史料汇编》，六安市政协文史委2015年编印，第214页。
③ 中共六安市委党史研究室编：《皖西党史资料辑要》第3册，安徽人民出版社2013年版，第3—4页。
④ 《第五战区民众总动员委员会组织条例》，安徽省政府秘书处编：《安徽政治》创刊号，1938年编印，第28页。
⑤ 《抗战时期大别山区的妇女工作》，安徽省政协委员会文史资料研究委员会编：《安徽文史资料》第25辑，安徽人民出版社1986年版，第11、15页。

作团中成立中共支部，以省动委会名义举办训练班，吸收流亡难民、青年学生等，经过短期政治训练组成抗日团体。[1]以此为背景，安徽妇战团"几任团的领导都是共产党员"（见表1）[2]。在中共的领导下，妇战团积极动员妇女参与抗日救亡运动。党组织"通过省、县动委会妇女工作组织来掩护党的妇女活动，培养女青年，深入发动农村妇女，团结各界抗日进步力量，壮大党的妇女组织，除在各个群众组织中发展女党员外，在党的力量较强的舒城、无为两县农村，女党员发展也较多。六安、合肥、舒城三县还成立了县妇女工作团"[3]。

表1　安徽妇女战地服务团领导成员更迭

姓名	任职时间	职务	履历
胡晓风	1938 年 6 月	团支书	江苏南通人，1936 年加入中国共产党
孙以瑾	1938 年 7 月	团支书	安徽寿县人，时任安徽省动委会妇工会常委，1938 年加入中国共产党
蒋岱燕	1938 年 10 月	团长	时任安徽省动委会妇工会委员，1936 年加入共产党
黎奇新	1939 年 1 月	副团长	广西梧州人，1937 年加入中国共产党，1938 年春作为广西女学生军进驻鄂豫皖边区抗战前线
解少江	1939 年 9 月	团长	广西人，1938 年 10 月加入中国共产党，妇战团最后一任团长

资料来源：《安徽省动委会直属工作团成立原委》，安徽省档案馆编：《安徽省动委会档案史料选编》，安徽人民出版社1991年，第211页；《省工作团和外地抗日团体在六安的活动》，六安市政协文史资料委员会编：《六安抗战史料汇编》，六安市政协文史委2015年编印，第214页；广西新四军历史研究会编：《广西新四军人物》第2集，广西新四军历史研究会2006年编印，第220页。

二、伤兵救助活动的开展

抗日军队在安徽战场的舒城战役、立煌战役等多场战役中伤亡惨重，出现了大量急需救助的伤兵。面对这样的状况，安徽妇战团迅速行动起

---

[1]　大别山干部学院编：《大别山革命简史》，中共党史出版社2016年版，第182页。

[2]　陈忠贞：《皖西革命回忆录》，安徽人民出版社1989年版，第61页。

[3]　《抗战时期大别山区的妇女工作》，安徽省政协委员会文史资料研究委员会编：《安徽文史资料》第25辑，安徽人民出版社1986年版，第11页。

来，到前线对伤兵进行战地救护，并在医院护理伤兵，为伤兵代写书信。

（一）战地救护

鉴于前线的伤兵运送、护理工作任务艰巨，救护人员缺乏，妇战团积极投入到救援行动中，在前线承担抬担架、救伤员的重任。[①]她们在凶险的战区、前线进行救援，帮助伤兵包扎伤口，清洗血衣。

面对愈加严峻的战争形势，1938 年 2 月，民众动员委员会动员群众"协助军队办理伤兵救护事宜"[②]。徐州会战期间，到达六安的伤兵每天至少有几十人，由于缺医少药，大量伤兵不得不流落街头。有鉴于此，5 月22 日，省动委会成立伤兵临时收容所"收容伤兵，同时组织担架队、救护队、慰劳队分途工作"[③]。1938 年 6 月，日军攻占安庆等地，武汉会战开始，皖西成为战场。是年秋，日军经苏家埠西犯独山时，妇战团曾随军队前往张家店一带进行战地救护。同年 10 月，战略要地立煌县受到敌机轰炸，"血肉横飞，庐舍为墟，本部特派员率领第三十九工作团、少年宣传团及妇女战地服务团，驰往救护，对炸伤军民，抬送第七十七军军医处及民政厅施医所医治"[④]。在前线救护中，妇战团成员表现出极大的爱国热忱，伤兵救护工作涌现出许多感人事迹。如正值隆冬时，巢县一位怀孕妇女仍然坚持作为担架队员参与前线抢救伤员的救护行动。在无为战场上的战斗中，有妇女将自己尚在襁褓中的孩子的新被子送给重伤士兵，用来包裹流血的伤口，她说："伤员流的血是热的，不能让他受冷了。我的孩子放在怀里也行。"[⑤]正是妇战团对于前线伤兵如同亲人般的照顾，使得众多伤兵得到了及时救助。

---

① 中共六安地委党史工作委员会编：《红军女战士》，安徽人民出版社 1986 年版，第 1 页。

② 《第五战区民众总动员委员会组织条例》，安徽省政府秘书处编：《安徽政治》1938 年创刊号。

③ 六安市新四军历史研究会、中共六安地委党史工作委员会编：《安徽省动委会简史（1938.2—1942.7）》，2003 年编印，第 215 页。

④ 《第五战区安徽省民众总动员委员会一年来工作概况》，安徽省档案馆编：《安徽省动委会档案史料选编》，安徽人民出版社 1991 年版，第 171 页。

⑤ 安徽省妇联妇运组：《抗日战争中的安徽妇女》，《安徽党史资料通讯》1985 年第 9 期。

（二）护理医院伤兵

1939 年 7 月皖西战役在立煌县爆发，"因立煌未设有伤兵医院，故医药等项均感困难，惟时天气炎热，伤兵创处，多发臭气，甚且溃烂生蛆，厥状颇惨"①。战时大部分的伤兵在医疗和生活有限的六安县医院接受治疗。当时正值高温酷暑，伤兵的伤口极易感染，一旦处理不力，就会严重威胁伤兵的生命安全。因此，在后方保障伤兵的健康卫生十分重要。为解决伤兵们的医疗卫生需求，妇战团前往医院协助开展伤兵护理工作，这项工作十分繁重和艰苦。"伤员多数是被敌人炮弹炸伤的，伤口已经溃烂，其中有些被毒气弹熏瞎了眼睛。妇战团姑娘们怀着对日本强盗刻骨的仇恨，忍受着扑鼻的腥臭味，为伤员们洗衣、喂饭、倒尿、倒屎。"②她们努力克服生理上的不适与心理上的恐惧，更将其转化为坚决对敌作战的信念与勇气，悉心照料伤兵。此外，妇战团还成立了立煌洗衣队、缝纫队，蒙城县洗衣社和缝纫所，为前线战士与后方伤兵服务。③她们为伤兵缝洗衣物，"从各个被盖底下拉出来许多裂了缝的，张着口的破衣服，这些衣服差不多每件背上都裂着尺来长的大缝，肩膀和肘弯，都张着一个碗口大的大嘴，那些没有破的地方，也是像包创口的纱布一样，每一根经纬之间露出发亮的小方眼"④。在缝补衣物的同时，还为伤兵清洗被套，定期打扫卫生。妇战团在战时对伤兵的卫生照料，为其提供了卫生洁净的医疗生活环境，有利于伤兵快速恢复健康。

（三）为伤兵代写书信

全面抗战时期，在皖对敌作战的很多士兵是广西人，他们身处他乡，思乡之情迫切，但或因文化水平受限不通文墨，或因身体受伤无法动笔，

---

① 《安徽省动委会民国二十八年报告》，安徽省档案馆编：《安徽省动委会档案史料选编》，安徽人民出版社 1991 年版，第 288 页。

② 陈忠贞：《皖西革命回忆录》，安徽人民出版社 1989 年版，第 59 页。

③ 安徽省妇联妇运组：《安徽省妇女运动大事记（1937.8—1949.9）》，《安徽党史资料通讯》1985 年第 5 期。

④ 洛痕：《慰劳》，《安徽妇女》1942 年第 2、3 期合刊。

因此，需要妇战团的一些知识女青年帮助他们写信和寄信，寄给家人、爱人、朋友和战友，一纸锦书传相思。其中，家书占据书信的主体。如有些伤兵"写信给母亲，告诉她我的病好了，马上就要上前线了，叫她不要惦记。不要说我受了伤，叫她不放心我又去前线"。还有伤兵担心战事，写信到连上，"问连长现在前方战事怎么样，告诉他我一好了就马上来，我的心天天在惦记着他们"[1]。妇战团成员们在和他们谈话聊天记录书信的过程中，逐渐成为伤兵之友，为伤兵带来心理的慰藉。

妇战团也会代抗战家属写信慰劳伤兵。1939 年 4 月，桐城县妇抗会创办的《战时妇女》半月刊，"设有代写书信处，为抗日军人家属服务"[2]。安徽妇女工作委员会曾在成立一周年之际发表《我们要坚决干到底！》的演说，在其工作总结中提及妇战团及其他妇女工作者协同"发动写千封以上的慰劳战士伤兵及抗属的信件"[3]。

三、安徽妇战团救助伤兵的评价

1940 年 3 月，国民党顽固派发动反动高潮后，李品仙调任安徽省政府主席，企图将省动委会中的中共党员以集训名义一网打尽，妇战团险遭劫难。妇战团的最后一任团长解少江率领全团冲破国民党封锁，先从六安立煌转移到皖北阜阳，最终分期分批转至新四军建立的鄂皖苏根据地，安徽妇战团的成员后来相继分散到上海劳动妇女战地服务团和新四军，安徽妇战团就此结束近两年的成团历史。妇战团虽然存在成团仓促、工作周期短、组织分工不明确、工作经验不足等问题，但在伤兵救助方面作出积极贡献，对支援抗战发挥了积极作用。

妇战团救助伤兵的活动既鼓舞了军队士气，又广泛动员了妇女参与抗

---

① 洛痕：《慰劳》，《安徽妇女》1942 年第 2、3 期合刊。

② 安徽省妇联妇运组：《安徽省妇女运动大事记（1937.8—1949.9）》，《安徽党史资料通讯》1985 年第 5 期。

③ 青稿：《我们要坚决干到底！》，《安徽妇女》1940 年"三八纪念特刊"。

日。妇战团在"每次伤兵入境时，召集民众开欢迎会"①，这有利于招募新兵，鼓舞士气，伤兵中的大多数会期盼着早日康复再上战场。1939 年 12月，受伤的陈姓士兵自述道："左脚之伤口，直到如今，不知吃尽了多少痛苦，总是不能痊愈，仍复寸步难行，终日卧床，未知何日才能重上前线，为国争光。"②同时，妇战团及工作组创办刊物作为宣传阵地，如皖报的《妇女旬刊》、大别山日报的《新女性》及《妇女月刊》等，动员和团结了广大的妇女。③

　　妇战团成员展现了坚强的意志和勇于牺牲的奉献精神。参加妇女战地服务的道路是艰难的，她们忍受着在立煌县战地工作区受到的疟疾、疥疮等疾病的侵扰；她们在一次次的随军战地服务的迁移路途中不畏艰苦，"同志们冒着细雨，继续西行。泥泞的小路上好像抹了一层油，一不小心跌倒了再爬起来。虽然弄得满身泥水，可没有一个人叹息。为了抗日救亡，大家咬紧牙关，一步一跌，走了八九十里路"④。美国记者史沫特莱在考察大别山妇女工作时亦为妇战团艰苦的工作环境与拼搏团结的精神而动容，她感叹妇战团的"工作虽是最艰苦的工作，但是只要能耐性地坚决地努力，是有伟大前途的"⑤。

　　妇战团为新四军的妇女工作提供经验借鉴。妇战团转移后，很多前成员参加了新四军，她们把在妇战团积累的经验运用到其他地区的革命工作中。例如，曾在安徽妇战团工作过的王宝霞随新四军第六支队进军淮上地区，开辟抗日根据地时，"组织起妇女抗敌协会，妇女识字班，妇女缝纫队，为抗日前线战士做军鞋"⑥，很快就打开了妇女工作的局面。解少江参

①　熊综书：《抗战时期安徽省动委会简史》，安徽省档案馆编：《安徽省动委会档案史料选编》，安徽人民出版社 1991 年版，第 408—409 页。

②　陈洪：《病榻回忆》，《伤兵之友》1940 年第 3 期。

③　中共六安市委党史研究室编：《皖西党史资料辑要》第 3 册，安徽人民出版社 2013 年版，第 74 页。

④　陈忠贞：《皖西革命回忆录》，安徽人民出版社 1989 年版，第 59 页。

⑤　胡遵远：《史沫特莱：把光辉足迹都留在大别山》，《钟山风雨》2020 年第 2 期。

⑥　中共蚌埠市委党史办公室、蚌埠市民政局编：《长淮英烈》，安徽人民出版社 1993 年版，第 35 页。

加新四军后，任抗日军政大学第四分校女生队长，为党培养了一批女干部。[1]妇战团成员许璞在妇战团解散后成为新四军六支队的骨干力量。[2]这是值得肯定的。

（作者汪颖，苏州大学在读硕士研究生；
孙慧，苏州大学在读博士研究生）

---

[1] 广西新四军历史研究会编：《广西新四军人物》第2集，广西新四军历史研究会2006年编印，第220页。

[2] 刘苏闽主编、上海市新四军历史研究会编：《理想在我心中》第4编，中西书局2014年版，第241页。

民国后期救济制度的革新发展及其困境

——以重庆实验救济院为中心

李朝玺

　　摘　要：1942 年，国民政府社会部在重庆设实验救济院，标志着实验救济模式的创立。受抗战影响，重庆实验救济院在成立之初，机构设置并不完善，但随着业务的扩展，其机构组织日趋完备。在此期间，重庆实验救济院对以往救济院的救济范围、救济方法和经费来源等方面进行了诸多革新，推动了民国后期救济制度的发展，为抗战后各地救济院工作的恢复奠定了基础。但由于国民政府末期国内战乱不断，物价飞涨等情况，重庆实验救济院问题频出，难以发挥作用。

　　关键词：实验救济院　重庆　社会部　社会救济

　　1928 年，南京国民政府内政部颁布了《各地方救济院规则》，此后全国各县市纷纷成立救济院，带动了社会救济事业的发展。九一八事变后，东北、华北及华东部分国土相继沦陷，民众饱受兵燹之苦，各类社会救济的需求与日俱增。社会救济问题已成为关乎国民党政权生死存亡的一个严峻问题，而既有的救济法规政策已无法适应现实，亟须改进完善。1942 年，国民政府社会部设立重庆实验救济院，试图以此"确立一种切合中国社会救济的实验体制，以供全国各救济机关的观察仿效"[①]。该院作为社会部成立的第一个综合救济机关，同时也是全国唯一的实验救济机构，成立之后便备受各界关注，相关报道不绝。

[①]　张学孔：《暖室里的花朵：参观重庆实验救济院》，《大公报（重庆）》1946 年 10 月 14 日。

目前学界关于民国时期救济院的研究多集中于全面抗战前[1]，对于全面抗战之后的救济院研究则以个案研究为主[2]，缺少对救济院制度演变的探讨。重庆实验救济院的创立作为民国救济院制度发展中的一次重要变革，有论者已对其运营和救济成果进行详细论述。[3]然而，对于救济院制度的革新效果如何，是否达到了寓实验于救济，并推广于全国的目的，这些问题在现有研究中尚未见论及，仍值得进一步探讨。

一、重庆实验救济院的成立和发展

抗日战争全面爆发后，原有的社会救济体系已难以应对战时的厄境。在此危亡之际，南京国民政府于1940年在行政院下成立社会部，以统合社会力量，改进社会救济体系。是年1月，社会部召开社会行政委员会第一次会议，针对社会救济问题，部长谷正纲计划在重庆筹设救助院，然后再推行至其他各省。在此构想提出后，社会部便抓紧制定方案，准备在重庆先办一所示范救助院，下设养老、残废、游民、孤儿、护产、诊疗、工厂七部，有效果后再推行至各省，根据各省财力情况，参酌计划，指导分期试办。重庆实验救济院的建设由此进入落实阶段。

尽管本次会上还通过了《确定社会救济制度以济民生而利建国案》，提出制定《社会救济法》，调整并统一救济行政机构，提高政府救济经费比例，整顿并扩充各类救济事业等计划，足以表明国民政府正在积极地参

---

① 张峰：《试论民国时期昆山的慈善事业——以昆山县救济院为中心》，《苏州大学学报（哲学社会科学版）》2006年第1期；郑忠、徐旭：《民国南京救济院社会救济述论（1927—1937）》，《南京社会科学》2014年第6期；黄鸿山：《"教养兼施"的实践、成效与困境：民国浙江救济院研究（1928—1937）》，《苏州大学学报（哲学社会科学版）》2017年第4期；曹文娟：《民国北平救济院收容妇女"悬像择配"之考察——以1935年北平市社会局档案为中心》，《历史教学（下半月刊）》2015年第3期；李凡信：《抗战前广州救济院之初步研究（1933—1937年）》，《铜仁学院学报》2020年第2期。

② 刘奕：《民国首都实验救济院研究（1945—1949）》，《民国研究》2016年第1期；赵兴亮、潘梦园：《抗战胜利后保定救济院的改组与发展》，《保定学院学报》2017年第5期；宋进：《民国贵阳实验救济院述论》，《贵州文史丛刊》2021年第3期。

③ 游佳：《重庆实验救济院研究》，辽宁师范大学2022年硕士学位论文。

与到社会救济之中，但战争所激起的难民潮已容不得国民政府再进行缓慢的探索，对新救济体制的探索已然迫在眉睫。缘此，重庆示范救助院又被赋予了新任务，即通过新方法、新技术办理新事业，为各地树立楷模，其名称也被改为重庆实验救济院。

1942年3月1日，重庆实验救济院在重庆土桥乡苦竹坝成立，全院占地300亩，设院长一人总揽院务，由社会部直接任命，下设机构有办公室、会计室、安老所、育幼所、习艺所、残疾所、医疗所及各类委员会，后又添设护产所。办公室和会计室为行政机关，其中办公室负责处理全院行政事务，包括文书、人事、出纳和产销事务。[①]而其余六所为事业机构，负责具体救济工作。

至1943年，国民政府正式颁布《社会救济法》，重庆实验救济院此时已初具雏形，对《社会救济法》和社会救济体制进行实验成为该院的新目标。随着各项工作的开展，重庆实验救济院也开始增设新的机构。为了确保实验工作的顺利进行，重庆实验救济院添设了研究辅导处，以处理有关研究和辅导工作。[②]为了扩展资金来源，1945年1月，重庆实验救济院又将原属习艺所的农牧组划出，单独成立习艺农场；同年3月，又将酿造、缝纫、棉织、印刷各组划出，单独成立习艺工厂。其中习艺农场分为农艺、渔牧、农产加工三部，习艺工厂则分为酿造、缝纫、印刷、土木、藤竹五部，可以生产被服、木器、藤椅、酒水、酱制品等。[③]为了适应工作量的增加，重庆实验救济院将办公室改为总务处，并增设业务处、人事处和统计处，以共同处理院务，并根据新颁布的《救济院规程》，将残疾所改名为残疾教养所，医疗所改名为施医所，护产所改名为助产所。[④]

---

① 《社会部重庆实验救济院组织规程》，《社会部公报》1942年第6期。

② 卞宗孟：《社会救济个案研究的初步实施：纪念社会救济法公布一周年》，《社会工作通讯》1944年第11期。

③ 谢世琳：《寓习艺于生产：介绍重庆实验救济院四年来的习艺生产工作》，《社会工作通讯》1946年第8期。

④ 铁光：《本院的历史》，《社救通讯》1947年第6期。

抗战胜利后，国民政府各机构陆续回迁，部分陪都时期的救济机构相继关停。然战后各类救济任务繁重，新救济体系的建立也远达不到妥帖。因此，重庆实验救济院继续运行也显得顺理成章。而后国民政府还将重庆习艺所和残疾所停办后的财产交重庆实验救济院接收。随着规模进一步扩大，重庆实验救济院于1946年再次对下属各机构进行了调整，在行政机关方面，撤销院本部，单独设立总务处、业务处、研究辅导处、会计室、统计室和人事室来处理各项行政事务。此外，重庆实验救济院还新设立院务会议，每两周举行一次，以讨论工作计划、经费预算、各种章程、业务事务处理等院内重要事宜。①在事业机构方面，重庆实验救济院添设了一所子弟学校和职训班，前者主要收容院内职员子弟；后者则收容未升学的贫穷学生，为其补习课程，并授以职业训练。②此外，重庆实验救济又增设儿童训练班，"以为儿童升学之准备"③。同时，该院还增加了土桥工作站、南泉工作站和马王坪托儿所等机构。在此之后，重庆实验救济院基本维持现有机构，直至1949年重庆解放后，被改为重庆市第一社会福利院。

重庆实验救济院是民国政府在抗日战争时期社会救济需求激增的压力下所成立的新式救济院。由于形势紧迫，重庆实验救济院从构想到正式成立仅耗时两年，其间多次易名，其建立宗旨也多次变动。因此，重庆实验救济院在成立之初许多设置并不完备，但在此之后其不断地对机构进行增加和调整，并逐渐地呈现制度化和体系化趋向，这展现了在政府的支持和管理下，重庆实验救济院具备推动社会救济体制革新的潜力。

二、出陈易新：重庆实验救济院对救济制度的革新

1928年，南京国民政府内政部颁行《各地方救济院规则》，将各地传

---

① 社会部重庆实验救济院：《社会部重庆实验救济院现行章则汇编》，1946年编印，第10页。
② 田维和：《世间桃源：重庆实验救济院参观记》，《中央日报（重庆）》1946年10月14日。
③ 《重庆实验救济院增设儿童训练班——该院工作未受还都影响》，《益世报（重庆版）》1946年9月16日。

统慈善团体整合，并易名为救济院，但简单易名成立并未将救济院从传统
运营模式脱离，这造成诸多弊端。1933 年，南京国民政府再次对《各地
方救济院规则》进行修正，但这些问题并未完全解决。而重庆实验救济院
在救济范围、救济方法、救济院经费等方面与其他依据《各地方救济院规
则》所设立的救济院有所不同，这也体现了其对于民国后期社会救济制度
的革新。

（一）扩大救济范围

1928 年所颁布的《各地方救济院规则》要求各地救济院应设养老所、
孤儿所、残疾所、育婴所、施医所、贷款所，以救济贫苦老人、无依儿
童、残疾人、弃婴，并为贫民治疗疾病。[①]虽然，内政部在此之后有增设
妇女教养所、游民感化所、贫儿习艺所等机构的要求，但各地方救济院并
未按照要求执行，如天津特别市救济院仅设有教育、工艺、医疗、游丐收
容四所。[②]有学者也指出，在全面抗战前浙江省多数救济院并未按照《各
地方救济院规则》设置机构，"除省区救济院等少数例子外，大部分救济
院的分所数量均未达标"[③]。由此可见，全面抗战前救济院在救济机构上普
遍存在机构设置分散、不完整的现象，这也势必会导致救济范围不明确，
救济者难以得到救助等问题。

为探索新社会救济体制，重庆实验救济院的各救济机构，并未按照
《各地方救济院规则》要求设立，而是依据社会部所提倡的"老有所终，
壮有所用，幼有所长，鳏寡孤独废疾者皆有所养"为社会救济之标准，以
及草拟完成但尚未颁布的《社会救济法》要求，设安老所、育幼所、习艺
所、残疾教养所、助产所和施医所。较《各地方救济院规则》，其救济范
围已有所拓展，将老人、幼儿、残疾人、贫苦病人、赤贫产妇，以及需要

---

① 《各地方救济院规则》，上海社会局编：《公益慈善法规汇编》，1932 年编印，第 20—24 页。
② 《市立救济院概况》，《大公报（天津）》1936 年 7 月 21 日。
③ 黄鸿山：《"教养兼施"的实践、成效与困境：民国浙江救济院研究（1928—1937）》，《苏
　　州大学学报（哲学社会科学版）》2017 年第 4 期。

行为矫正的流民、无赖、娼妓都纳入救济范围之中。

在扩充救济范围的同时，重庆实验救济院还根据各所及其救济人的特点，进行体系建设，保证各机构可以相互配合。对此，可从纵向与横向两个方面来看。在纵向方面，重庆实验救济院有助产、育幼机构，可以促进"幼有所长"；而后有习艺所，可以实现"壮有所用"；再后还有残疾教养所和施医所，保证"鳏寡孤独废疾者皆有所养"；最后还有安老所，以使"老有所终"，从而形成从出生到死亡一贯的体系。而从横向来看，各机构业务又分为教养业务、保健业务和生产业务，各个机构相互合作，三位一体，以达到残而不废、壮而有用的目的。[①]由此可见，重庆实验救济院通过将各救济机构体系化，使其可以相互协助，在扩大救济院收容范围的同时，也确保救济工作得以稳定开展。

（二）改进救济方法

在救济方法上，重庆实验救济院亦采取了诸多新方法。如在院内老人的精神生活问题上，《各地方救济院规则》曾规定养老所的设备应包括教室、工作室、游戏场、寝室、饭堂、浴室、厕所等。[②]但此规则对老人信仰问题却未有关照。而重庆实验救济院成立后，为老人建立教堂和佛堂，以满足老人在脱离家庭后精神生活上的需要。曾有记者对重庆实验救济院安老所内老人生活进行过调查，指出"这90位老人的生活兴趣，偏于做针线活的15人，念佛的10人，……余则或游玩谈话度日，或时而做此，或时而为彼"[③]。可见，重庆实验救济院采取新方法的必要性。

此外，重庆实验救济院还采用个案调查的实验方式对救济方法进行调整和改进。1943年《社会救济法》颁布后，重庆实验救济院的实验工作被提上日程。次年，院长卞宗孟在工作报告中声明："在过去一年来的工作，

---

① 卞宗孟：《寓实验于救济：重庆实验救济院三年来业务总检讨》，《社会工作通讯》1945年第8期。
② 《各地方救济院规则》，上海社会局：《公益慈善法规汇编》，1932年编印，第22页。
③ 田维和：《世间桃源：重庆实验救济院参观记》，《中央日报（重庆）》1946年10月14日。

是先从救济业务入手，今后的工作，则又应当侧重实验工作。"①重庆实验救济院的实验工作由此开展。不久之后，重庆实验救济院对全院受救济人中的 230 位受救济人开展了个案调查，以此作为调整救济方法的依据，并从中发现了包括育幼所母爱补救、安老所的老人生活、残疾教养所的心理治疗等诸多问题。②1945 年卞宗孟卸任，魏永清成为新院长后继续推进实验救济工作的开展。1946 年，重庆实验救济院在入院规则中增加了个案调查的环节，要求"各所收容受救济人后，业务处应于三日内派员与受救济人谈话，并通知研究辅导处派员作个案调查"③。

正是得益于广泛的个案调查，重庆实验救济院的救济方法得到有针对性的改进。一是对于暂无名额收容的合格者，该院开展院外救济，在增加救济名额的同时，减少救济经费。二是与重庆各大医院合作，由救济院提供手术、医药和住院费，再由各医院为贫困儿童治疗，以此缓解施医所人满为患的问题。④1947 年，重庆实验救济院又针对前述的救济问题进行方法上的改进。例如，在老人生活孤独和育幼所缺少家庭温暖的问题上，重庆实验救济院开展了"以幼安老"的新救济方法，让孤儿和老人在闲余时做伴，来弥补双方在家庭上的缺少。⑤可见，重庆实验救济院针对实验过程中产生的问题，通过采取个案调查的方式，发现救济问题，不断改进救济方法，展现了实验救济模式的活力。

（三）充实救济经费

在救济院经费方面，1928 年颁行的《各地方救济院规则》规定："救济院经费以基金利息及临时捐款充之。"⑥这使许多救济院缺少稳定收入，

---

① 卞宗孟：《实施社会救济的法初步实验工作：重庆实验救济院的使命和现状》，《社会工作通讯》1944 年第 3 期。
② 卞宗孟：《社会救济个案研究的初步实施：纪念社会救济法公布一周年》，《社会工作通讯》1944 年第 11 期。
③ 社会部重庆实验救济院：《社会部重庆实验救济院现行章则汇编》，1946 年编印，第 37 页。
④ 魏永清：《本院的动向》，《社救通讯》1947 年第 6 期。
⑤ 郭烽明：《大同世界瞩望：实验救济院参观记》，《时事新报（重庆）》1947 年 3 月 18 日。
⑥ 《各地方救济院规则》，上海社会局：《公益慈善法规汇编》，1932 年编印，第 21 页。

常常入不敷出。1933 年，内政部对此进行修正，在原有规则基础上要求"成绩优良之救济院应由省款辅助之"①。但仍未解决此问题，不少救济院在发展过程中面临经费困难，需要政府补贴。例如，天津特别市救济院在1933 年时，就因冬季救济人数增加，难以维持而向政府申请拨款 5000 元经费以应对。②至 1937 年，该院又因物价上涨，救济人数增加，导致经费困难，再次向市政府申请 5000 元经费还款。③至于各县救济院，在经费上则更加拮据。更有甚者，如茂名县救济院，在章程中规定，"本院经费由地方款项下拨支，如不敷得设法筹募"④，而未按照《各地方救济院规则》办理。

作为社会部直辖救济机构，重庆实验救济院的经费则由社会部负担，采取定额制，规定各作业部门定额经费 2 万元作零用金，而日用经费在 2 万元内，由零用金内开支，超过 2 万元，则需要另行申请，每月 10 日至 20 日、月底，或所有定额将罄时，可进行登记补足。⑤各部门经费根据用途不同，又可分为经需费和临时费两种。据重庆实验救济院统计，1943 年该院经需费计 109.2 万元，临时费计 90 万元，随救济事业开支；至 1944 年时，经需费升至 141.9 万元，临时费至 220 万元；到了 1945 年，该院经费再度提高，经需费达到了 296.86 万，临时费也升至 350 万元。⑥得益于政府拨款所带来的稳定经费，重庆实验救济院在抗战困难时期也能维持运转。

此外，重庆实验救济院还积极地尝试扩大生产业务，以谋求"变消费为生产"。因此，重庆实验救济院在成立之初曾组织习艺所、残疾教养所、安老所的受救济人开展生产工作。组织贫民生产作业，节约开销，并

---

① 《修正各地方救济院规则各条条文》，《法令周刊》1933 年 167 期。
② 《救济院——冬季分部经费，市府拨款五千元》，《大公报（天津）》1933 年 10 月 30 日。
③ 《救济院经费拮据，市府允借款渡年》，《益世报（天津）》1937 年 2 月 9 日。
④ 《茂名县地方救济院章程》，《茂名县政季刊》1935 年第 7 期。
⑤ 社会部重庆实验救济院：《社会部重庆实验救济院现行章则汇编》，1946 年编印，第 56 页。
⑥ 卞宗孟：《寓实验于救济：重庆实验救济院三年来业务总检讨》，《社会工作通讯》1945 年第 8 期。

非该院之创举。在全面抗战前，已有许多救济院开展过此类活动，如广州市救济院就设有教养所、农林场和工艺场进行生产，补贴经费。但重庆实验救济院却在此基础上进行了诸多改进。以往救济院在组织贫民生产过程中，对于受救济人工作时间、行为规范、奖惩细则都有规定，但未见对于习艺阶段和年限的要求。重庆实验救济院成立后对此进行了探索，规定习艺所受救济人留养期限为一年，并分为三阶段，每个阶段为四个月，在第一阶段，"注重精神训练、公民教育、人格陶冶、生理心理变态之纠正与治疗及习艺准备"；第二阶段，"注重习性改造，恢复其正常生活并参加习艺，授予生产技能"；第三阶段，"注重技能熟练，生活再建，作出院自主谋生之准备"。[①] 在完成最后一阶段习艺后，重庆实验救济院会对受救济人进行考核，合格者方可出院，并被安排工作；若不合格，则将继续留院。重庆实验救济院通过规定习艺年限，明确每个阶段的任务，使习艺工作制度化，保证救济工作和生产工作措置有方。此外，救济院在习艺生产过程中，只关注生产环节，而忽视销售环节。广州市救济院就曾经出现销售不及时导致货物囤积腐烂的情况，"货仓内积存出品照卖价估计共值二千余元。其实间多积存数年，陈旧而又废烂者，减价推销结果已卖出羊毛衫……件，共收入三百九十余元"[②]。而重庆实验救济院则在习艺农场和习艺工厂中设有管理员，兼顾产品销售工作，又制定《习艺农场产品销售办法》，确保产品可以及时销售。由此，在1945年，习艺工厂和习艺农场成立后，工厂作业收入就达到5170436.28元，而农场亦有2138938.12元。[③] 这对重庆实验救济院的经费起到补充作用。

---

① 社会部重庆实验救济院：《社会部重庆实验救济院现行章则汇编》，1946年编印，第50页。

② 《工艺场半年来工作概况》，《广州市救济院季刊》1938年第3期。

③ 谢世琳：《寓习艺于生产：介绍重庆实验救济院四年来的习艺生产工作》，《社会工作通讯》1946年第8期。

三、形格势禁：重庆实验救济院的困境

虽然重庆实验救济院在救济范围、救济方法和经费来源上对以往社会救济制度进行了革新，从而获得一定发展，保证其救济工作得以顺利进行。然在其存在的七年时间中，全国大部分地方长期处于战火之中，兵戈扰攘和食玉炊桂既是当时民众难以逃脱的命运，又使重庆实验救济院陷入重重困境之中，这又导致了经费紧张、救济流于形式等问题，加之内部体制问题，使得重庆实验救济院的各项工作受其干扰。

在经费问题上，虽然政府拨款保证了重庆实验救济院稳定的经费，但并不意味着重庆实验救济院就拥有足够的经费。因长期受限于经费，其无法拓展机构。在成立之初，重庆实验救济院本试图按照已草拟完成的《社会救济法》设立救济机构，但因经费问题并未设立妇女教养所和育幼所，直到《社会救济法》正式颁布后，也未添补这两所救济机构。此外，《社会救济法》还规定，"为治疗精神病及防护社会利益，得设精神病院，而应受救济者得令入院治疗"①。但重庆实验救济院并未设立精神病院，而将精神病患者收入残疾教养所一同救济。直到 1947 年，院长魏永清才计划建立精神病院，但经费不足，迟迟未有进展。②在育幼所方面，重庆实验救济院在筹划之初曾计划"三岁至五岁收容一百名，六岁至十二岁收容六十名"③。但最终也因经费，仅实现收容三岁至五岁儿童的计划。

此外，在国民政府末期，各地物价高涨，这也给重庆实验救济院带来了不少困难。抗日战争时期，由于大量难民涌入，加之物资奇缺，重庆出现严重的通货膨胀，重庆实验救济院不得不一再降低受救济人的生活标准。曾有报道如此描述安老所老人的生活状况："他们每一人一碗青菜，平价米也不比我们好，而且一天两餐。"④此外，曾有记者在参观完习艺所

---

① 社会部重庆实验救济院：《社会部重庆实验救济院现行章则汇编》，1946 年编印，第 142 页。
② 欧阳醇：《寓实验于救济社会部在重庆市的新设施》，《申报》1947 年 10 月 18 日。
③ 蔚川：《老弱残病大乐园：参观实验救济院》，《益世报（重庆版）》1943 年 5 月 24 日。
④ 《参观社会部实验救济院》，《中央日报（重庆）》1944 年 4 月 19 日。

后写道："他们每人床上，除棉被外，只铺了一床凉席，看上去，似乎没其他各所温暖……等着去时，他们正在吃下午的饭（约二点半钟），大队长说：'现在米成问题，只好吃两餐饭了。'"①在抗日战争胜利后，物价高涨并未就此停步，"重庆的物价指数由 1945 年底的 1404 增至 1948 年 8 月 21 日的 1551000"②。1947 年时，院中施医所缺少西药治疗肺病，有医务人员提议中药试验的办法，但由于重庆物价高涨，最终重庆实验救济院花费了 25 万元，只能买入 15 服药，以供试验。③

经费紧张和物价高涨的双重压力给实验救济院的工作带来了诸多困难，同时也导致许多救济工作流于形式，在习艺所和助产所中尤为严重。就习艺所而言，由于所中受救济人多是警察局转送而来的，并非自愿入院，抵触情绪颇重。尽管采取了军事化管理，但是由于习艺所生活条件简陋，因此逃跑者甚多。自重庆实验救济院成立到 1947 年，"五年中出院人数 3509 人，逃了 38 个男性和 4 个女性，其中习艺所男队员有 35 个，女队员有 3 个"④。即使受救济人未逃跑，但也未必愿意配合工作，曾有记者问起习艺所工作人员，这些受救济人在接受训练后是否真能悔过时，他们也不敢肯定，并回答道："那不敢说，在这里都守规矩，出去就靠不住了。"⑤

再就助产所而言，其工作常因缺少对农村孕妇的救助备受诟病。在1943 年就有记者报道，该所"本来是要赤贫的孕妇才收，然而实际上她们现在所收的大都是低级公务员眷属和知识妇女"⑥。至 1946 年，仍然有记者发现，"助产所里十几位已产和未产的妊妇，都是公务员的妻子，听

---

① 慧年：《普渡桥畔：记重庆实验救济院》，《现代妇女》1944 年第 2、3 期合刊。
② 蒋孟豪：《解放前重庆的货币与金融》，中国人民政治协商会议重庆市委员会文史资料委员会编：《重庆文史资料》第 40 辑，西南师范大学出版社 1993 年版，第 191 页。
③ 欧阳醇：《寓实验于救济：社会部在重庆市的新设施》，《申报》1947 年 10 月 18 日。
④ 郭烽明：《大同世界瞩望：实验救济院参观记》，《时事新报（重庆）》1947 年 3 月 18 日。
⑤ 慧年：《普渡桥畔：记重庆实验救济院》，《现代妇女》1944 年第 2、3 期合刊。
⑥ 慧年：《普渡桥畔：记重庆实验救济院》，《现代妇女》1944 年第 2、3 期合刊。

说乡里的穷人们，非到难产是不会来光顾的"[①]。这一方面是由于经费紧缺，助产所床位紧张，常常人满为患。另一方面则因为农民在卫生知识上的缺失，"农民多是文盲，再加灾害的侵袭，经济恐慌的笼罩，精神上身体上都得不到安慰和宁息，贫病交迫，辗转因循……至于说到孕妇，她们为了生活，终日辛劳，菜根粗饭总是难得一饱，对于孕期休息，营养分的摄取，更不能讲究了"[②]。因此，在物价高涨，救济濒临破产的境地下，受救济人都未必可以认识到自己需要的救济，助产所自然也难以发挥自己的作用。

除了外部因素干扰外，重庆实验救济院的内部体制也存在问题。作为社会部直属的救济机关，重庆实验救济院为便于传达和执行行政命令，采用科层制的管理方式，除院长总领院务外，各救济机构另设主任，由院长任命，总理各所事务。但重庆实验救济院对各所主任缺少监督机制，导致贪污腐败横行。1945 年，《新华日报》就曾曝出重庆实验救济院育幼所刘主任倒卖儿童余食、贪污儿童营养费和副食费的丑闻。[③]此后，又有报道继续指出，育幼所"前任主任任某，长于吹拍，尽管一般人对他不谅解，颇有烦言，但是当局对他的信任还是不减。每一件案子，都会消弭于无形，平安地度过"[④]。因此，缺少有效的监督和考核同样阻碍着重庆实验救济院工作的有效落实。

尽管重庆实验救济院仅存在七年之余，但却是民国救济院发展的一次新突破。自创立后，重庆实验救济院不断地对社会救济过程中的救济范围、方法、经费来源等方面进行积极的探索和调整，展现了实验救济模式的活力，也推动了民国救济院制度的发展。特别是在抗日战争胜利后，各地救济院从战火中恢复，急需重建的可行方案。有学者指出："社会部成

---

① 张学孔：《暖室里的花朵：参观重庆实验救济院》，《大公报（重庆）》1946 年 10 月 14 日。
② 石敬一：《农村妇婴卫生问题及刍议》，《新妇女月刊》1941 年第 6 期。
③ 《重庆实验救济院育幼所主任贪污，该所员工搜集证据向有关方面控诉》，《新华日报》1945 年 12 月 2 日。
④ 善余：《介绍实验大同社会的重庆实验救济院》，《正气日报》1946 年 9 月 15 日。

立后，陆续颁布《社会救济法》《社会救济法施行细则》《管理私立救济设施规则》《救济院规程》等法规，明确规定了救济范围、救济设施、救济方法和救济费用等内容，成为抗战胜利后发展社会救济事业的依据。"①但各类法规只有在具体施行中才会暴露出问题，进而得到改进和推广。因此，重庆实验救济院的各项工作亦同样重要。此外，1946年社会部总结了抗日战争时期重庆实验救济院办理经验，颁发了《社会部重庆实验救济院现行章则汇编》供各地方救济院学习借鉴，在一定程度上达到了将实验救济院成果推广于全国的目的。但对整个社会而言，重庆实验救济院的成立只不过是扬汤止沸。在战火不断、经济混乱的社会环境中，重庆实验救济院既无法彻底改变社会环境，又会受其限制。正如一位记者在参观完重庆实验救济院后所感叹的那样："在小天地里他们做得近似理想了，可是社会问题绝不是'救济'可以根本解决的。"②

（作者李朝玺，湖南师范大学历史文化学院中国史专业硕士研究生）

---

① 赵兴亮、潘梦园：《抗战胜利后保定救济院的改组与发展》，《保定学院学报》2017年第5期。
② 郭烽明：《大同世界瞩望：实验救济院参观记》，《时事新报（重庆）》1947年3月18日。